Prof. Dr. Horst Schneider

wurde am 25. Oktober 1927 als Sohn eines Glasmachers in Penzig, Kreis Görlitz, geboren. Seine Kindheit und Schulzeit verbrachte er in Görlitz.

Ab September 1943 war er Luftwaffenhelfer in Berlin, von Dezember 1944 bis zur Kriegsgefangenschaft im April 1945 war er Soldat.

Nach seiner Heimkehr im Dezember 1945 wurde er Neulehrer, Lehrer, Direktor einer Schule in Niesky. Von 1955 bis 1990 arbeitete er am Pädagogischen Institut, von 1967 an Pädagogische Hochschule Dresden, von 1980 bis 1990 als Professor für allgemeine Geschichte der neuesten Zeit.

Seine erste Dissertation beschäftigte sich 1963 mit der britischen Deutschlandpolitik, seine zweite 1976 mit dem antitschechischen Revanchismus.

Von 1964 bis 1990 war er Mitglied des Präsidiums der Liga für die Vereinten Nationen in der DDR, von 1990 bis 1994 Alterspräsident der Dresdner Stadtverordnetenversammlung. Bis 1997 gehörte er dem Ältestenrat beim Vorsitzenden der PDS an.

Seit 1990 beteiligt sich Horst Schneider am Streit über ein Geschichtsbild über die DDR.

Im Verlag Wiljo Heinen erschien von Horst Schneider außerdem »Gruselstory Checkpoint Charlie«.

Horst Schneider

Hysterische Historiker

Vom Sinn und Unsinn
eines verordneten Geschichtsbildes

Eine Streitschrift wider bestimmte

Totalitarismusforscher, DDRologen und Renegaten

Verlag Wiljo Heinen · Berlin

Ich danke allen, die mir mit Rat und
Tat, mit Hinweisen und Kritiken
geholfen haben, diese Arbeit zu versuchen.
Vor allem danke ich Herta Schilling für die
Mitarbeit bei der technischen Herstellung.

Seit der Fertigstellung der ersten Fassung
ist ein Jahr vergangen. Eine Neuauflage ist
erforderlich, weil wichtige Veröffentlichungen
die Kernaussagen bestätigen und ergänzen,
weil das schriftliche und mündliche Echo
den Autor ermutigten und weil das
Interesse und Bedürfnis, die infamen DDR-
feindlichen Verleumdungen zurückzuweisen,
erheblich stärker geworden sind.
Ich danke allen kritischen Lesern.

2. Auflage abgeschlossen am 1. Mai 2008

Prof. Dr. Horst Schneider

Goldene Worte von Politikern

Horst Köhler: »Ich unterscheide zwischen Streit, der bloß für die Kulisse geführt wird, und Streit in der Sache. Die Kontroverse gehört zur Demokratie wie das Salz zur Suppe. Der demokratisch ausgetragene Streit ist der beste Weg zu Erfahrung und Fortschritt... Unsere Streitkultur ist laut geworden, aber leider auch sehr flach, ohne Streit auszukommen, ist zu viel verlangt. Eine grundlegende Umwälzung wie jetzt kann doch nicht ohne Streit gelingen... Mut wird selten honoriert... Ich habe Respekt vor den Menschen in den neuen Ländern, Achtung vor ihren Lebensumständen, vor ihrer Anstrengung und ihrer Leistung. Daran fehlt es manchmal ...« (Bundespräsident Horst Köhler in Focus, 13. September 2004)

Angela Merkel: Wir werden »auch Schwierigkeiten in der Innenpolitik meistern können, wenn wir eine Politik des Dialogs auf die Beine bringen, die vom Vertrauen in die Bürger geprägt ist.« (Bundeskanzlerin Angela Merkel am 21. Juni 2006 im Bundestag, Das Parlament 26/2006, S. 17)

Richard von Weizsäcker: »Die Menschen wollen Aufklärung, nicht Abrechnung. Die Wahrheit soll ans Licht, damit Aussöhnung und Frieden möglich werden. Das geht nur durch Differenzierung. Pauschalurteile führen nicht zur Einsicht, sondern zu Verstockung. Pressefreiheit ist und bleibt ein entscheidender Bestandteil unserer Freiheit. Als Verleumdungsfreiheit darf sie nicht missbraucht werden. Aus der leidvollen Geschichte der DDR ein Objekt für Mediengeschäfte mit gekauften Akten und reißerischer Verbreitung von Angst und Feindschaft zu machen, ist ein widerwärtiger Skandal. Es darf nicht sein, dass die einen verdienen, die anderen verzweifeln.« (Bundespräsident Richard von Weizsäcker am 20. Februar 1992 im Gästebuch der Stadt Bautzen, zitiert aus Bulletin der Bundesregierung vom 26. Februar 1992, S. 232)

Roman Herzog: »Natürlich ist die DDR heute kein stalinistischer Staat mehr, natürlich gibt es heute dort die oft zitierte Identifikation mit dem Staat - wenn auch nicht mit dem System - und das kann ja, wenn man vernünftig denkt, auch gar nicht anders sein. Die Deutschen in der DDR betrachten diesen Staat, seinen bescheidenen Wohlstand und seine Rolle in der Welt als ihre eigene Leistung, auf die sie mit Recht stolz sein können, schon deshalb, weil ihr politisches System den Aufstieg anders als das unsere nicht gefördert, sondern ständig behindert hat. Sie hatten es also schwerer als wir, und entsprechend größer ist auch ihre Genugtuung über das, was sie geschaffen und geleistet haben.« (Roman Herzog als Präsident des Bundesverfassungsgerichts am 17. Juni 1988 vor dem Bundestag, zitiert nach: Bulletin. Presse- und Informationsamt der Bundesregierung 84/1988 vom 21. Juni 1988, S. 794)

Johannes Rau: »Wenn nur die Sieger Geschichte schreiben, dann widerfährt den Verlierern selten Gerechtigkeit, erst recht dann nicht, wenn Sieg und Niederlage so total sind wie 1525 am Ende des deutschen Bauernkrieges.« (Bundespräsident Johannes Rau: Rede am 10. März 2000 in Memmingen, in Johannes Rau: Reden und Interviews Bd. 1.2, S. 149)

Roman Herzog: »Leben kann man nicht mit Leben, Schmerz nicht gegen Schmerz, Todesangst nicht gegen Todesangst, Vertreibung nicht gegen Vertreibung, Grauen nicht gegen Grauen, Entwürdigung nicht gegen Entwürdigung aufrechnen. Menschliches Leid kann nicht saldiert werden. Es muss gemeinsam überwunden werden durch Mitleid, Besinnung und Lernen.« (Rede am 13. Februar 1995 in der Dresdner Kathedrale, in: Dresdner Amtsblatt vom 23. Februar 1995 und in Roman Herzog: Wahrheit und Klarheit, Hamburg 1995, S. 119 f.)

Vorwort

»Immer noch schreibt der Sieger die Geschichte
des Besiegten, dem Erschlagenen entstellt
der Schläger die Züge. Aus der Welt geht der
Schwächere und zurück bleibt die Lüge«
(Bertolt Brecht)

»Du sollst dem Ochsen, der da drischt,
nicht das Maul verbinden«
(5. Mose 25.4)

Viele Deutsche, die eine DDR-Biographie auf dem Buckel haben, spüren das Wirken zweier antiker Göttinnen seit 1990 mehr denn je in ihrem Leben. Justitia hat keine Binde vor den Augen, wenn sie zulässt, dass zehntausende DDR-Bürger, die im Rahmen der DDR-Gesetze handelten und sich keines Verbrechens schuldig gemacht hatten, vor den Kadi der »Sieger« gebracht wurden.[1]

Der Grundsatz der Menschenrechtskonventionen und des Grundgesetzes (Artikel 103), wonach rückwirkendes Strafrecht ausgeschlossen ist, galt und gilt für DDR-Bürger nicht, obwohl der baden-württembergische Ministerpräsident Filbinger mit dem Satz »Was gestern Recht war, kann heute nicht Unrecht sein« seine mörderische Tätigkeit als Marinerichter der Nazis rechtfertigen durfte.

Justitia lässt es auch zu, dass zu Recht in der DDR verurteilte Verbrecher wie Johann Burianek – als erster Terrorist in Dresden 1952 zum Tode verurteilt und hingerichtet – im September 2005 von Berliner Richtern rehabilitiert wurden.[2]

Die Reihe des Unrechts in Gestalt des Rechts ließe sich lange fortsetzen.

Justitia, die solcherlei Geschehen offenen Auges zusieht – oder schielt sie inzwischen? – hat eine Partnerin gefunden, Klio, die Muse der Geschichte. Wer die Folgen ihres Wirkens in diesen Tagen betrachtet, konnte folgern: Klio ist nicht eine die historische Wahrheit suchende Muse, sondern ein lasterhaftes Flittchen, das sich jedem wohlfeil anbietet. Wie viele Beispiele erleben wir jeden Tag?

Welche erstaunlichen Ergebnisse herauskommen, wenn die schielende Justitia und die käufliche Klio sich verbinden, soll hier an einem Beispiel gezeigt werden. Professor Dr. Jesse, einer der namhaftesten und einflussreichsten Totalitarismusforscher, erklärte 1992: »Die Parallelen zwischen beiden deutschen Diktaturen liegen auf der Hand. ... Die Verbrechen im Dritten Reich richteten sich in erster Linie gegen andere Völker, die in der DDR gegen die eigene Bevölkerung, deren Freiheit die politische Führung in den unterschiedlichsten Varianten beschnitt.« Und er fügte hinzu: »Wer an die Unrechtshandlungen des DDR-Regimes andere Maßstäbe als bei den NS-Verbrechen anlegt, entzieht der Strafverfolgung der NS-Täter die Legitimität. Die Signale, die er setzt, weisen in die falsche Richtung.«[3]

Das ist für manche praktisch. Der Historiker Jesse prüft nicht, was, wann und warum geschehen ist, sondern er klagt öffentlich an und ernennt sich auch gleich zum (Nürnberger) Richter. Solches Vorgehen verlangt Widerspruch.

In diesem Buch sollen zentrale Fragen aktueller Geschichtspolitik geprüft werden: Welchen Platz nimmt die Totalitarismus-Doktrin im neudeutschen Geschichtsbild ein?

In wessen Auftrag und mit welchem Ziel wirken Totalitarismusforscher? Gibt es Fakten, die die Totalitarismus-Doktrin bestätigen, oder wird den Fakten der Stempel einer »wissenschaftlichen« Doktrin aufgedrückt?

In dieser Arbeit werden keine neuen Forschungsergebnisse vorgelegt. Auch die Fakten sind dem Leser weitgehend bekannt, ob es um den 8. Mai 1945, den 17. Juni 1953, den 13. August 1961 oder den 9. November 1989 geht. Der Streit entzündet sich nicht an den Tatsachen, sondern an deren Wertung.

Totalitarismusforscher erwarten in der Regel, dass ihre Darstellung als Wahrheit anerkannt wird, gegen die Widerspruch kaum erlaubt ist.

Über historische Wahrheiten gibt es unterschiedliche Auffassungen. Während Goethe seine Lebensbeichte »Dichtung und Wahrheit« nannte, Walter Janka seine »Schwierigkeiten mit der Wahrheit« beschrieb, Karl Wilhelm Fricke sich »Der Wahrheit verpflichtet« fühlt, bestreiten andere, dass es objektive historische Wahrheiten gibt. Kurt Biedenkopf befand an der altehrwürdigen Prager Karls-Universität am 28. April 1995: »Objektive historische Wahrheiten, denen sich alle vorbehaltlos ein- und unterordnen können, gibt es in der menschlichen Erkenntnis nicht.«[4]

Kofi Annan befand: »Man kann aus der Geschichte lernen; ohne einen Sinn für Geschichte kann niemand die Zukunft planen. Wer aus der Geschichte lernt, braucht sie sich nicht zu wiederholen.«[5]

Was aber kann aus der Geschichte gelernt werden?

Völlig anders ein deutscher »Star«-Schriftsteller, der durch seine kurze Mitgliedschaft in der Waffen-SS ins Gerede gekommen ist. In Grass' Novelle »Im Krebsgang« heißt es: »Die Geschichte, genauer, die von uns angerührte

Geschichte, ist ein verstopftes Klo. Wir spülen und spülen, die Geschichte kommt dennoch hoch.«[6]

Kann Geschichte »hochkommen«?

Von Napoleon ist der Ausspruch überliefert: »Das objektive Bild der Geschichte ist immer die Summe der Lügen, auf die man sich nach dreißig Jahren geeinigt hat.«[7]

Wie viel Deutungen sind dann möglich?

Die marxistische Geschichtsschreibung[8], auf die hier nicht ausführlich eingegangen wird, ist bestrebt, relative Wahrheiten und Gesetzmäßigkeiten im Geschichtsablauf zu erkennen, um das eigene Handeln bewusst gestalten zu können.

Die marxistische Geschichtsbetrachtung beruht auf wissenschaftlich überprüfbaren Erkenntnissen, z. B. über das Wesen und die Gesetzmäßigkeiten der kapitalistischen Entwicklung, die Ursachen von Kriegen und Aggressionen, die Rolle bestimmter Persönlichkeiten. Die Wurzeln und die Geschichte der faschistischen Diktatur, der Charakter der DDR, die Triebkräfte der Entwicklung der Bundesrepublik lassen sich mit den Methoden des historischen Materialismus wissenschaftlich erklären. Das ist eine Möglichkeit, aber eine anstrengende Arbeit.

Wer geschichtliche Abläufe mit Gottes Willen oder dem willkürlichen Handeln einzelner Personen begründet, hat es leichter, kann aber nichts erklären und auch keinen Rat für eine rational handelnde Politik geben. Die Gegenwart ist für sie ein undurchschaubares Chaos, die Zukunft liegt im Finstern.[9]

Welche Geschichtsphilosophie auch immer betrachtet wird, seit den überlieferten Arbeiten der ersten griechischen Historiker Herodot und Thukydides ist das Geschichtsbild stets Instrument und Teil der Politik.

An der Vergangenheit ist nichts zu ändern, das Geschichtsbild ist auch zweckbestimmt – veränderbar. Aus der Geschichte kann gelernt werden, was und wie, das zeigt sich im jeweiligen Geschichtsbild. Die Politik **bestimmt** das Geschichtsbild. Seit römischen Zeiten gibt es Siegerjustiz und das Geschichtsbild des Siegers. So wird auch erklärlich, warum (erst) *nach* der Wende Themen, mit denen zwar Geschichte nicht »erklärt«, aber der Sozialismus/DDR diffamiert werden kann, staatlich verordnet werden und honorierte Dauerbrenner sind.

Es ist wahr, dass Marxisten nach dem Vorbild von Karl Marx und Friedrich Engels bemüht sind, Triebkräfte, Ursachen und Gesetzmäßigkeiten des geschichtlichen Ablaufs zu entdecken und Erfahrungen und Erkenntnisse im politischen Kampf anzuwenden.[10]

Wissenschaftlichkeit bei der Geschichtsbetrachtung und Parteilichkeit bedingen einander.

Bei Walter Ulbricht war dieses Bemühen ausgeprägt. Ohne revolutionäres Geschichtsbild und Geschichtsbewusstsein ist progressives Handeln kaum denkbar.

Es ist ebenso aber wahr, dass auch reaktionäre Politiker wie Franz Josef Strauß geschichtliche Erfahrungen – aus der Sicht ihrer Interessen – nutzen: »Jede Politik muss gründen auf geschichtlicher Erfahrung, politischer Vernunft und sittlichem Empfinden. Geschichtliche Erfahrung bedeutet ... Berücksichtigung der geostrategischen und machtpolitischen Situation...«[11]

Richard von Weizsäcker formulierte diese Erkenntnis so: »Beschäftigung mit Geschichte ist immer beeinflusst von den Kämpfen und Zielen der Gegenwart. Sie ist dem politischen, sozialen und ideologischen Streit der heutigen Zeit ausgesetzt.«[12]

Das meinte Goethe auch, als er seinem »Faust« in den Mund legte:

>»Was ihr den Geist der Zeiten heißt,
Das ist im Grund der Herren eigner Geist,
In dem die Zeiten sich bespiegeln ...
Die wenigen, die was davon erkannt,
Die töricht g'nug ihr volles Herz nicht wahrten,
Dem Pöbel ihr Gefühl, ihr Schauen offenbarten,
Hat man von je gekreuzigt und verbrannt.«

Was Goethe und Richard von Weizsäcker zu unterschiedlichen Zeiten und mit differenzierter Sichtweise formulierten, begegnet uns heute täglich wieder. Aber es zwingt auch zu der Frage: Wer bestimmt das Geschichtsbild? Wer erzeugt den »mainstream« der Gefühle? Warum und mit welchem Ziel?

Erst für den, der davon ausgeht, dass es keine historische Wahrheit gibt und Traditionsbild und Traditionsverständnis je nach Wunsch und Interessen von Politikern bestimmt werden können, ergibt es einen »Sinn«, einen »Zipfel vom Mantel der Geschichte« zu ergreifen und der »Göttin der Geschichte« für ihre »Geschenke« zu danken. Freilich ist für manchen ein solches Geschichtsverständnis allzu unbedarft. Weshalb soll jemand nach einer »Wahrheit« suchen, die es prinzipiell nicht gibt? Und wozu eine »Geschichtsaufarbeitung«, von der Richard von Weizsäcker am 8. Mai 1985 sagte: »Es geht nicht darum, Vergangenheit zu bewältigen. Das kann man gar nicht. Sie lässt sich ja nicht nachträglich ändern oder ungeschehen machen. Wer aber vor der Vergangenheit die Augen schließt, wird blind für die Gegenwart. Wer sich der Unmenschlichkeit nicht erinnern will, der wird wieder anfällig für neue Ansteckungsgefahren.«[13]

Wer die Weisheit Goethes und die Erkenntnis von Weizsäckers bedenkt, wird sich über die dialektische Beziehung zwischen Politik und Geschichtsbild nicht wundern. Im gesellschaftlichen Bewusstsein geht es bis heute nicht primär um die historische Wahrheit, sondern eine **bestimmte** Sicht auf die Vergangenheit. In diesem Sinne äußerte sich Bundespräsident Roman Herzog über Tradition, Traditionsverständnis und Traditionspflege: »Tradition ist nämlich nicht die pauschale Fortsetzung von Geschichte. Tradition ist die Auswahl von Menschen, von Worten, Haltungen und Taten, die als beispielgebend bewertet werden. Tradition heißt Überlieferung von Werten in diesem Sinne und dient in genau diesem Maße auch der Erziehung von Menschen.«[14]

Was soll mit der »Tradition« à la Herzog erreicht werden? Das »Handwörterbuch zur deutschen Einheit«, das für die politische Bildung gedacht ist, sagt dazu: »Begriffsbestimmung: Geschichtsbewusstsein ist ein Konstrukt zur Umschreibung und Erklärung intellektueller Fähigkeiten, Bewusstseinsfunktionen, Verhaltensweisen und Einstellungen von Individuen und Gruppen. Es beinhaltet die Fähigkeit einer Person, die jeweils eigene Lebenssituation in den gesellschaftlichen, historisch-politischen Gesamtkontext einordnen zu können. Das Individuum leistet dabei eine kritisch-reflektierende Bewertung der eigenen Position sowohl im zeitlichen Ablauf der Geschichte, als auch im sozialen Umfeld. Geschichtsbewusstsein konstituiert sich einerseits durch soziale Interaktion und gesellschaftliche Vermittlungsprozesse sowie andererseits durch die psychologische Verarbeitung jeweils eigener historischer und biographischer Erfahrungen. Neben Individuen sind auch Kollektive in der Lage, ein gemeinsames historisch-politisches Bewusstsein zu entwickeln. Ein kollektiv geteiltes Geschichtsbewusstsein trägt einen bedeutsamen Teilbereich der politischen Einstellungen und Verhaltensweisen einer Gesellschaft und ist daher Ausdruck der jeweiligen politischen Kultur. Es beeinflusst die gesamtgesellschaftlichen Entscheidungsfindungsprozesse und Konfliktregelungsmechanismen und schlägt sich in der Ausgestaltung politischer und sozialer Institutionen nieder. Ein kollektives – nationales, regionales etc. – Geschichtsbewusstsein transportiert darüber hinaus die kollektiven Sinnbestände, Normen und Traditionen einer Gruppe durch die Zeit und trägt dadurch in unterschiedlichem Maße zur Stabilität und Kontinuität von Gesellschaften bei.«[15]

Merke: Geschichtsbewusstsein konstituiert sich durch gesellschaftliche Vermittlungsprozesse. Daraus ergibt sich: »Wahrheiten« und Traditionen sind subjektiv bestimmt und wandeln sich, sogar dann, wenn die Fakten dieselben bleiben. Der 8. Mai 1945 ist für die einen buchstäblich »Tag der Befreiung« (sind z. B. die Überlebenden von Auschwitz am 27. Januar 1945 von der Roten Armee befreit worden?), für die anderen eine »nationale Katastrophe« (die auf den 30. Januar 1933 datiert werden müsste). Ich wiederhole: Bei der Formung des Geschichtsbewusstseins geht es, ohne dass der Betroffene sich dessen bewusst werden muss, um Normen politischen Verhaltens. Dann erklärt sich auch, durch wen was und wie zur Verhaltensnorm erhoben werden soll, was moralische Wertungen vergangener Zeiten einschließt.

So erklärt sich auch, dass Politiker Totalitarismusforschern vorgeben, was sie vorrangig zu »erforschen« haben. Es geht ihnen kaum um Fakten und Zusammenhänge, sondern um Stereotypen, z. B. über den »Unrechts-staat DDR«. Nach Hans Henning Jahn sind Stereotype »subjektive, von Emotionen beeinflusste und verallgemeinernde Werturteile, die auf Gruppen von Menschen angewendet werden«, wobei die »emotionale Komponente dominiert«. Seine Definition: »Ein Stereotyp stellt eine Aussage dar, und zwar ein (mehr oder weniger offen so deklariertes) Werturteil, das gemeinhin von einer starken Überzeugung getragen bzw. – wie es der polnische Philosoph Adam Schaff formuliert hat – emotional aufgeladen ist.

Es wird (meist) auf menschliche Gruppen angewandt, die unterschiedlich definiert sein können (national, ethnisch, konfessionell, sozial, professionell, politisch), und zwar in verallgemeinernder Absicht. Die Feststellung, dass eine Aussage ein Stereotyp sei, sagt nichts über den Wahrheitsgehalt bzw. Unwahrheitsgehalt der Aussage aus, jedoch etwas über den Wahrheitsanspruch – gemeinhin werden Stereotypen in sehr affirmativem Sinne benutzt.«[16]

Kurt Biedenkopf gab Mitarbeitern des Hannah-Arendt-Instituts den Auftrag, den »Giftmord« am ersten sächsischen Ministerpräsidenten nach 1945, Dr. Rudolf Friedrichs, zu »erforschen«, einen Mord, den es nie gegeben hat.[17]

Helmut Kohl legte (nicht nur am 3. Juli 2003 im Dresdner Landtag) den Mitarbeitern des Hannah-Arendt-Instituts ans Herz, ihre Arbeit auf den 20. Juli 1944, den 17. Juni 1953 und den Herbst 1989 zu konzentrieren.[18] Welche Überfülle an Literatur es dazu schon gibt, schien er nicht zu wissen.

Wie unbedarft sich mancher inkompetente Politiker sein Geschichtsbild bastelt, bewies auch die CDU-Vorsitzende (noch nicht Kanzlerin) Angela Merkel am 13. Juni 2002, als sie zu dem Thema sprach: »Die DDR im Geschichtsbewusstsein der Deutschen«. Inhalt waren persönliche

Erlebnisse, Eindrücke und Wertungen. Sind sie auf 80 Millionen Deutsche übertragbar?

Zwar beklagt sie, dass sie enttäuscht sei, »dass die Debattenkultur in der alten Bundesrepublik Deutschland nach so vielen Jahren Demokratie im Grunde nicht sonderlich ausgeprägt ist.«[19] Warum wohl?

Zugleich legt sie verbindlich fest: »Die DDR war eine Diktatur. Da gibt es gar nichts zu diskutieren. Man kann deshalb den Menschen nicht weismachen, dass die DDR ein Rechtsstaat gewesen sei. Sie war ein Unrechtsstaat.«[20] Basta! Sind da noch Fragen erlaubt?

Darf für viele der Berufs-Dissidenten gelten, was Marianne Birthler der Berliner Zeitung vom 17./18. Juni 2006 offenbart hat? Frage: »Haben Sie ein unglückliches Leben in der DDR geführt?« Antwort Birthlers: »Aber nein, schon gar nicht als Privatperson, beruflich oder als Mutter. Aber darüber zu reden ist etwas ganz anderes, als das politische System der DDR zu beschreiben, auch in seinen Auswirkungen auf mein Leben in der DDR. Ich habe den Eindruck, dass viele diese Perspektiven nicht auseinander halten.«[21]

Marianne Birthler hat sich als Privatperson, beruflich oder als Mutter nicht unglücklich gefühlt – über das »System der DDR«? Vermutlich wird das jeder Leser kennen, der sich in der DDR wohl gefühlt hat, aber nun todunglücklich ist – über das »System der BRD«?

Verteidiger dieses Systems würden sagen: Die Demokratie ist nicht dazu da, Glück zu schaffen. Aber wozu dann? Vielleicht weiß es ein von Amts wegen Beauftragter, z. B. der Beauftragte für Medien und Kultur.

Hermann Schäfer, Ministerialrat und Stellvertreter des Bundesbeauftragten für Kultur und Medien, der sich als

Professor auch mit historischen Ausstellungen beschäftigt hat, derselbe, der am 25. August 2006 in seiner »Weimarer Rede« Buchenwaldhäftlinge beleidigte und einen heftigen Protest auslöste, ging auch auf die Rolle des Staates und die Aufgaben von Historikern ein: »Ich sage nicht, dass es Aufgabe einer staatlichen Pflege des Geschichtsbewusstseins ist, eine stromlinienförmige Identität zu erzeugen ... Historiker wissen, dass für ein und denselben Sachverhalt oft mehrere Interpretationen oder Perspektiven existieren ... Historiker und andere Zeitgenossen, die sich erinnern, neigen mitunter dazu, alles zu unterdrücken, was nicht in ihr Weltbild passt ... Der Staat einer solchen Gesellschaft muss ein Geschichtsbild favorisieren, das einerseits offen ist für verschiedene Interpretationen und Gewichtungen, das andererseits aber auch Orientierung und einen gerechten Maßstab bietet.«[22]

Wir nehmen an, Schäfer zählt die Bundesrepublik nicht unter die totalitären Staaten. Wie erklärt er dann, dass Gauckianer auf das Geschichtsbild maßgeblich einwirken? Untersteht die Gauck/Birthler-Behörde samt ihrer »Forschung« nicht der Bundesregierung?

Waren die »Eppelmann-Kommissionen« nicht vom Bundestag eingesetzt worden, um ein »stromlinienförmiges« Geschichtsbild über die DDR zu erzeugen?

Nach Martin Sabrow, Direktor des Zentrums für zeithistorische Forschung in Potsdam, dokumentiert sich in der Arbeit der beiden Enquete-Kommissionen unter der Leitung Eppelmanns »die Bereitschaft des Gesetzgebers, keine zweite Vergangenheitsverdrängung zuzulassen.«[23]

Das bedeutet mindestens zweierlei: Es gab nach 1945 im Westen Deutschlands eine »Verdrängung« der Vergangenheit (gemeint ist die Erinnerung an sie). Wer hat sie warum zugelassen? Warum und wie hat der »Gesetzgeber« nach 1990 ein »verordnetes Geschichtsbild« auf der Grundlage der Totalitarismus-Doktrin geschaffen?

Sind die Zentren der Totalitarismusforschung, z. B. das Hannah-Arendt-Institut in Dresden, nicht Erfüllungsgehilfen von Politikern im buchstäblichen Sinne?

Hier sei an den Fakt erinnert: Der Bundestag reihte sich mit den Veröffentlichungen der Eppelmann-Kommission – 18 Bände mit 15.000 Seiten – in die Front der verordneten Geschichtsschreibung ein. Warum können Totalitarismusforscher in Deutschland nahezu widerstandslos agieren?

Einer der Gründe ist, dass Totalitarismusforscher Teil der vom Kapital finanzierten und dirigierten Bewusstseinsindustrie sind. In der Praxis zeigt sich eine Art dialektische Wechselwirkung zwischen (imperialistischem) Staat und Bewusstseinsindustrie, wie sich am Wirken der Eppelmann-Kommission, der Gauck/Birthler-Behörde und des Hannah-Arendt-Instituts exemplarisch zeigt.

Ein weiterer Grund – vor allem in den westlichen Bundesländern – ist, dass die Geschichtskenntnisse der »Normalbürger« für die Zeit nach 1945 auf den »Mauerbau« und den »Mauerfall« begrenzt sind, wie die »Zeit« in einer Sondernummer im April 2005 herausgefunden hatte.[24]

Wenn in diesem Buch über die verhängnisvolle Wirkung der Totalitarismusforschung geschrieben wird, darf ein Hinweis auf die Komplizenschaft von Medien nicht ausgespart werden.

Wenn z. B. von der Hamburger »Zeit« behauptet wird: »Bundeskanzler Willy Brandt hätte 1969 seine neue Ostpolitik nicht in die Wege leiten können, wenn ihm nicht Journalisten, allen voran die der ›Zeit‹, aus eigener Einsicht und Überzeugung vorgearbeitet hätten ... Wenn es zur Entscheidung kommt, was Vorrang haben soll, Auflage oder Profil, Einschaltquote oder Kontur, dann verzichten die einen auf Charakter, die anderen riskieren die Existenz.«[25] dann lässt sich erahnen, wie es bei weniger seriösen Blättern zugeht.

Martin Sabrow, Direktor des Zentrums für Zeithistorische Forschung in Potsdam, stellte fest: »An der zeithistorischen Erkenntnisbildung sind über die akademischen Einrichtungen hinaus längst Medien, Museen und Gedenkstätten ebenso beteiligt wie private Unternehmen und Vereine, soziale Interessenverbände und politische Körperschaften.«[26]

Könnte damit eine Art »Gleichschaltung« aller wichtigen Produzenten von Geschichtsbildern gemeint sein, vom Fernseh-Dokumentaristen Guido Knopp bis zum »Stasi«-Jäger Joachim Gauck?

Zwar hat Prof. Dr. Günther Heydemann in einer Zuschrift an die FAZ konstatiert, dass es bei der DDR-Forschung ein Grundproblem gibt, weil es »einer Reihe von Gremien an politischer Ausgewogenheit gebricht«[27], aber ist er nicht ein Rufer in der Wüste?

Heydemann weiß natürlich, dass entscheidende Produktionsstätten von Geschichtsbildern Fernsehanstalten, Filmproduzenten, Zeitschriften- und Zeitungsredaktionen sind, die in der Regel behaupten, »unabhängig« zu sein. Aber gerade DDRologen und Totalitarismusforscher wissen, dass an der behaupteten »Unabhängigkeit« nicht viel dran ist. Wer will, kann das an jeder beliebigen Ausgabe des Deutschland Archiv prüfen, ein Dorado für Totalitarismusexperten und DDRologen mit bestimmender Funktion bei der Durchsetzung eines antikommunistischen Geschichtsbildes.

Um festzustellen, dass es sich beim Deutschland Archiv um eine Zeitschrift handelt, die sich vor allem mit **Ost**deutschland befasst und das Denken und Fühlen der Ostdeutschen diktieren will, genügt es, eine Nummer zu prüfen. Wir tun das exemplarisch an der Nr. 5/2006 und finden: Sven Felix Kellerhoff fordert die Nutzung der »Rosenholz«-Datei. Udo Scheer verleumdet Autoren (auch »Ossietzky«), die sich gegen das verordnete Geschichtsbild der Neubert und Schipanski (Tübke-Bild) wehrten. Es gibt einen Nachruf für Rainer Barzel.

Andreas Hallermann untersucht die Wirkungen der Sozialpolitik in Ostdeutschland. Gitta Schiller äußert sich über die Haltung ostdeutscher Frauen beim »Transformationsprozess«. Karsten Speck und Wilfried Schubarth fragen, ob die ostdeutsche Jugend im Westen angekommen ist (was sie verneinen). Günter Glaser prüft das Verhalten der NVA in der »Umbruchsphase der DDR«. Peter Joachim Lapp schreibt über die Kadetten der NVA. Siegfried Prokop analysiert den »ungarischen Einfluss auf die intellektuelle Opposition in der DDR im Jahre 1956«. Matthias Loeding untersucht die Wirkung von Reden Schumachers 1945 im Hinblick auf die SED-Gründung. Jörg Bernhard Bilke interessiert sich für die DDR-Rezeption des Dichters Gottfried Benn. Franzesca Weil erhält viel Platz, um über ehemalige IM-Ärzte in der letzten Volkskammer der DDR zu schreiben.

Es folgen »Widerspruch« und »Erwiderung« zum Thema Ostpolitik Willy Brandts. Unter der Überschrift »Forum« sind fünf Beiträge zusammengefasst. Markus Dittmann befasst sich mit Aspekten der Kohlschen »Wiedervereinigung«. Uta Karstein und Thomas Schmidt-Lex analysieren die Transformation in ostdeutschen Familien. Eckhard Jesse vergleicht sächsische Bürgerrechtler 1989/90 und heute. Alf Lüdke äußert sich zum Bericht der »Sabrow-Kommission«, Martin Sabrow zur Kritik an seinen Empfehlungen zur »Aufarbeitung« der DDR-Geschichte.

Unter »Tagungen/Veranstaltungen« finden wir fünf Berichte, die sich mit der Vergangenheit Osteuropas und der DDR beschäftigen. Rezensionen gibt es 17. Die besprochenen Bücher betreffen alle die DDR.

Die Großkopfeten der BRD setzen bei ihrem selbstmörderischen Feldzug gegen das »Gespenst« DDR eine unglaubliche Streitmacht mit großem personellem und finanziellem Aufwand (auf Kosten der Steuerzahler) ein.

An der »Aufarbeitung« der DDR-Geschichte beteiligen sich

- mehr als 1.200 Forschungsprojekte, deren Ergebnisse ganze Bibliotheken ausfüllen,
- etwa 250 Archive und Bibliotheken,
- rund 50 Institutionen der politischen Bildung,
- 65 Museen und Gedenkstätten und
- 20 Fachzeitschriften.

In dieser Aufzählung sind Fernsehdokumentationen und Filme, Verlage und Schulbücher (zur DDR-Geschichte über 60) nicht enthalten.

Eine exakte Gesellschaftsanalyse, die den Menschen unserer Zeit vernünftiges, ihren Interessen gemäßes Handeln ermöglicht, wird von Totalitarismusforschern nicht erwartet und nicht geleistet.

Für sie liegt das Ergebnis der »Forschung« fest, ehe eine Untersuchung beginnt: Die DDR war des Teufels, die BRD das christlich-parlamentarische Musterländle.

Der Belesene erinnert sich vielleicht: »Es gibt Spiegel, welche so verschoben und geschliffen sind, dass selbst ein Apollo sich als eine Karikatur abspiegeln muss.«[28]

Ein Geschichtsbild, das zeigt, »wie es gewesen ist«, setzt voraus, dass die Geschichte der Ostzone/DDR und die der Westzonen/BRD von ihren Voraussetzungen her, den unterschiedlichen Ausgangsbedingungen, und in ihren konfliktreichen Wechselbeziehungen dargestellt wird. Die Politik beider deutscher Staaten war eingebettet in die Blockkonfrontation und war ein Wechselspiel von Aktion und Reaktion, vor allem die Schlüsselereignisse, die Gründung der beiden deutschen Staaten, der Eintritt in die Wirtschafts- und Militärblöcke, die sicherheits- und außenpolitischen Strategien. Angesichts der Restauration des Imperialismus in der BRD, der »roll back«-Politik, der ökonomisch-militärischen Stärke der BRD waren viele der politischen Schritte der DDR nicht erstrebenswert, aber für die Existenz notwendig.

Horst Möller, Direktor des Instituts für Zeitgeschichte in München, und sein Stellvertreter Udo Wengst haben eine »Einführung in die Zeitgeschichte« (München 2003) verfasst, in der sie unter Berufung auf Friedrich Meinecke (S. 18) hervorheben, dass die Darstellung der Zeitgeschichte den »Hauch der Zeitatmosphäre (braucht), in der sich unser Schicksal vollzog, und die man kennen muss, um dies Schicksal ganz zu verstehen.« Ein löblicher Vorsatz, aber wer setzt ihn um?

Die erklärte Absicht der herrschenden Klasse und ihrer willigen Helfer auf dem Schlachtfeld der Ideologie ist es, der Arbeiterbewegung ihr historisches Gedächtnis, ihre Geschichten und ihre Geschichte zu rauben. Das schließt den Missbrauch und die Verfälschung von Begriffen ein. Wissen die Täter, was sie tun oder gilt »Herr, vergib ihnen ...«? Die Antwort geben führende Repräsentanten selbst.

In »einem geschichtslosen Land (gewinnt) die Zukunft, wer die Erinnerung füllt, die Begriffe prägt und die Vergangenheit deutet.«[29]

Michael Stürmer gehörte zu den Ghostwritern Helmut Kohls, der ähnliche Gedanken oft wiederholt hat.

Wenn ich die Vermutung aussprach, dass Klio im zerschlissenen Gewand einer Vettel agiert, könnte ein Buch der Konrad-Adenauer-Stiftung die Bestätigung liefern. Wir lesen in ihm: »Mit Geschichte lassen sich Skandale kreieren, die Welt in ›anständig‹ und ›unanständig‹ aufteilen in ›gut‹ und ›böse‹, lassen sich Debatten inszenieren, die über Wochen die Feuilletons beschäftigen und mediale Präsenz ermöglichen. Mit Geschichte lässt sich von den ›harten‹ Problemen, die Detail und Umsetzung erfordern, ablenken zugunsten geistesgeschichtlicher Großwetterlage, in die man Zeitdiagnostisches nach Belieben einspeisen kann. Denn ihr Potential ist für alles gut: für das falsche Zitat, die unzutreffende Parallele, für das gewollte Missverstehen, den übertriebenen Vergleich, für vermeintliche Ursache und unterstellte Wirkung, für Ästhetik und Moral, für Vorbild, negativ oder positiv, für die Sehnsucht nach historischer ›Verortung‹ angesichts zunehmender Innovationsdynamik, gar nach ›Identität‹ ...

Nicht der Vergleich selbst ist bedeutsam, bedeutsam ist die bildungsbürgerliche Pose, noch vergleichen zu können. Politische Wirkung gewinnen Vergleiche, Akzente, Bewertung von Abläufen oder Beurteilungen von Personen erst wirklich, wenn sie sich zu zeithistorischen Geschichtsbildern verdichten.«[30]

Wer solchen Missbrauch des Geschichtsbildes betreibt, ist erkennbar. Wenn es einen Kommandeur auf diesem Gebiet gäbe, wäre es Pfarrer Gauck. Auf einer »internationalen

Fachtagung« Anfang Mai 2006 in Berlin hielt es Joachim Gauck für »zweckdienlich«, am Gebrauch der Totalitarismus-Doktrin festzuhalten.[31]

Welchem Zweck dient sie wem? Der historischen Wahrheitsfindung? Der politischen Versöhnung? Einer friedlichen Zukunft? Was heißt »Zweck« eines verordneten Geschichtsbildes? Gauck ging in Tutzing zwei Tage später noch weiter: »Den Vergleich beider Diktaturen zu scheuen, bezeichnete er als ›Schwachsinn‹.«[32]

Er und seinesgleichen verkörpern also die Vernunft? Wir werden den »Vergleich beider Diktaturen« nicht scheuen, aber der Pfarrer, dem Worte wie Feindesliebe, Versöhnung und Gnade Fremdworte zu sein scheinen, wird sich nicht freuen.

Übrigens: Pfarrer Gauck scheint die Bürger der DDR schlechter zu behandeln, als die USA-Besatzer die Afghanen. Ronald Neumann, USA-Botschafter in Afghanistan, sagte über »Geschichtsaufarbeitung« in seinem Gastland: »Die Afghanen werden sagen müssen, wie viel Aufarbeitung der Geschichte das Land verträgt, ohne dass die Gesellschaft aus den Fugen gerät.«[33] Afghanen dürfen sagen, was sie an »Aufarbeitung« ertragen, dürfen das Ex-DDR-Bürger auch?

Wenn ich hier in die Rolle des anonymen Afghanen schlüpfe, beanspruche ich zunächst das Recht auf Widerspruch gegenüber den Gauckianern, die sich als Anwälte der »Opfer« drapieren:

Erstens sind die Gauck, Birthler, Eppelmann, Knabe und Co. in der DDR keine Opfer gewesen.[34] Für sie könnte das Wort Maxim Gorkis gelten: »Die Teufel in der Hölle leiden Qualen vor Neid, wenn sie sehen, mit welcher jesuitischen Gewandtheit die Menschen sich gegenseitig verleumden.«

Zweitens sind Opfer nicht gleich Opfer. Als Görlitzer waren meine politischen Lehrer nach 1945 Otto Buchwitz und Artur Ullrich, der eine kam aus dem Zuchthaus Brandenburg, der andere aus dem KZ Buchenwald. Sie hatten nach 1945 keine Zeit, ihre Wunden zu belecken. Der Görlitzer Nazikreisleiter Bruno Malitz und der Oberbürgermeister Dr. Meinshausen waren Kriegsverbrecher, die in einem öffentlichen Prozess zum Tode verurteilt und am Münchner Platz in Dresden hingerichtet wurden. Wenn sie Opfer waren, dann nicht der DDR-Justiz, sondern ihrer eigenen Verbrechen.[35]

Drittens ist die »Saldierung der Opfer« ein makabres Geschäft, wie Bundespräsident Roman Herzog am 13. Februar 1995 in der Dresdner Kathedrale feststellte.[36]

Die gesellschaftliche Realität der DDR wird in Filmen wie »Das Leben der Anderen« systematisch ausgeblendet – ihre politische Funktion erfüllen sie damit umso besser (Joachim Gauck und Marianne Birthler vor der Premiere des Films in Berlin, 15.3.2006)

Es wird nicht ehrenwerter, wenn es Totalitarismusforscher betreiben.

Ein Wissenschaftler, auch – oder erst recht – wenn er Historiker ist, muss sich bemühen, ein möglichst objektives Urteil abzugeben. Er darf nicht sein eigenes Schicksal zum Richtschwert seines Denkens und Schreibens machen. Inzwischen ist es nicht selten, dass sich Historiker von Banken, Unternehmen und Regierungsstellen bezahlen lassen, um Betriebsgeschichten und Expertisen zu schreiben. Wieviel Objektivität ist dann noch möglich? Ist es an der Zeit, für Historiker (und Politiker?) eine Art Eid des Hippokrates einzuführen?

»In alle Häuser, in die ich komme, werde ich zum Nutzen der Kranken hineingehen, frei von jedem bewussten Unrecht und jeder Übeltat.

Was ich bei der Behandlung oder auch außerhalb meiner Praxis im Umgang mit Menschen sehe und höre, das man nicht weiterreden darf, werde ich verschweigen und als Geheimnis bewahren.

Wenn ich diesen Eid erfülle und nicht breche, so sei mir beschieden, in meinem Leben und in meiner Kunst voranzukommen, indem ich Ansehen bei allen Menschen für alle Zeit gewinne; wenn ich ihn aber übertrete und breche, so geschehe mir das Gegenteil.«

Der Eid **schreibt dem Arzt vor, niemals zum Nachteil des Patienten tätig zu werden. Und natürlich hat der Arzt**, der sich dem hippokratischen Eid verpflichtet fühlt, **gegenüber der Öffentlichkeit auch eine Schweigepflicht – insbesondere, wenn sie im Interesse des Patienten geboten ist.**

In dieser Arbeit stehen nicht die »Opfer zweier Diktaturen« im Mittelpunkt, sondern es wird der »Diktaturenvergleich« auf Hauptgebieten der geschichtlichen Entwicklung seit 1933 versucht, der Vergleich

 – der Eigentumsverhältnisse,
 – der Macht- und Regierungsstrukturen,
 – der Außenpolitik,
 – der Ideologie,
 – der Armee,
 – der Repressionsapparate, Justiz und Geheimdienste,
 – der Kirchen und
 – der Erinnerungspolitik.

Der Vergleich in diesem Buch unterscheidet sich von bisher üblichen »Diktaturenvergleichen« von faschistischer Diktatur und DDR.

Bei jedem der Vergleiche wird die BRD eingeschlossen, sowohl hinsichtlich ihres Verhältnisses zu Erbe und Tradition des Faschismus, als auch in ihrer Politik gegenüber der DDR.

Das ergibt sich aus dem tatsächlichen Verlauf der Geschichte, denn die BRD-Entwicklung begann nicht mit einer Stunde Null, und sie verlief nie isoliert von der Geschichte der DDR. Weder die Geschichte der BRD noch die der DDR können isoliert voneinander dargestellt werden.

Dieser »Diktaturenvergleich« wird Lücken haben. Eine der Lücken z. B. betrifft das reizvolle Gebiet der Literatur, der bildenden und darstellenden Kunst. Es wäre nützlich, im Detail zu prüfen, warum Konrad Wolf, Arnold Zweig, Anna Seghers, Bert Brecht, Maxi Wander und viele andere bewusst ihre Heimat in der DDR suchten. Es würde sich lohnen, die Film- und Fernsehkunst in beiden deutschen Staaten in ihren inhaltlichen und personellen

Traditionslinien zu untersuchen und die Arbeitsergebnisse zu vergleichen.

Erfreulicherweise entstehen immer mehr Arbeiten, die nachweisen, dass nicht Wolf Biermann der Höhepunkt der deutschen Nachkriegsliteratur ist, sondern Bertolt Brecht und Peter Hacks.

Auch Vergleiche des Bildungssystems, der Filmkunst usw. differenzieren das von Totalitarismusforschern schwarz gemalte Bild. Das nähert sich der historischen Wahrheit und entspricht den anerkennenden Worten Willy Brandts in seiner »Dresdner Rede« vom 22. Februar 1992: »Für die Einladung, die mich heute zu Ihnen nach Dresden führt, bin ich dankbar. Auch dafür, dass wir uns im Staatsschauspiel treffen. Gestern Abend wurde hier, so sagte man mir, ein Stück aufgeführt, in dem es um die Unterhöhlung gesellschaftlicher Bindungen geht. Ein Stück, das sich vor drei Jahren kaum auf dem Spielplan befunden hätte. Aber gutes Theater wurde hier doch gespielt, hier wie anderswo in der DDR – das ist mir wohl bewusst. Das kulturelle Leben, zumal die künstlerische Entfaltung, behaupten sich in diesem Teil Deutschlands auf hohem Niveau. Das wird weiterwirken, und es widerlegt jene versprengten Blindgänger, die meinen, die alten deutschen Länder, die man – historisch wie sprachlich absurd – die neuen nennt, insoweit einer Kultivierung aussetzen zu sollen. Hier braucht nicht gelernt zu werden, wie man Stücke auf die Bühne und gutes Deutsch zwischen zwei Buchdeckel bringt. Wie Klangkörper von Weltrang bewahrt, große Kunstsammlungen gehütet werden. Es ist ja sonst wahrlich genug zu tun.«[37]

Obwohl der Vergleich auf den Gebieten von Volksbildung, Musik, Theater, Literatur, Kinderbetreuung usw. die DDR eindeutig auf die Siegerstraße führte, wird auf ihn hier verzichtet. Die Kohl-Regierung wie die Totalitarismusforscher verzichten auf die Befolgung des biblischen Rats: »Prüfet alles, das Gute behaltet.«

Die Aussagen des Vorworts aus der ersten Auflage muss ich nicht korrigieren. Die Gespräche mit Lesern, die Rezensionen (die manche Zeitungen sichtlich scheuten) und die schriftlichen und telefonischen Informationen bestätigten mich. Ergänzungen und Korrekturen waren vor allem neu erschienener Literatur geschuldet.

1. Totalitäre Diktatur

»Die Parallelen zwischen beiden deutschen
Diktaturen liegen auf der Hand«
(Eckhard Jesse)

»Von Gnade und Recht will ich singen«
(Psalm 101)

Wer sich die Aufgabe stellt, die Ergebnisse der Totalitarismusforschung an ihren eigenen Zielen und Versprechungen zu messen, muss zunächst deren Behauptungen kennen. Allerdings ergibt sich dabei als erstes die Schwierigkeit, die Fülle der Literatur zur Totalitarismusforschung zu überblicken.[1]

Google bot am 18. September 2006 zum Stichwort Totalitarismus 364.000 Seiten an. Angenommen, sie stünden in Büchern zu je 500 Seiten, wären das 728 Bücher. Im Vergleich dazu nehmen sich die 80 Bücher, die zwischen 1993 und 2006 am Hannah-Arendt-Institut für Totalitarismusforschung entstanden, bescheiden aus. Ernst Nolte, einer ihrer namhaftesten Vertreter, derselbe, der Mitte der achtziger Jahre den Historikerstreit ausgelöst hatte, was »ursprünglicher« sei, Stalins GULAGS oder Hitlers Konzentrationslager, gab an, dass es bis 1971 etwa 660 Titel zum Thema Totalitarismus gegeben hatte.[2]

Zwar urteilte Wolfgang Wippermann, einer der Kritiker der Totalitarismus-Doktrin: »Kaum eine andere Theorie ist durch die Geschichte so gründlich widerlegt worden wie das Totalitarismusmodell von Friedrich und Brzezinski. Daher sind auch alle Bemühungen, diese Totalitarismustheorie wiederzubeleben, von vornherein zum Scheitern verurteilt.«[3]

Aber gerade die jüngste deutsche Geschichte lehrt – hier sei nur an die faschistische Rassen»theorie« erinnert –, dass »wissenschaftlich« drapierte Aussagen in der Politik fürchterliche Folgen haben können. Außerdem ist zu bedenken: Auch wer (wie ich) die Totalitarismus-Doktrin aus wissenschaftlichen, moralischen und politischen Gründen ablehnt, kann durchaus den Systemvergleich für nötig und nützlich halten. Hinzu kommt: Jeder kommt auf diese oder jene Weise mit den Wirkungen der Doktrin in Berührung. Die Verleumdung der DDR als »totalitäre Diktatur« gehört zum Identitätsbeweis jedes »anständigen« Demokraten. Zu den vielen Gründen, sich mit der Totalitarismus-Doktrin zu beschäftigen, gehört, dass sie (seit Anfang der sechziger Jahre) Unterrichtsprinzip ist und in der politischen Bildung einen bevorzugten Platz einnimmt[4], dass sie mittels der Eppelmann-Kommission, der Gauck/Birthler-Behörde und diverser Institutionen zum »verordneten« Geschichtsbild über die DDR gehört[5], dass sie in der parlamentarischen Versammlung des Europa-Rats im Januar 2006 sogar zum Grundstein für ein »europäisches« Geschichtsbild erhoben wurde.[6]

Das sind genügend Gründe, um das Wesen der Totalitarismustheorie herauszufiltern. Es wird manchen überraschen, wenn ich zunächst feststelle, dass das »rote Gespenst« schon vor 150 Jahren existierte und schon von Marx und Engels beschrieben wurde: »Was aber ist das Geheimnis des roten Gespensts, wenn nicht die Angst der Bourgeoisie vor dem unausbleiblichen Kampf auf Tod und Leben zwischen ihr und dem Proletariat? Die Angst vor der unabwendbaren Entscheidung des modernen Klassenkampfes?«[7]

Und diese Angst der Bourgeoisie steigerte sich nach 1917 zur Todesangst.

Die Totalitarismus-Doktrin (»Theorie«) entstand als ideologischer Reflex auf die Oktoberrevolution und hat eine entsprechend widerspruchsvolle Geschichte.[8]

Wenn Theorien Reflexe der Erscheinungen der Außenwelt im menschlichen Hirn sind, wie Rosa Luxemburg feststellte[9], gilt das auch für die Totalitarismus-Doktrin. Sie diente zunächst und vor allem dazu – auch in der Retrospektive –, die unvermeidliche Auseinandersetzung unterschiedlicher Systeme in einen Kampf zwischen Demokratie und Diktatur, zwischen Freiheit und Unterdrückung umzufälschen. Der Kapitalismus/Imperialismus verkörpert nach diesem Schema Freiheit und Demokratie, der Sozialismus sei deren Negation.

Während der Weimarer Republik diente sie – auch und gerade ultrakonservativen Kräften – dazu, die Zerschlagung der Weimarer Republik als Abwehr einer »kommunistischen« Bedrohung zu betreiben und zu begründen. Dieses Argumentationsschema ist in Adenauers Erinnerungen genau so zu finden wie in Arbeiten von Historikern in unseren Tagen. In Adenauers »Erinnerungen« liest sich das so: »Vom Osten her drohte die atheistische, kommunistische Diktatur. Wir sahen am Beispiel der Sowjetunion, dass eine Linksdiktatur mindestens (!) so gefährlich war wie eine Rechtsdiktatur.«[10]

Das Totalitarismus-Schema lässt viele Modifikationen zu, den Kampf des »christlichen Abendlandes« gegen das »Reich des Bösen«, »Europas« gegen die »asiatischen Horden«, (eine Formel, die uns Schülern in der Nazizeit eingeimpft wurde), die Durchsetzung der Demokratie in »Schurkenstaaten«. Wenn Klio nicht selten eine Hure der Politik ist, so kann sie kaum schamloser und willfähriger auftreten als im zerschlissenen Gewand der Totalitarismus-Doktrin. Jeder kennt Fotos, Filme und Bücher, die dem Klischee der »roten Gefahr« entsprechen, in der Alt-BRD sahen sie kaum anders aus als die unter Goebbels entstandenen. Das »Kernstück« der Totalitarismus-Doktrin ist die »normative Gleichsetzung von nationalsozialistischer und stalinistischer Herrschaft«.[11]

Nach Joachim Friedrich und Zbigniéw Brzezinski – die in der Politikberatung und der Umsetzung der Politik von USA-Präsidenten und der Tradition bis heute eine große Rolle spielten – sind die Hauptmerkmale des Totalitarismus

a. eine Ideologie mit Ausschließlichkeitsanspruch
b. ein monolithischer Machtapparat
c. eine massenmobilisierende Einheitspartei
d. politischer Terror und
e. eine Zentralverwaltungswirtschaft.

Zweifellos variieren die Aussagen und Behauptungen namhafter Totalitarismusforscher, weshalb »Kernaussagen der Totalitarismustheorie«, wie sie in der politischen Bildung angeboten werden, eine Art Verallgemeinerung darstellen.

Das sind bei Hans Joachim Lieber:[12]

– Eine von Einzelnen oder einer Minderheit geführte und kontrollierte Massenbewegung,
– ein zentral gelenktes und beherrschtes Machtsystem, das kaum Freiräume zulässt,
– totalitär ist also die Ausschließlichkeit des Herrschaftsanspruchs als auch die Unbegrenztheit des Herrschaftsbereichs,
– eine Partei, in der sich Schlüsselpositionen des Herrschaftsapparates vereinen,
– eine terroristisch verfahrende Geheimpolizei und
– ein Nachrichten- und Informationsmonopol.

Ähnliche »Kernaussagen« finden sich – leicht variiert – bei fast allen Totalitarismusforschern.

In Knaurs Lexikon Ausgabe Weltbild Verlag Augsburg 1999 wird zum Thema Totalitarismus – totalitärer Staat gesagt: »Staatsform, deren Wesensform die Allmacht des Staates ist; Herrschaft *einer* Partei, einer einzigen politischen (Welt-)Anschauung; intolerantes Wertesystem; Verbot und Verfolgung anderer politischer Anschauungen; Polizeistaat anstatt Rechtsstaat; zentrale Lenkung in Wirtschaft und Gesellschaft. → <u>Nationalsozialismus</u>, → <u>Faschismus</u>«.

Hier wird nicht bestritten, dass es viele Varianten in der Totalitarismusforschung gibt[13] und in manchen Fällen auch kritische Einwände im Lager der Totalitarismusforscher laut werden.[14]

Der schon genannte Ernst Nolte z. B. konstatierte: »Die Totalitarismustheorie stellt sich seit langem als eine ungeheure Fülle von Versuchen dar, dasjenige auf den Begriff zu bringen, was im zwanzigsten Jahrhundert an politischen Bewegungen und Regimes als neuartig, als ›noch nicht dagewesen‹ erscheint, und als Gemeinsamkeit ist kaum mehr als die Überzeugung der Autoren zu konstatieren, dass diejenigen Bewegungen und Regime, die sich selbst mit stärkster Betonung ›Neuartigkeit‹ zuschrieben, beträchtliche Ähnlichkeiten aufwiesen, obwohl sie sich zueinander in den schroffsten Gegensatz stellten: das sowjet-kommunistische System auf der einen Seite und die faschistischen Regime, vornehmlich der deutsche Nationalsozialismus, auf der anderen Seite.«[15]

Nolte stellte fünf »verschiedene Versionen« vor:
1. Totalitarismus als extreme Form der traditionellen Autokratie, etwa bei Alexander Rüstow und Franz Neumann.

2. Totalitarismus als Gnostizismus, d.h. als Selbster-
mächtigung und Selbsterlösung des Menschen, wie
Eric Voegelin ihn interpretiert hat.

3. Totalitarismus als Machiavellismus, d.h. als reiner und
prinzipienloser Machtwille, nach Erich Faul.

4. Totalitarismus als Rousseauismus, d. h. als »totalitäre
Demokratie« im Sinne Robespierres und der Jakobiner
nach der Deutung von Jacob L. Talmon.

5. Totalitarismus als Phänomen des 20. Jahrhunderts, d.h.
als »neuartiger Typus von Revolution«, der auf eine
Politisierung der Gesellschaft abzielt, wie sie vor dem
20.Jahrhundert unmöglich war. Diese Auffassung wird
neben vielen anderen Autoren von Hannah Arendt und
Carl J. Friedrich vertreten.[16]

Bei diesen Merkmalen handelt es sich um Formen der
Machtausübung. Die Eigentums-, Klassen- und Machtverhältnisse sind ausgeklammert, obwohl erst sie erklären, warum die BRD dasselbe Ziel verfolgte wie die Hitlerregierung: die Vernichtung der UdSSR und die Ausschaltung der Kommunisten, oder warum die katholische Kirche durchaus mit bestimmten totalitären Mächten paktie-
ren konnte und kann.

Nach 1945 wurde die Totalitarismus-Doktrin bestimmende Komponente im ideologischen Arsenal des Antikommunismus, Anfang der sechziger Jahre sogar staatlich
verordnetes Unterrichtsprinzip, worauf noch zurückzukommen ist.[17]

Nach dem zweiten Weltkrieg konnte diese Doktrin den
reaktionärsten Kräften als Mehrzweckwaffe dienen. Obwohl die BRD die juristische, ökonomische, machtpo-
litische, personelle und ideologische (Antikommunismus als Staatsdoktrin) Kontinuität zum »Dritten Reich«

verkörperte, mutierte sie zur parlamentarischen Demokratie. Die DDR dagegen wurde als »Moskaus westliche Provinz«, als »totalitäre Diktatur« usw. in Acht und Bann getan. Damit diente die Totalitarismus-Doktrin direkt als ideologische Nebelwand für Varianten der containment- und roll back-Politik, auch als Folie für die Forderungen mancher Entspannungspolitiker, die die Vernichtung der DDR (»Konterrevolution auf Filzlatschen«) anstrebten.

In geradezu klassischer Weise erfolgte die Anwendung der Totalitarismus-Doktrin durch Franz Josef Strauß.[18] Seine These: »Die freie Welt braucht die Mitarbeit Deutschlands zu ihrem eigenen Schutz, zur Verteidigung ihrer Freiheit gegen die totalitäre Bedrohung aus dem Osten.« Daraus folgte

– die Rechtfertigung für die NATO-Politik
– die Begründung für »Befreiungs«-Konzeptionen
– die Verteufelung der SED und der DDR (totalitär)
– die Verschleierung des Charakters der Auseinandersetzungen zwischen BRD und DDR
– die Forderung nach Stabilisierung der Monopolherrschaft usf.

Solche Thesen konnten im Rahmen der »Europa«- und Entspannungspolitik durchaus flexibel eingesetzt und variiert werden.

Es gab also »in der bundesrepublikanischen Demokratie zeitweise auch, was sie eigentlich, der Theorienorm der pluralistischen Ideologie zufolge, gar nicht haben durfte: eine staatlich verordnete Ideologie. Unter diesen Prämissen wird man wohl sagen können, dass die 50er und frühen 60er Jahre, also die sogenannte Adenauer-Ära unter den Vorzeichen der Totalitarismustheorie standen«.[19]

Wie groß der Anteil der ideologischen Diversion mittels der Totalitarismus-Doktrin am Zusammenbruch der DDR ist, kann quantitativ nicht ermittelt werden. In jedem Fall dürfen sich die Verfechter der Totalitarismus-Doktrin heute zu Recht zu den »Siegern der Geschichte« zählen. Zum »harten Kern« der Verfechter der Totalitarismus-Doktrin gehörten schon vor 1990 Uwe Backes, Eckhard Jesse und Reiner Zitelmann. Sie arbeiteten nach 1990 u. a. im Auftrag des Ministeriums des Innern[20] und der Enquete-Kommisson des Deutschen Bundestages, die als »Eppelmann-Kommission« traurige Berühmtheit erlangte.

Uwe Backes und Eckhard Jesse haben bereits 1992 eine »Renaissance einer lange tabuisierten Konzeption« konstatiert.[21]

Wer die Szene kannte, wird vor 1990 kaum das Tabu wahrgenommen haben, und die »Renaissance« nach 1990 zwingt zu der Frage: Wer und was hat sie gewollt und bewirkt? Keine Ideologie entsteht und entwickelt sich ohne ökonomische und politische Bedürfnisse. Die Verfechter der Totalitarismus-Doktrin haben sich nach 1990 eine hegemoniale Stellung in der Geschichtsschreibung zur jüngsten Vergangenheit und Politologie erobert. Ihre Schlagworte und Thesen dominieren die Literatur und Tagungen zur jüngsten Geschichte.

Hinter der Renaissance der Totalitarismusforschung steckt kein wissenschaftliches Interesse und Bedürfnis, sondern ein Auftrag der »politischen Klasse«, wie sich beim Thema »Bewältigung« der DDR-Vergangenheit unschwer erkennen lässt. (Der Begriff »politische Klasse« umfasst diejenigen, die politische Ämter im bürgerlichen Staat ausüben, aber auch Führungsgrößen in Parteien und Organisationen, Journalisten und Kirchenobere.)

Auch das Fazit der »Eppelmann-Kommission« bestätigt diese Aussage. Der Hauptertrag der Enquete-Kommission in ihrer Sitzung vom 3. und 4. Mai 1994 bestand darin, den Begriff des Totalitarismus mit der Gleichsetzung der DDR und dem Nazistaat zu koppeln.[22]

Hier sei ein Einschub erlaubt: Wenn die Folie der Merkmale des Totalitarismus auf den Vatikan (Staat und Papst) und die USA gelegt würde, könnten Muster totalitärer Herrschaft entdeckt werden.[23]

Wir werden in dieser Arbeit weder untersuchen, ob und inwieweit der Vatikan oder die USA dem Modell totalitärer Diktaturen nahe kommen oder nicht. Die Urteile wären auch abhängig von der Zeit und dem Standpunkt des Betrachtenden.

Wer sich mit der Totalitarismus-Doktrin beschäftigt, muss, wie das Wolfgang Wippermann in gründlicher Weise analysiert, die »Entwicklung der Diskussion von den Anfängen bis heute« zur Kenntnis nehmen.[24]

Er entdeckt – vielleicht mit Verblüffung –, dass derselbe Gegenstand – die totalitären Diktaturen – zu verschiedenen Zeiten und in verschiedenen Ländern höchst unterschiedlich gewertet werden, dass es Konjunkturen und Flauten gegeben hat, die sich nicht aus der Wissenschaft, sondern nur aus der (welcher?) Politik erklären lassen.

1972 schien, wie Wippermann mitteilt, sogar Ernst Nolte die Totalitarismustheorie »überwunden« zu haben. 1972? War das nicht ein Jahr der Entspannung? Hatten nicht in den Jahren zuvor die Arbeiten von Peter Christian Ludz unter den »DDRologen« Aufmerksamkeit erregt?

»Einige der DDR- und Kommunismusforscher erwarteten sogar eine weitgehende Angleichung der östlichen und der westlichen Industriegesellschaften, was sie mit ›Konvergenztheorien‹ und ›Systemvergleichen‹, die keineswegs immer zu Lasten der kommunistischen Diktaturen ausgingen, zu begründen suchten... Derartige ›Systemvergleiche‹ zwischen der demokratischen Bundesrepublik und der diktatorischen DDR konnte man in den 80er Jahren dann selbst in westdeutschen Schulbüchern finden«, urteilte Wolfgang Wippermann 1997 rückwirkend völlig zu Recht.

Hannah Arendt, eine der Ahnherrinnen der Totalitarismustheorie, hatte Mitte der fünfziger Jahre erklärt, dass die Phase des Totalitarismus in der Sowjetunion mit dem Tode Stalins zu Ende gegangen sei. Angesichts der Tatsache, dass es jetzt in Dresden ein Totalitarismus-Institut gibt, könnte eine Bemerkung Wolfgang Wippermanns von besonderem Interesse sein. »Die Frage, ob die DDR wirklich ein ›totalitäres‹ Regmine gewesen ist, was übrigens auch von Hannah Arendt ausdrücklich verneint worden ist, wird auch in der gegenwärtigen Forschung weiterhin kontrovers diskutiert... Doch wie immer diese Diskussion ausgehen wird, die Gefahr bleibt bestehen, dass durch derartige Vergleiche die DDR dämonisiert und das Dritte Reich verharmlost werden. Auf die politischen Konsequenzen, die das haben kann und nach dem Willen von rechten Ideologen wie Zitelmann auch haben soll, möchte ich hier nicht weiter eingehen und statt dessen die Frage stellen, welche Totalitarismustheorie denn gemeint ist, die eine ›Renaissance‹ erfahren haben soll. Erstaunlicherweise wird diese doch nahe liegende und wichtige Frage in verschiedenen publizistischen und selbst wissenschaftlichen Publikationen über die angeblich ›totalitäre DDR‹ nicht beantwortet. Den ›stillen Sieg eines Begriffs‹ zu verkünden, ohne dann anzugeben, wer oder was damit überhaupt gemeint sein soll, ist daher als unredlich anzusehen.«

Wippermann wundert sich darüber, dass in Dresden ein Hannah-Arendt-Institut ins Leben gerufen wurde, das sich ausdrücklich auf den Vergleich DDR–»Drittes Reich« konzentrieren soll. In Kenntnis der Entwicklung der Totalitarismus-Doktrin möchte ich mich dem Urteil Wolfgang Wippermanns anschließen: »Kaum eine andere historische Theorie ist durch die Geschichte selber so völlig widerlegt worden wie das Totalitarismusmodell von Friedrich und Brzezinski. Daher sind auch alle Bemühungen, diese Totalitarismustheorie wiederzubeleben zwecklos und von vornherein zum Scheitern verurteilt.«

Wenngleich auf lange Sicht die Totalitarismustheorie zum Scheitern verurteilt ist, weil sie die Geschichte falsch widerspiegelt, richtet sie dennoch in der Gegenwart unermesslichen Schaden an.

Das letzte Wort beim kurzen Überblick zum Totalitarismus-Begriff soll Clemens Vollnhals haben.[25]

Erstens hat er als stellvertretender Direktor des Hannah-Arendt-Instituts die nötige Kompetenz.

Zweitens widmet er seinen Text dem 100. Geburtstag Hannah Arendts.

Drittens ist er für die Abgeordneten bestimmt, die »Das Parlament« lesen.

Vollnhals stellt zunächst die Entstehung und Geschichte des Totalitarismusbegriffs dar, referiert dann die Definitionen Carl J. Friedrichs und Hannah Arendts und zitiert ihren Rat, »mit dem Wort ›totalitär‹ sparsam umzugehen«, ein Rat, den Vollnhals und seine Mitarbeiter aus nahe liegenden Gründen nicht befolgen können. Bemerkenswert ist ein Hinweis von Vollnhals auf eine Definition des Peter Graf Kielmansegg aus dem Jahre 1974: »Die einprägsamste Formulierung dieser Kriterien totaler Kontrolle stammt von Peter Graf Kielmansegg: 1. Die Monopolisierung von Entscheidungsmacht in einem Führungszentrum; 2. die ungegrenzte Reichweite der Entscheidungen des politischen Systems; 3. die prinzipiell unbegrenzte Intensität der Sanktionen (einschließlich des Terrors).«

Hat Graf Kielmansegg womöglich 1974 schon die totalitäre Diktatur des USA-Präsidenten gültig definiert? Vollnhals beendet seine Studie mit der entwaffnenden Erkenntnis: »Als Resümee gilt, dass eine theoretisch befriedigende, die historischen Unterschiede nicht verwischende Totalitarismustheorie noch nicht gefunden ist.«[26]

Auch Günther Heydemann, selbst führend an der Diskussion beteiligt, beklagt jetzt, dass es der DDR-Forschung und ihren Gremien »an politischer Ausgewogenheit gebricht«.[27]

Liegt das Dilemma wirklich nur an der mangelnden Ausgewogenheit?

Als ich den Exkurs über die Totalitarismus-Doktrin abgeschlossen hatte, erlebte ich eine Überraschung. Gerhard Besier veröffentlichte Ende 2006 das Buch »Das Europa der Diktaturen«[28] und gab aus diesem Anlass der »Welt« vom 19. Dezember 2006 ein Interview, das den Titel trägt: »Die Totalitarismustheorie ist gescheitert«.

Im Interview erklärte Besier u. a.:

»Welt: Der Begriff ›Totalitarismus‹ war seit den sechziger Jahren in Deutschland negativ besetzt, galt als Relativierung der NS-Verbrechen. Hat sich das geändert?

Besier: Die Rezeption dieses Begriffs hatte verschiedene Phasen. Man sprach darüber schon lange, bevor der Kalte Krieg die Konfrontation in Europa mit sich brachte. In den fünfziger und frühen sechziger Jahren war die Totalitarismustheorie en vogue. Im Zusammenhang mit der studentischen Revolte 1968 änderte sich das völlig, der Begriff galt als weit gehend desavouiert. Mit dem Zusammenbruch des Ostblocks hatte das Totalitarismuskonzept dann wieder Konjunktur, besonders in konservativen Kreisen. Das währte aber nur bis Mitte der neunziger Jahre, eben weil die DDR in der längsten Zeit ihrer Existenz keine totalitäre Diktatur wie der Nationalsozialismus oder die stalinistischen Regime war. In ihrer statischen Herrschaftsbeschreibung, das muss man heute ganz klar sagen, ist die Totalitarismustheorie gescheitert.

Welt: Ihr neues Buch heißt ›Das Europa der Diktaturen‹. Statt der Totalitarismustheorie also ›Diktaturforschung‹.

Besier: Aus historischer Perspektive macht es wenig Sinn, sich allein mit totalitären Regimes zu beschäftigen.«

Der wiederholt zitierte Martin Sabrow konstatierte Anfang 2007, dass sich »zumindest der Vergleich von Stalinismus bzw. Kommunismus mit Nationalsozialismus und Faschismus ... weitgehend erschöpft zu haben« scheint.[29]

Scheinbar bekommen einige Totalitarismus-Forscher kalte Füße, was dazu zwingt, die Behauptungen von Totalitarismusforschern mit den Tatsachen zu konfrontieren.

Staatssekretär Prof. Dr. Hermann Schäfer, der Autor jener verunglückten Weimarer Rede, bei der er Antifaschisten mit Revanchisten verwechselte, erklärte: »Ich sage nicht, dass es Aufgabe einer staatlichen Pflege des Geschichtsbewusstseins ist, eine stromlinienförmige Identität zu erzeugen. Das wollen nur totalitäre Regime erzeugen.«[30] Muss das kommentiert werden?

Es bewahrheitet sich, was Goethe Faust in den Mund legt: »Was ihr den Geist der Zeiten heißt, das ist im Grund der Herren eigener Geist, in dem die Zeiten sich bespiegeln.« Ob es tröstlich ist, dass gegenwärtig nicht

»gekreuzigt und verbrannt«, sondern offiziell »nur« diffamiert, verteufelt und gelogen wird, muss jeder Leser selbst entscheiden. Fakt ist: Inzwischen vergleichen DDR-Bürger täglich geradezu reflexartig die »freiheitliche Demokratie« mit der »totalitären Diktatur«. Es zeigt sich: Erfahrungen sind stärker als »staatlich verordnete« Doktrinen.

Mag diese Leser ein Bibelsatz ermutigen: »Wahrhaftiger Mund besteht ewiglich, aber die falsche Zunge besteht nicht lange.« (Sprüche Salomons 12.19)

2. Vergleich

»Der Staatssicherheitsdienst war charakteristischer
für die DDR als die Kinderkrippen«
(Horst Möller)

»Zweierlei Gewicht und zweierlei Maß
ist beides dem Herrn ein Gräuel«
(Sprüche Salomons 20.10)

Die wichtigste Methode, die Totalitarismusforscher anwenden, ist der »Diktaturenvergleich«. Das legt nahe, zunächst einmal einige Überlegungen zum Wesen und der
Funktion des historischen Vergleichs anzustellen, zumal
uns die Methode täglich begegnet. Dafür einige Beispiele:

Das Zitat im Titel stammt vom Direktor des Instituts
für Zeitgeschichte München – Berlin bei einer öffentlichen
Anhörung am 6. Juni 2006.[1]

Das Thema der Anhörung hieß »Neuordnung des Ge-
denkens an die SED-Diktatur«. War das Zitat typisch für
das Niveau des »Diktaturenvergleichs« von Totalitarismusforschern?

Ehe ich mich dieser Frage zuwende, möchte ich an Beispielen zeigen, welche politische Bedeutung und verhee-
rende Wirkung unqualifizierte Vergleiche haben. In seiner berüchtigten Regensburger Rede am 13. September
2006 zitierte Papst Benedikt XVI. Kaiser Manuel II. aus
dem Jahre 1391, wonach der Islam nur »Schlechtes und In-
humanes« über die Menschheit gebracht habe – im Unterschied zum Christentum.[2]

Die Absurdität der These, aber auch ihre politische
Funktion und Sprengkraft liegt auf der Hand. Und ein ge-
lehrter Papst sollte das nicht bedacht haben?

Im Vorfeld der jeweiligen Aggressionen und als ideologische Begleitmusik zu ihrer Rechtfertigung wurden Slobodan Milošević und Saddam Hussein zu neuen Hitlern ernannt. Joseph Fischer begründete die Teilnahme Deutschlands an der NATO-Aggression gegen Jugoslawien damit, dass ein neuer Holocaust verhindert werden müsse. Er missachtete den zwingenden juristischen Grundsatz, dass ein Verbrechen kein anderes rechtfertigt und er verschleierte die wirklichen Ursachen der Teilnahme Deutschlands an der Aggression gegen Jugoslawien. Dreizehn Auschwitz-Überlebende, darunter Peter Gingold und Kurt Goldstein urteilten: »Sich als Begründung für einen solchen Krieg auf Auschwitz zu berufen, ist infam.«[3]

Der Hinweis auf Auschwitz ist auch das Totschlagargument, um jeden Kritiker der israelischen Aggressionspolitik als »Antisemiten« zu brandmarken und zum Schweigen zu bringen. Es erfüllt so eine bestimmte Funktion.

Kaum weniger infam sind folgende Vergleiche:

Henryk M. Broder, Autor des »Spiegel« meinte: So wenig die Feuerwehr bei ihren Einsätzen an die Straßenverkehrsordnung gebunden sei, so wenig könne man »dem Terror nur mit rechtsstaatlichen Mitteln beikommen«.[4]

Broder scheint zu übersehen, dass die »Feuerwehr«, die Bush befehligt, die Brände selber legt, die sie dann zu bekämpfen vorgibt.

Von ähnlicher »Qualität« ist der Vergleich, den der ehemalige Kosovo-Kommandeur General Reinhardt nach einem »Exzess« am Hindukusch zog: »Die Sache ist makaber, doch mit Abu Ghraib gleichzusetzen ist es ebenfalls.«[5]

Welchen Maßstab legt General Reinhardt an?

Es bestätigt sich, was Karim Aga Khan, Oberhaupt der Ismailiten feststellte: »Glaubensfragen wurden immer wieder als Rechtfertigung für militärische Auseinandersetzungen herangezogen.«[6]

Von den Zwillingsbrüdern Kaczynski, die in Polen die Ämter des Präsidenten und Ministerpräsidenten bekleideten, sagte der »Spiegel«: »Die geplante Gas-Pipeline von Russland nach Deutschland wird im Umfeld der Zwillinge mit dem Hitler-Stalin-Pakt verglichen«.[7] Bei diesem Vergleich sind Putin und Schröder die neuen Hitler und Stalin.

Mancher historische Vergleich ruft Erstaunen hervor. Vor kurzem machte Wolfgang Schivelbusch den Versuch, die faschistische Diktatur mit dem New Deal Roosevelts zu vergleichen.[8]

Zweifellos ähnelten sich die USA und Deutschland im Hinblick auf die monopolkapitalistische Entwicklung, im Stand der Technologie und Wissenschaft, sogar in den Ursachen und Formen der Weltwirtschaftskrise. Indessen ist der entscheidende Unterschied, auf den Schivelbusch verweist, der, dass die Krisenbewältigung in den USA nicht mit den Methoden des Faschismus erfolgte. Hier dürften historische Analysen für die aktuelle Politik angesichts der Faschisierungstendenzen in den USA von Nutzen sein.

Vergleiche können auch Spaß machen. Als Bundespräsident Horst Köhler dem früheren Präsidenten der Weltbank und davor Mitkämpfer von George Bush, James Wolfensohn, am 29. November 2006 die Leo-Baeck-Medaille überreichte, verglich er: »Es ist nicht in Ordnung, dass Europa pro subventionierter Kuh mehr ausgibt, als ein Afrikaner zum Leben hat.« Und warum ist das so?

Die Vergleiche, die mit Gorbatschow angestellt wurden, könnten Bände füllen. Helmut Kohl hatte Michail Gorbatschow in einem »Newsweek«-Interview 1986 »mit Hitlers Propagandachef Joseph Goebbels gleichgesetzt –

einem von jenen, die für die Verbrechen der Hitler-Ära verantwortlich waren.«[9]

Der geniale Wolf Biermann unterschied Gorbatschow sogar nach seinem Duft: »Gemessen an allen seinen Vorgängern, diesen verdorbenen Greisen, duftet Gorbatschow wie der junge Frühling.«[10]

Und mit Gorbatschow haben wir uns an den »Diktaturenvergleich« André Bries herangetastet: »Die DDR war nicht verbrecherischer als der Nationalsozialismus, ganz und gar nicht. Aber totalitärer waren Sowjetkommunismus und DDR im Anspruch, alles unterzuordnen unter einen gestaltenden gesellschaftlichen Willen. Die Nationalsozialisten hatten ja Zustimmung, die Sowjetunion und in vielen Zügen auch die DDR mussten diese Zustimmung erzwingen.«[11] Nach Brie: »Die Deutschen« wollten Hitler, die DDR nicht.

Vergleichen wir die Diktion André Bries mit der Joachim Gaucks:

Am 28. Juni 2006 hielt Joachim Gauck vor dem Verein »Gegen das Vergessen – Für Demokratie« eine Rede zum Thema »Der lange Schatten der Diktatur«. Natürlich kamen da auch (die merkwürdigsten) Vergleiche vor:

»Auch eine Diktatur, die nicht so brutal mordet, wie es die Nazis getan haben, wirkt nämlich in den Kern der Personen hinein, und zwar entmächtigend. Die Kette der Niederlagen der anständigen Menschen und die Erfahrung der Sieglosigkeit der Idealisten, der Hoffenden, der Sehnsüchtigen summiert sich eben anders in 44 Jahren als in zehn oder zwölf Jahren. So ist die lange Dauer einer Entmächtigung perpetuierte Ohnmacht, ein Trauma sui generis.

Es bringt uns überhaupt nichts, wenn wir diesen Vergleich nicht wagen.«[12]

In der sechsseitigen Rede verwendete Gauck 43 mal das Wort *wir* als Subjekt, oft in Zusammenhängen, ohne zu sagen, ob hinter dem *wir* wenigstens zwei Personen verborgen sind. Eine seiner Behauptungen: »*Wir* sind Teil eines Subtextes (?), wo *wir* ohne eine Huldigung an den in Deutschland beliebten Betroffenheitskult gar nicht auskommen.«

Mag sein, dass André Brie und Joachim Gauck einwenden, dass sie gar keine Totalitarismusforscher sind, aber folgen sie nicht beim »Diktaturenvergleich«, der Abrechnung mit der DDR, dem »verordneten« Denkmuster?

Seit ich im Mai 2007 den Text zu »Hysterische Historiker« abgeschlossen hatte, scheint der »unpassende« Vergleich zum wichtigsten Totschlagargument in der Politik zu mutieren. Ein Beispiel ist der haarsträubende Streit über die Kindstötungen in Ost und West. »Der Spiegel« bemühte (Nr. 10/2008, S. 183 f.) sogar den Theologie- und Philosophieprofessor Richard Schröder, um zu »beweisen«: »Die DDR-Prägung hält an.«

Richard Schröder erfuhr (von Böhmer), dass zu DDR-Zeiten eine Frau Abtreibung hat vornehmen lassen, weil sie einen Ferienplatz hatte. Vom Staat DDR weiß er, dass »er Menschen als Material und Abtreibung als ein Instrument betrachtet hat. Als ein Mittel für die höhere Verfügbarkeit von Arbeitskräften – oder auch von Spitzensportlerinnen. Man wollte Arbeits- oder Leistungsausfall vermeiden. Und so wurde Schwangeren bei Bedarf gesagt: ›Sie müssen doch an die gesellschaftlichen Interessen denken. Stellen Sie nicht Ihre privaten Interessen an einem Kind in den Vordergrund.‹«

Vom Recht der Frau in der DDR auf Selbstbestimmung über ihren Körper scheint der Philosoph und Theologe nichts zu halten.

Ähnlich absurd und unseriös wurde der Streit geführt, den »Panorama« mit einem gekürzten (und damit bewusst verfälschenden) Interview mit Christel Wegner machte, die als DKP-Mitglied auf Platz 3 der Liste der Linken in den niedersächsischen Landtag einzog. Stichworte wie »Stasi« und »Mauer« (die im Interview gar nicht gefallen waren) lösten in den Medien ein (künstliches) politisches Erdbeben aus, das – kurzfristig – die Wahlen in Hamburg beeinflussen sollte und – langfristig – die Rechtsentwicklung in der »Linken« vorantrieb.

Laut Mitteldeutscher Zeitung vom 31. Juli 2007 erklärte der Leiter der Gedenkstätte »Roter Ochse« in Halle, André Gursky: »Es kann nicht sein, dass in der Gedenkstätte die Täter aus der NS-Zeit benannt werden, die aus der Stasizeit aber nicht.« Wer waren nach seiner Ansicht die Pendants zu Himmler, Heydrich, Gehlen aus der »Stasizeit«?

In Hessen war Pit Metz ursprünglich der Spitzenkandidat der Linken für die Landtagswahlen. Er musste aufgeben, weil er den Schießbefehl an der Mauer gleichsetzte mit dem Bundeswehreinsatz in Afghanistan.

Mussten Fischer und Scharping auch »aufgeben«, als sie den Krieg gegen Jugoslawien mit Auschwitz begründeten?

Genug der Beispiele.

Wenn ich an Beispielen den Missbrauch historischer Vergleiche nachgewiesen habe, heißt das nicht, dass die marxistische Geschichtsschreibung auf Vergleiche verzichtet. Das Gegenteil ist der Fall.

Der historische Vergleich ist unverzichtbares Mittel der Erkenntnis. Ohne den Vergleich sind Erkenntnisse über gesellschaftliche Gesetze/Gesetzmäßigkeiten, Ursachen und Triebkräfte von Kriegen und Revolutionen, Analysen und Prognosen unmöglich.[13]

Marx unterschied die beschreibende, die dialektische (erklärende) und vergleichende Geschichtsschreibung[14], und er schuf in der zeitgeschichtlichen Forschung (Revolution 1848/49, Pariser Kommune usw.) Vorbildliches im Hinblick auf eine dialektische, empirisch-theoretische Forschungsmethodik. Eben deshalb konnten Marx und Engels auch Prognosen erarbeiten, deren Exaktheit und Aktualität noch heute Bewunderung hervorrufen.

Eine entscheidende Bedingung dafür, dass Vergleiche Erkenntnisse bringen, ist, dass klar sein muss, was und warum verglichen wird. Wählen wir ein Beispiel: Totalitarismusforscher »vergleichen« Haftanstalten: Bautzen, Hohenschönhausen, Münchner Platz in Dresden usw. *Was* wird verglichen? Die Haftbedingungen? Dürfen dann auch – wenn sowjetische Internierungslager zur Debatte stehen – die Rheinlager der USA zum Vergleich herangezogen werden? Die Haftgründe und die Einhaltung von Völkerrechtsnormen könnten andere Vergleichsebenen sein. Schließt der Vergleich dann Guantanamo und Abu Ghraib ein? Vor einer Antwort sollen Totalitarismusforscher zu Wort kommen.

Der Direktor des Hannah-Arendt-Instituts, Gerhard Besier, äußerte sich in seinem jüngsten Buch »Das Europa der Diktaturen« zur Methode des Diktaturenvergleichs: »Da der Diktaturenvergleich sich in methodologischer Hinsicht nicht grundsätzlich von anderen historischen Vergleichen unterscheidet, kann auf entsprechende Arbeiten über dieses historische Verfahren zurückgegriffen werden. Die komparatistische Forschung kann Problemfelder und Fragehorizonte eröffnen (heuristische Ebene), die untersuchten Fallbeispiele präzisieren (deskriptive Ebene), Ursachen, Bedingungen und Entwicklungsprozesse erheben (analytische Ebene) und den Blick für Optionen und Konstellationen schärfen (paradigmatische Ebene) ... Der historische Vergleich setzt selbstverständlich voraus, dass es überhaupt etwas zu vergleichen gibt, zwischen den zu vergleichenden Phänomenen also eine gemeinsame Schnittmenge existiert.«[15]

Wäre diese »gemeinsame Schnittmenge« beim Vergleich der Haftbedingungen z. B. von Bautzen und Guantanamo gegeben?

Horst Möller, Direktor des Instituts für Zeitgeschichte in München, stellte sich selbst die »grundsätzliche Frage«: »Gibt es Sektoren in Staat, Gesellschaft, Wirtschaft und Kultur der DDR, die sinnvoll verglichen werden können, ohne dass die sektorielle Isolation vom Gesamtsystem zu irreführenden Ergebnissen führt? Anders gewendet: Ein Vergleich ist ohneweiteres möglich, wenn es sich um Sektoren handelt, die nicht systemspezifisch sind. Ein Vergleich von systembedingten Sektoren, denen eine zumindest relative Autonomie gegenüber der Staatsideologie und den Parteidirektiven fehlt, kann sinnvoll sein, wenn der jeweilige Kontext berücksichtigt wird.«[16]

Möller hält also einen Vergleich bei Beachtung des »jeweiligen Kontextes« für »sinnvoll«. Aber er liefert gleich Beispiele, wie bei Vergleichen auch geklittert werden kann: »Während die DDR jegliche Verantwortung für das NS-Regime von sich wies und die Bundesrepublik immer wieder des Neonazismus und Militarismus bezichtigte, sah sich die Bundesrepublik in der gesamtstaatlichen Verantwortung für dieses negative Erbe und zahlte im Unterschied zur DDR Entschädigungszahlungen in großer Höhe, bis zur Wiedervereinigung mit den bis dahin eingegangenen weiteren Verpflichtungen etwa 130 Milliarden DM.«[17] Das ist falsch.

Schon im Aufruf der KPD vom 11. Juni 1945 wurde die Mitschuld und Mitverantwortung der meisten Deutschen, auch der KPD, am Aufkommen des Faschismus begründet. Daraus folgt: Nie wieder![18]

Und was die »Entschädigungszahlungen« betrifft, gab es einen »Unterschied« in entgegengesetzter Richtung. Die Hauptlast der Reparationen für ganz Deutschland trug die SBZ/DDR.[19] Das hat Kurt Biedenkopf 1989/90 gewusst.

Bei all diesen Beispielen ist zu bedenken, dass ein Vergleich keine Gleichsetzung ist. Der Vergleich schließt ein, Unterschiede zu untersuchen. Vergleich und Unterscheidung bedingen einander.

Auf dem fünften Bautzen-Forum sagte Professor Dr. Faulenbach dazu: »Das Mittel des Vergleichs muss mit großer Behutsamkeit geübt werden. Auf keinen Fall darf Tendenzen zum Aufrechnen Vorschub geleistet werden.«[20]

Was aber ist das »Geschäft« von Totalitarismusforschern und DDRologen, wenn nicht das »Aufrechnen«?

Ich bekenne mich zu dem Prinzip meines verehrten Lehrers Kurt Finker: »Wir sind aufgefordert, die Geschichte aufzuarbeiten. Dabei kann es nicht nur um die Geschichte der DDR im engeren Sinne gehen, dazu gehört auch die Geschichte der Alt-BRD und der Beziehungen der beiden zwischen beiden Staaten. Es führt zu nichts, wenn man dabei westlicherseits die Anerkennung der methodischen Prämisse verlangt, dass die DDR von Anfang bis Ende und immer und überall ein ›SED-Unrechtsstaat‹ war, der eigentlich in den Bereich des Kriminellen gehört.«[21]

Ich wiederhole: Historische Vergleiche sind nötig und legitim. Es ist allerdings ein Unterschied, mit welchen Absichten und aus welchen Motiven Vergleiche versucht werden, ob Erfahrungen gewonnen werden sollen, die eine objektive Wertung erleichtern können, oder ob das gewünschte politische Ergebnis mit willkürlich konstruierten Strukturen »wissenschaftlich« drapiert werden soll. Wer die Entwicklung der Totalitarismus-Doktrin und die Methode des »Diktaturenvergleichs« bei manchen Politologen schon längst kennt, stößt zunächst auf die Tatsache, dass der Diktaturbegriff »bezüglich der DDR längst als Kampfbegriff instrumentalisiert wurde«, um den »antikapitalistischen, realsozialistischen Gesellschaftsversuch nach 1945 zu dämonisieren und zu kriminalisieren«.[22]

Das war nicht immer so, und es ist auch heute nicht überall so.

Kurt Pätzold fand ein positives Beispiel eines Vergleichs, »das am Beginn der siebziger Jahre in Gebrauch war, also benutzt wurde von Schülern, die inzwischen 45 bis 50 Jahre alt geworden sind. Ohne dass darin die Parteinahme der Autoren anders ausfallen könnte als zugunsten der Bundesrepublik, wird die Aufgabe gestellt, die beiden deutschen Staaten und ihre gesellschaftlichen Zustände zu vergleichen.

Auf eine Gegenüberstellung Sebastian Haffners (aus: *Stern*, 19. September 1970) sich stützend, werden zunächst die in der Bundesrepublik vorhandenen Freiheiten aufgezählt, als da sind: die des Gewerbes, der öffentlichen Kritik, der Wahlmöglichkeit zwischen mehreren Parteien, des Reisens und des Auswanderns, die Freiheit von Versorgungsschwierigkeiten und aufdringlicher Propaganda.

Dann folgt die Reihung der DDR-Freiheiten, als die angesehen werden: die Freiheit von Furcht um den Arbeitsplatz, vor Mietwucher, vor Dauerinflation, vor beruflicher Benachteiligung von Frauen, die Freiheit von ›Arbeitersöhnen‹ (unerfindlich, warum hier die Töchter fehlen),

studieren zu können, und schließlich die Freiheit von aufdringlicher Reklame.

Danach werden die Schüler gefragt: ›Welche Freiheit ist
mehr wert: die Freiheit der öffentlichen Kritik oder die
Freiheit von Mietwucher?‹

Darauf zitieren die Autoren Ernst Bloch aus einem Interview, das er der Zeit am 10. Oktober 1969 gab, mit der
Dachzeile: ›Die beiden Staaten könnten manches voneinander lernen.‹ Auch der marxistische Philosoph, als der
Bloch vorgestellt wird, zählt für die Bundesrepublik auf:
offene Atmosphäre, keine Angst vor Apparatschiks, keine
Mauer, keine Schüsse an der Mauer, Diskutierbarkeit von
Problemen, das Vorhandensein einer unruhigen Jugend
mit ihrem Kampf gegen Unmündigkeit, dem Streben nach
aufrechtem Gang, die Möglichkeit des Wechsels in der Regierung. Zu den Positiva der DDR zählte Bloch auch: den
gleichen Lohn für gleiche Arbeit, die kostenlose ärztliche
Betreuung, den kostenlosen Erhalt von Medikamenten,
den geringen Prozentsatz von Kriminalität. Abschließend
werden die Schüler aufgefordert: ›Sammelt Ausschnitte,
die über das Leben in der DDR berichten. Erst eine Viel-
zahl von Informationen kann ein sachgerechtes Urteil über
das Leben in der DDR ermöglichen.‹ Schwer denkbar, dass
sich heute in einem Schullehrbuch eine ähnlich formulierte
Aufgabe findet.

Was immer sich über diesen Leitfaden im einzelnen sagen
lässt, es handelt sich um die Gegenüberstellung von zwei
Geschichtsbildern und die Aufforderung, dazu eine eigene
Meinung und Position zu gewinnen. Das liegt dreißig Jahre
und mehr zurück und verglichen mit diesem Stand kann die
Reduzierung des einen Bildes auf Unrechtsstaat, Staatssicherheit, Stalinismus, Leistungsunfähigkeit, zweite deutsche

Diktatur intellektuell nur ärmlich erscheinen, freilich auch politisch zweckvoll und moralisch unredlich. Die Vorzüge der DDR, ihr Sozial- und Arbeitsrecht zumal, sind nach ihrer Beseitigung längst zur geistigen Tabuzone erklärt.«[23]

Würde unter den heutigen Bedingungen ein Schulbuch einen sachlichen Vergleich zwischen der BRD- und der DDR-Wirklichkeit wagen? Was würden die Gauck, Birthler und Knabe dazu sagen? Da diese drei Personen ständig der Öffentlichkeit und den Schulen vorschreiben wollen, wie der »DDR-Alltag« zu sehen ist, erübrigt sich hier eine Antwort.[24]

Interessant ist, wie ein Vergleich der jetzt gebräuchlichen Lehrbücher aussieht, die die DDR-Geschichte analysieren.[25] Natürlich ist der Vergleich legitim und lehrreich.

Mitarbeiter der »Stiftung zur Aufarbeitung der SED-Diktatur« untersuchten 63 Geschichtsbücher aus 10 Verlagen, die sich mit der Geschichte der DDR beschäftigen.

Natürlich werden die 63 Geschichtsbücher nach Kriterien bewertet, die dem Mainstream revisionistischer Geschichtsschreibung entsprechen, beim »Machtsystem« z. B. die »Grundzüge und Mechanismen der totalitären Machtausübung der SED in dem von sowjetischen Vorstellungen dominierten Gesellschaftssystem der DDR«.[26]

Der Vergleich dient primär nicht dazu, um zu analysieren, wie die DDR-Geschichte verlaufen ist und dargestellt wird, sondern vor allem dazu, ob und wie die ostdeutschen Schüler das von westdeutschen Historikern vorgefertigte Klischee über die DDR-Vergangenheit übernehmen. Dass es sich um eine deutsch-deutsche gemeinsame Nachkriegsgeschichte mit übergeordneten historischen Erkenntnissen und Erfahrungen handelt, wird in dem Vergleich nicht sichtbar.

Die dargestellten unhistorischen und politisch instrumentalisierten Vergleiche der Fischer, Scharping, Gauck und Co. sind kein Grund, Vergleiche abzulehnen, im Hinblick auf den »Diktaturenvergleich« können sie sogar nützliche Erkenntnisse bringen. Das wird in den folgenden zehn Kapiteln zu beweisen sein. Der Vergleich, den ich versuche, wird sich allerdings nicht darauf konzentrieren, Ähnlichkeiten und Gleichheiten zwischen DDR und »Drittem Reich« zu (er)finden, sondern geschichtliche Tatsachen unter einem bestimmten Blickwinkel zu werten, der die BRD und das seit 1990 vereinte Deutschland einschließt. Die Kriterien des Vergleichs werden am Beginn jedes Kapitels benannt: Die Eigentums- und Machtverhältnisse, die Außen-, Verteidigungs- und Sicherheitspolitik, die Ideologie und Erinnerungspolitik.

Ich wiederhole mit Absicht: Einige wichtige Gebiete werden beim Vergleich nicht berücksichtigt, obwohl sie für die Bürger eine entscheidende Rolle spielen: Die Sozial-, Bildungs- und Gesundheitspolitik. Auf diesen Gebieten war die DDR-Politik so erfolgreich, dass Totalitarismusforscher die Verteufelung dieser Gebiete tunlichst vermeiden. Dazu kommt, dass eine öffentliche Diskussion dieser Themen Bürger der DDR zwangsläufig daran erinnert, was sie 1990 mit dem Recht auf Arbeit und Bildung verloren haben.

Ein besonderes Ruhmesblatt in der Geschichte der DDR war die Entwicklung der Landwirtschaft. Die Agrarpolitik der DDR garantierte den Bauern ein menschenwürdiges Leben und sicherte den Eigenbedarf der Bürger an allen wichtigen Agrarprodukten. Edelfleisch und Gärtnereiprodukte exportierte sie auch in die BRD. Was daraus nach 1990 geworden ist, dürfen sich Totalitarismusforscher in verlassenen mecklenburgischen Dörfern ansehen, auch den Alltag der Verbliebenen.

Wenn Joachim Gauck »eine zweite Phase der Aufarbeitung« fordert, meint er damit die Verteufelung des Alltags der DDR-Bürger. Auch das erfordert die gebührende Abfuhr, die nicht hier erfolgt.[27]

Wenn in dieser Arbeit festgestellt wird, dass es in der ökonomischen Basis, den Eigentumsverhältnissen, in der Außen- und Militärpolitik Ähnlichkeiten und Kontinuitäten gibt, wird nicht behauptet, dass die BRD dem »Dritten Reich« gleichgesetzt wird, auf dessen Rechtsnachfolge sie erpicht war. Die Machtausübung derselben Kapitalgewaltigen kann viele Formen annehmen, auch die des New Deal und des Keynes-Kapitalismus, die parlamentarische Verbrämung der Diktatur des großen Geldes und seiner politischen und publizistischen Werkzeuge. Für die Gestaltung der Politik hat das große Bedeutung.[28]

3. Eigentumsverhältnisse

»Der Schoß ist fruchtbar noch aus dem das kroch.«
(Bertolt Brecht)

»Denn wer hat, dem wird gegeben werden, und
er wird die Fülle haben, wer aber nicht hat, dem
wird auch, was er hat, genommen werden.«
(Matthäus 25.29)

Totalitarismusforscher müssten, wenn sie den »Vergleich der Diktaturen« betreiben, zuerst die Eigentumsverhältnisse analysieren, weil von ihnen Formen der Machtausübung, der Inhalt der Gesetze, die Grundlinien der Innen- und Außenpolitik abhängen. Das ist nicht nur in der jüngsten Geschichte so. Die politische Herrschaft im alten Griechenland konnte als Demokratie (für die Sklavenhalter), Monarchie oder Oligarchie ausgeübt werden, entscheidend war immer, dass die Sklaverei existierte.[1]

Auch die Feudalherrschaft nahm zu verschiedenen Zeiten in verschiedenen Ländern unterschiedliche Formen an. In Deutschland konnte die Herrschaft der Bourgeoisie, wenn die Revolution 1848/49 gesiegt hätte, eine parlamentarische Republik sein[2], wofür Karl Marx und Friedrich Engels eintraten. Realität wurde sie aber als Kaiserreich, nach 1918 als Weimarer Republik, von 1933 bis 1945 als faschistische Diktatur, danach als Bundesrepublik im westlichen Teil des verbliebenen Reiches.[3]

Was wäre im Rahmen des »Diktaturenvergleichs« zunächst zu prüfen? Vor allem, ob in der DDR dieselben Eigentumsstrukturen und Eigentümer an Produktionsmitteln existierten wie im faschistischen Deutschland. Wer also saß 1933 im »Rat der Götter«, der sich Hitler als Kanzler auserkor, und warum trafen die Mächtigen der Industrie und Finanzwelt diese für Deutschland – keineswegs für sie selbst – verhängnisvolle Entscheidung? An Literatur zur Beantwortung dieser Frage mangelt es nicht[4], und besonders beweiskräftig sind die Dokumente, die dem Nürnberger Tribunal vorlagen.[5]

In den Studien von Klaus-Dietmar Henke über die Dresdner Bank und Eberhard Czichons über die Deutsche Bank sind der Anteil und die Schuld dieser Institutionen an Faschismus und Kriegsverbrechen unwiderlegbar nachgewiesen.

Welche Bedeutung die Unterstützung Hitlers durch die Deutsche und Dresdner Bank hatte, lässt sich aus der Sentenz Mayer Amschel Rothschild ersehen, die der Kopp-Verlag als Werbung verwendet: »Gebt mir die Kontrolle über die Währung einer Nation, dann ist es für mich gleichgültig, wer die Gesetze macht.«

Vor 1933 bildete sich ein Herrschaftskartell von Naziführern, Monopolisten und Bankherren, Militärs und weiteren Elitekonsorten aus der Politik und Justiz, die befürchteten, dass die Herrschaft des Großkapitals mit den Mitteln der bürgerlichen Demokratie nicht mehr zu erhalten war.

Um die im Zusammenhang mit der Weltwirtschaftskrise sich verschärfende Produktions- und Reproduktionskrise des Monopolkapitalismus zu überwinden und die Voraussetzungen für eine imperialistische, letztlich kriegerische Expansion als Hauptweg langfristiger Problemlösungen zu schaffen, bedurfte es nach Auffassung herrschender Kreise der Beseitigung der Weimarer Demokratie, der Zerschlagung der organisierten Arbeiterbewegung und der Schaffung einer neuen ökonomischen, sozialen, politischen und militärischen Organisation, eines diktatorischen Systems.[6]

Die Vorbereitung der Hitlerdiktatur erfolgte in Etappen und nicht widerspruchsfrei. Notverordnungen, Harzburger Front, Geheimgespräche zwischen Hitler und Industriellen gehörten dazu. Hier wird nur an ein Beispiel erinnert:

Am 18. Mai 1932 wurde im Hotel Kaiserhof in Berlin der sogenannte Keppler-Kreis gegründet, benannt nach einem wirtschaftspolitischen Mitarbeiter der Naziführung. In diesem, später zum »Freundeskreis Himmler« umbenannten Gremium, waren Bankiers und Großindustrielle versammelt, die den Faschismus politisch und finanziell unterstützten. Die ersten zwölf Mitglieder waren:

1. Dr. Hjalmar Schacht (Reichsbankpräsident a. D.)
2. Freiherr von Schröder (Bankier)
3. Dr. Albert Vögler (Generaldirektor der Vereinigten Stahlwerke)
4. August Rosterg (Generaldirektor Kali-Syndikat)
5. Gottfried Graf von Bismarck (Aufsichtsrat der HAPAG)
6. Otto Steinbrink (Flick-Konzern, Direktor der Maximilianshütte und der Mitteldeutschen Stahlwerke)
7. Dr. Heinrich Schmidt (Aufsichtsrat der Dresdner Bank)
8. Ewald Otto E. Hecker (Aufsichtsratsvorsitzender Ilseder Hütte, Präsident der Industrie- und Handelskammer Hannover)
9. Kommerzienrat Bingel (Generaldirektor Siemens und Halske)
10. Emil Helfferich (Aufsichtsratsvorsitzender der HAPAG und der Deutsch-Amerikanischen Petrolgesellschaft)
11. Emil Meyer (Vorstandsmitglied Dresdner Bank)

12. Friedrich Reinhart (Vorstandsmitglied der Commerz-
    bank)
Nach Hitlers Regierungsantritt wurden nur 24 weitere
Mitglieder zugelassen, darunter:
   Friedrich Flick, Heinrich Bütefisch von der IG-Far-
ben, später durch die Verbrechen in Auschwitz berüch-
tigt, Ritter von Halt, Deutsche Bank (und Vorsitzender des
Olympischen Komitees) und Kurt Blessing, später Präsident der Deutschen Bundesbank der BRD.
   Der frühere Reichsbankpräsident Dr. Hjalmar Schacht
rührte besonders eifrig die Trommel in diesen Kreisen und
gab Hitler Ratschläge. In einem Brief vom 29. August 1932
schrieb er ihm: »Wenn Sie bleiben, der Sie sind, so kann
Ihnen der Erfolg nicht fehlen ... Aber vielleicht darf ich als
Wirtschaftler eines sagen: Bringen Sie möglichst kein de-
tailliertes Wirtschaftsprogramm. Es gibt kein solches, wo-
rüber sich 14 Millionen einigen könnten (.....). Wo immer
mich die Arbeit in der nächsten Zeit hinführt (.....), Sie
können auf mich zählen als Ihren zuverlässigen Helfer.«[7]
   Es ist hier unmöglich, den Umfang, die Bedeutung und
die Wirkung der Unterstützung der Faschisten durch In-
dustrie- und Bankherren umfassend darzustellen. Beispiele
müssen genügen. Die Rolle der IG-Farben ist inzwischen
weitgehend erforscht worden.[8]
   Zum Sündenregister dieses Konzerns gehört:
   Schon ab 1930 wurden Nazipartei und SA finanziell unterstützt. Im Februar 1933 erhielt die NSDAP eine »Wahl-
spende« von 400.000 Reichsmark. Die militärische Hoch-
rüstung, Giftgas eingeschlossen, war schon vor 1933 begonnen worden. Die IG-Farben stellten ihre Struktur im Ausland für Spionagezwecke zur Verfügung. Ziel des Konzerns
war, die Gesamtheit der europäischen Chemieindustrie

unter seine Kontrolle zu bekommen. Während des Krieges errichtete der Konzern Konzentrationslager und ließ sich Zwangsarbeiter liefern.

Mit dem Zyklon B des Konzerns wurden Massenmorde verübt. Mit Recht stellte die Siegermacht USA im Prozess gegen die IG-Farben 1946 fest, dass die Aktivitäten gelegt waren auf eine »Einbettung (...) in die militärischen Bedürfnisse des Reichs bei der Vorbereitung eines Angriffskrieges«.[9]

Es gibt viele Untersuchungen über Verbrechen, die unter Mitwirkung und Mitverantwortung deutscher Konzern- und Bankchefs begangen wurden.[10]

Die Existenz der Liste der prominenten Unterstützer Hitlers ermöglicht und verlangt weitere Vergleiche:

Wer von ihnen gelangte auf die Liste des »Kilgore-Ausschusses« des USA-Senats? Wer musste sich vor dem Nürnberger Kriegsverbrechertribunal verantworten? Was

ist aus der »Wirtschaftselite« nach 1945 in den beiden deutschen Staaten geworden?

Die erste Frage ist leicht beantwortet. Am 11. Oktober 1945 veröffentlichte der Senatsausschuss unter Leitung von Senator Kilgore eine »schwarze Liste«, in der deutsche Industrielle belastet wurden.

»Die führenden Namen der Schwerindustrie und der deutschen Hochfinanz sind hier auf einer Art Schwarzen Liste als Mitschuldige an den Kriegsvorbereitungen des Nationalsozialismus von einem Ausschuss des amerikanischen Senats gebrandmarkt worden. Der unter Leitung von Senator Kilgore arbeitende Ausschuss hat folgende Hauptfeststellungen getroffen:

1. Es ist nicht wahr, dass die deutschen Großindustriellen sich erst im letzten Augenblick und halb gezwungen dem Nationalsozialismus angeschlossen haben. Sie waren von Anfang an seine begeisterten Förderer.

2. Die Unterstützung seitens der deutschen Schwerindustrie und Hochfinanz ermöglichte den Nationalsozialisten die Machtergreifung.

3. Die Umstellung der deutschen Wirtschaft auf die Kriegswirtschaft und auf die fieberhafte Rüstung zum Angriffskrieg erfolgte unter der unmittelbaren Leitung der deutschen Industriellen.«

In einer ergänzenden Erklärung von Senator Kilgore heißt es: »Die Tatsachen machen diese Industriellen einwandfrei mitschuldig an den von den Nationalsozialisten in ihrer Sucht nach Weltherrschaft gegen die Völker der Erde verübten Verbrechen.«

Nachstehend die Liste der 42 Großindustriellen:

Graf Hans Bodo von Alvensleben – ehemaliger Präsident des Herrenklubs von Berlin;

Hermann Bücher – Mitglied des Rüstungsrates, Reichsbankdirektor, Aufsichtsratsvorsitzender der AEG;

Dr. Friedrich Flick – Generaldirektor der Friedrich Flick-AG;

Alfried Krupp von Bohlen und Halbach – Generaldirektor der Krupp-Werke;

Hermann von Hanneken – 1933 Chefreferent für Stahl und Eisen für den Vierjahresplan, 1935 Leiter der wehrwirtschaftlichen Abteilung im Reichswirtschaftsministerium und Staatssekretär: 1943 Militärbefehlshaber in Dänemark;

Dr. Hugo Henkel – Inhaber der Henkel-Werke;

Dr. Alfred Hugenberg – ehemals Mitinhaber des Scherl-Verlages und der UFA, Generaldirektor der Friedrich-Krupp-AG;

Dr. Max Ilgner – Direktor der IG-Farben-Industrie;

Hans Kehrel – Vorsitzender des Aufsichtsrates der Phrix-Werke AG;

Wilhelm Keppler – Obergruppenführer, Generalsachverständiger für deutsche Roh- und Werkstoffe im Vierjahresplan;

Philipp Kessler – Generaldirektor der Bergmann-Elektrizitäts-Werke;

Dr. Florian Klöckner – Generaldirektor des Klöckner-Konzerns;

Johann August von Knieren – Vorstandsmitglied der IG-Farben;

Heinrich Koppenberg – Präsident des Aufsichtsrates der Junkers-Flugzeug- und Motorenwerke und der Argus-Motoren-Werke;

Dr. Karl Krauch – Vorsitzender des Verwaltungsrates der IG-Farben-Industrie;

Karl Lindemann – Vorsitzender des Aufsichtsrates des Norddeutschen Lloyd, Vorstandsmitglied der Hamburg-Amerika-Linie und der Atlas-Werke AG;

Kurt Nebelung – Präsident der Sächsischen Staatsbank, Vorsitzender des Vorstandes der Auto-Union AG;

Alfred Olscher – Mitglied des Aufsichtsrates der Deutschen Bank, Vorstandsmitglied der Reichskreditgesellschaft;

Philipp Reemtsma – Hauptinhaber der Philipp-Reemtsma-Zigaretten-Fabriken;

Dr. Hermann Röchling – Generaldirektor der Röchling'schen Eisen- und Stahlwerke;

Kurt Schmitt – Vorsitzender des Verwaltungsrates der AEG;

Hermann Schmitz – Generaldirektor der IG-Farben-Industrie AG;

Georg von Schnitzler – Vorstandsmitglied in der IG-Farben-Industrie AG;

Freiherr Kurt von Schröder – Vorsitzender des Verwaltungsrates der Siemens & Halske AG;

Heinrich von Stein – Mitinhaber des Bankhauses j. H. Stein, Köln;

Paul Stein – Mitglied des Verwaltungsrates der IG-Farben-Industrie AG;

Hugo Stinnes – Generaldirektor des Mülheimer Bergwerks-Vereins, Aufsichts- und Verwaltungsmitglied in vielen Bergwerks- und anderen industriellen Unternehmen;

Wilhelm Tengelmann – Wirtschaftsberater von Hermann Göring, Vorsitzender des Verwaltungsrates der Bergwerk-Gesellschaft Hibernia AG, Generaldirektor der Oberbayrischen AG für Kohlen-Bergbau, Mitglied des Verwaltungsrates mehrerer industrieller Unternehmen, darunter der Henschel-Flugzeugwerke AG, der Deschimag AG und der Ruhrgas AG;

Waldemar von Oppenheim – Mitinhaber der Pferdmenges & Co. sowie des Bankhauses Salomon Oppenheim;

Dr. Robert Pferdmenges – Mitinhaber der Pferdmenges & Co., Vorsitzender des Vorstandes der Kabelwerke Rheydt AG, Vorstandsmitglied der AEG, von Harpner-Berbau usw.;

Hans Pilder – Bankdirektor, Vorsitzender des Vorstandes der Natron-Zellstoff- und Papierfabriken AG, Vorstandsmitglied der Dresdner Bank, der Länder-Bank Wien und der UFA;

Fritz Lehmann, Generaldirektor der Felten-Guilleaume Carls-Werke AG;

Paul Fleiger – Reichsbeauftragter für Kohle, Vorsitzender des Vorstandes der Reichswerke AG für Erzbergbau und Eisenhütten Hermann Göring;

Dr. Ernst Poensgen – Generaldirektor der Stahlwerks-Verband-AG;

Günther Quandt – Inhaber der Akkumulatorenfabrik AG, Generaldirektor der Deutschen Waffen- und Munitionsfabriken, Vorstands- oder Aufsichtsratsmitglied in vielen industriellen Unternehmen, Banken und Versicherungsgesellschaften;

Karl Rasche – industrieller Berater von Heinrich Himmler, Aufsichtsrats- oder Vorstandsmitglied in mehreren Rüstungsbetrieben;

Fritz Thyssen – Vorsitzender des Verwaltungsrates der Vereinigten Stahlwerke AG;

Dr. Albert Voegler – Generaldirektor des Bochumer Vereins für Guss-Stahl-Fabrikation AG, Verwaltungs- oder Aufsichtsratsmitglied in den bedeutendsten Stahl- und Kohlefirmen des Ruhrgebietes;

Kurt Weigelt – Vorstandsmitglied der Deutschen Bank, Generaldirektor der Deutschen Lufthansa AG; Freiherr Thilo von Wilmowsky – Stellvertretender Vorsitzender des Aufsichtsrates der Friedrich Krupp AG; Wilhelm Zangen – Leiter der Reichsgruppe Industrie, Generaldirektor der Mannesmann-Röhrenwerke.[11]

Einige der Komplizen Hitlers wurden vor das Nürnberger Tribunal gebracht, wofür exemplarisch die Namen Alfried Krupp und Friedrich Flick stehen sollen.[12]

Hier wird nicht untersucht, warum die Kriegsverbrecher aus der »Wirtschaft« glimpflich davon kamen und viele sich gar nicht zu verantworten hatten, hier soll aber daran erinnert werden, dass auch Konrad Adenauer und Kurt Schumacher die Bestrafung schuldiger Wirtschaftskapitäne forderten.

Die Frage, wie mit den Urhebern von Faschismus und Krieg umgegangen wird, wurde zur entscheidenden Frage auf den Nachkriegskonferenzen der Siegermächte in Jalta und Potsdam, in den Nürnberger Prozessen, in den Programmen der Parteien.

Das Ahlener Programm der CDU vom 3. Februar 1947 forderte eine »Neuordnung von Grund auf«, die auf einer »gemeinwirtschaftlichen Ordnung« beruhen sollte.[13]

Adenauer exponierte sich sogar im Neuen Deutschland vom 14. Juni 1946, nachdem er glaubte, falsch zitiert worden zu sein: »Ich erhalte Ihre Nummer vom 18. 5. 1946 mit dem Artikel ›Schmuggler am Werk‹. In diesem Artikel führen Sie unter anderem aus, dass ich in einer Kölner Versammlung feierlich verkündet hätte, es treffe nicht zu, dass das Großkapital den Nationalsozialismus ins Leben gerufen habe. Das Zitat ist richtig, aber völlig unvollständig aus dem Zusammenhang gerissen. Ich habe in dieser Versammlung erklärt, dass der Militarismus den Nationalsozialismus ins Leben gerufen habe, und dass die Wirtschaft ihn erst unterstützt habe, als er gewissermaßen die Approbation des Militarismus, insbesondere der Reichswehr, gefunden habe. Diese Darstellung ist zutreffend. Ich bin weiter der Auffassung, dass man den Kampf gegen den Militarismus nicht zugunsten des Kampfes gegen Trusts und Konzerne oder Großkapital zurückstellen sollte. Das Großkapital ist zurzeit in Deutschland erledigt, der militaristische Gedanke aber noch keineswegs. Im übrigen habe ich in der Rede mit großer Entschiedenheit und Deutlichkeit gegen Großkapital, Trusts und Konzerne Stellung genommen.«[14]

Adenauer bezeugte: Militarismus und Großkapital müssen überwunden werden, wenn es den (meisten) Deutschen besser gehen soll.

Die SPD, deren Exilvorstand 1934 das revolutionäre »Prager Manifest« angenommen hatte, proklamierte den »Sozialismus als Tagesaufgabe«. Auf dem Parteitag der SPD im Mai 1946 in Hannover erklärte sie u. a.: »Nicht nur die politischen Machtverhältnisse, sondern auch ihre ökonomischen Grundlagen müssen geändert werden.« Die Sozialisierung sollte bei den Bodenschätzen und den Grundstoffindustrien beginnen.

Kurt Schumacher mahnte wiederholt, dass Frieden und Demokratie nicht gesichert sind, wenn das Industrie- und Finanzkapital nicht entmachtet wird. Er kritisierte die Kommunisten in der sowjetischen Besatzungszone von »links« und warf ihnen vor, dass sie mit dem Verzicht auf die Losung vom sofortigen Aufbau des Sozialismus bürgerliche Verhältnisse konservieren würden. Er tadelte schon im Juli 1945 an der KPD, »dass sie als Partei von

Kapitalismus, Unternehmertum und Privateigentum zu schwärmen beginnt«. Wer das heute liest, wird sich mehr als wundern.

Beenden wir den Blick auf programmatische Vorstellungen Kurt Schumachers mit einem Zitat aus einer Rede in Kiel 1945: »Auf der Tagesordnung steht heute als der entscheidende Punkt die Abschaffung der kapitalistischen Ausbeutung und die Überführung der Produktionsmittel aus der Hand der großen Besitzenden in gesellschaftliches Eigentum, die Lenkung der gesamten Wirtschaft nicht nach privaten Profitinteressen, sondern nach den Grundsätzen volkswirtschaftlich notwendiger Planung«.[15]

Hatte Kurt Schumacher »Bolschewisierungs-» und »Sowjetisierungs«-Absichten?

Mit dem Einsetzen des kalten Krieges jedenfalls, in dem die BRD eine Vorreiterrolle zu spielen hatte, ging die Wiederherstellung der ökonomischen Macht der Monopole und Banken einher.

Volksentscheide wie der in Hessen, Beschlüsse wie die in Nordrhein-Westfalen, Berlin und anderswo, die auf die Einschränkung der Macht der Monopole abzielten, blieben unwirksam.[16]

Zwar waren die Kriegsverluste für Deutschland hoch, der Krieg endete erst mit der bedingungslosen Kapitulation. Für die Bank- und Industrieherren aber war der Krieg in der Regel nicht mit Einbußen verbunden. Sie hatten riesige Kriegsprofite eingeheimst. Trotz der Bombardements war die industrielle Basis erweitert und modernisiert worden. Die Westzonen/BRD leisteten kaum Reparationen.

Eine Reihe von Faktoren, Marshall-Plan, Korea-Krieg, kalter Krieg, Neokolonialismus und andere begünstigten das »Wirtschaftswunder« in der BRD, änderten aber nichts Entscheidendes an den Eigentumsverhältnissen. Das ist leicht von jedermann zu prüfen.

Rüdiger Liedtke fragte: »Wem gehört die Republik 2003?«[17]

Dort tauchen die Namen Krupp, Volkswagen, IG-Farben, Dresdner Bank usw. auf wie eh und je, ergänzt um einige Neureiche, die nach 1945 ihre Karriere begannen wie ALDI oder Springer. Besonders deutlich wird die ungebrochene Kontinuität der Wirtschaftselite der Bundesrepublik mit der des »Dritten Reiches« durch den Namen Flick symbolisiert. Selbst im Nachruf des »Spiegel« beim Tod Friedrich Karl Flicks am 5. Oktober 2006 war diese Tatsache nicht zu vernebeln.[18]

Wir lesen: »Sein Vater Friedrich Flick hatte mit seinem Stahlimperium die Kriegswirtschaft des Nationalsozialismus geprägt.«

Der verstorbene Friedrich Karl Flick habe durch Finanzmanipulationen 1975 die BRD an den Rand einer Staatskrise gebracht. Anfang der achtziger Jahre provozierte er mit Spenden, die Helmut Kohls Kanzlerschaft ermöglichen sollten, erneut Turbulenzen (in die auch Graf Lambsdorff verwickelt war).

Friedrich Karl Flick hinterließ ein Privatvermögen von 6,5 Mrd. Euro, dessen Grundstock wohl durch die Kriegsverbrechen seines Vaters gelegt worden ist. (Vgl. Flick – Die gekaufte Republik.)

Seit »Hysterische Historiker« im September 2007 veröffentlicht worden sind, sind nicht wenige Arbeiten erschienen, die die Beziehungen des Hitlerfaschismus zu Bank- und Industriekreisen enthüllten, vor allem aus Anlass der »Machtübergabe« an Hitler am 30. Januar 1933.

So wurden die Quandts Erben einer »geschichts- und skrupellosen Erbengeneration« im »Spiegel« (41/2007, S. 80 f.) als Rüstungsproduzenten entlarvt, die KZ- und Zwangsarbeiter eingesetzt hatten.

Janis Schmelzer hat »IG Farben. Vom Rat der Götter. Aufstieg und Fall«, Eberhard Czichon hat eine weitere Studie über die »Deutsche Bank, Macht-Politik, Faschismus, Krieg und Bundesrepublik« vorgelegt.

Kurt Pätzold hat in der jungen Welt vom 19. November 2007 an jene Intrigen erinnert, mit denen Industrielle Hindenburg dazu bewegten, Hitler zum Kanzler zu ernennen.

Selbst bei der breiten Diskussion um die 68er kam die Rolle von Unternehmen im faschistischen System immer wieder ans Tageslicht. »Der Spiegel« schrieb unter dem Titel »Leben gegen Leben« (43/2007, S. 65) über das RAF-Opfer Schleyer: »Viele hielten seinen Lebensweg für den Musterfall einer kontinuierlichen Karriere aus der Hitler-Diktatur in die Adenauer-Ära.«

Auch die jüngsten Neuerscheinungen bestätigen eine unwiderlegbare historische Erfahrung, die durch die Nürnberger Urteile auch noch juristisch besiegelt wurde, sie lautet: Die Mächtigen des Industrie- und Finanzkapitals haben die Hitlerherrschaft gewollt, vorbereitet und von ihr profitiert. Sie waren die Installateure und Profiteure der braunen Pest und des mörderischen zweiten Weltkrieges.

Welcher Totalitarismusforscher kann diese Fakten bestreiten?

Setzte die DDR, die ja mit Hitlerdeutschland Ähnliches oder Gemeinsames haben soll, auch die Kontinuität der Eigentumsverhältnisse der Flick, IG-Farben und Dresdner Bank fort? Das zu behaupten, wäre auch für den abgebrühtesten Totalitarismusforscher unmöglich. Um beim Beispiel

Sichert den Frieden!

Aufruf der Sozialistischen Einheitspartei, der Liberal-Demokratischen Partei, der Christlich-Demokratischen Union und des Freien Deutschen Gewerkschaftsbundes des Landes Sachsen zum

Volksentscheid

über die Übergabe von Betrieben von Kriegs- und Naziverbrechern in das Eigentum des Volkes

30. Juni 1946

Der Volksentscheid ist das Bekenntnis für die Sicherung des Friedens!
Der Volksentscheid hilft im Kampf gegen Militarismus und Imperialismus!
Der Volksentscheid dient dem friedlichen und demokratischen Neuaufbau Deutschlands!

Männer und Frauen, Jugendliche!
Auf zum Volksentscheid für die Enteignung der Kriegsverbrecher!
Auf zum Volksentscheid zur Sicherung des Friedens!

Flick zu bleiben: Schon am 29. Oktober 1945 beschloss der sächsische Landtag, den Kriegsverbrecher Friedrich Flick zu enteignen.[19]

Das stand im Einklang mit der Anklage in Nürnberg und den Bestimmungen des Potsdamer Abkommens. Am 30. Juni 1946 wurde in Sachsen der Volksentscheid über die Enteignung der Kriegs- und Naziverbrecher durchgeführt, der ein ähnlich positives Abstimmungsergebnis brachte wie ein halbes Jahr später in Hessen. Der Unterschied bestand darin, dass die Besatzungsmacht in Hessen die politischen Konsequenzen verbot, in Sachsen die sowjetische Besatzungsmacht den Volksentscheid genehmigte und die praktischen Konsequenzen förderte: Es entstand die zunächst landeseigene, später volkseigene Industrie, die zum ökonomischen Fundament der – insgesamt erfolgreichen – Entwicklung der DDR wurde.

Der Vergleich der Eigentumsverhältnisse zeigt:

In der BRD gibt es eine ungebrochene Kontinuität der Eigentumsverhältnisse Hitlerdeutschlands (und der Vorgängersysteme), in der DDR erfolgte ein radikaler Bruch, der schon im Manifest der Kommunistischen Partei 1848, im Erfurter Programm der SPD 1891 und in der Novemberrevolution 1918 gefordert worden war. Ungeachtet dieser Fakten gehört zum Standardrepertoire von Totalitarismusforschern die verleumderische Behauptung, in Ostdeutschland/DDR habe eine »Sowjetisierung« und »Bolschewisierung« stattgefunden.[20]

Manche versuchen sogar, das Volkseigentum als Hauptursache für das Scheitern der DDR verantwortlich zu machen. Solche Auffassungen sind erklärlich.

In den Augen des Kapitals ist es das schwerste Verbrechen, das Kapital zu entmachten. Dafür gibt es keinen Pardon.

Die Wirtschaft war ein Hauptkampffeld im kalten Krieg.

Hier ist nicht der Platz, um die Erfolge und Misserfolge der DDR-Wirtschaft darzustellen. Die Analyse ist nötig und erfolgt.[21]

Das Resümee dieses Kapitels lautet: Beim Vergleich der Eigentumsverhältnisse, des entscheidenden Faktors in Gesellschaft und Staat, ergibt sich keinerlei Gleichheit, Ähnlichkeit oder Kontinuität zwischen der DDR und Hitlerdeutschland, den »zwei Diktaturen«, wohl aber zwischen den Finanzdynastien der BRD und denen des »Dritten Reiches«.

Wer zusätzlich eine moralische Wertung aus der Bibel braucht, findet:

»Ihr könnt nicht beiden dienen, Gott und dem Mammon.«[22]

4. Machtverhältnisse

»Der braune Faden«
(Conrad Taler)[1]

»Niemand kann zwei Herren dienen ... Ihr
könnt nicht Gott dienen und dem Mammon«
(Matthäus 6.24)

Wenn Totalitarismusforscher das »Dritte Reich« und die DDR korrekt vergleichen, müssten sie das auch bei den politischen Strukturen, den »Machthabern«, der »politischen Elite«, der »politischen Klasse« tun.

Ohne Zweifel sind Staat und Staatsmacht Faktoren in der Außen- und Innenpolitik, von der Gesetzgebung, wie auch Krieg und Frieden, entscheidend abhängen.

Im Völkerrecht ist der Staat als Souverän handelndes Subjekt. Für Marxisten ist der Staat Ergebnis und Instrument der Klassenherrschaft, unabhängig davon, welche *Form* er in der Geschichte einnimmt. Nach Lenin gehört zu den Aufgaben der Arbeiterklasse, »die Macht zu ergreifen und das *ganze Volk* zum Sozialismus *zu führen*, die neue Ordnung zu leiten und zu organisieren, Lehrer, Leiter, Führer aller Ausgebeuteten zu sein bei der Gestaltung ihres gesellschaftlichen Lebens ohne die Bourgeoisie und gegen die Bourgeoisie«.[2]

Der sozialistische Staat unterscheidet sich vom imperialistischen auch dadurch, dass er *Gestalter* und *Planer* des Entwicklungsprozesses bis zu einer immer vollkommeneren Gesellschaftsstruktur sein muss. Eine Tücke besteht darin, dass damit das Schicksal des Staates in starkem Maße von der Weitsicht und Fähigkeit der Regierung abhängt. Der Imperialismus wird durch die Herrschaft der

Konzerne geprägt. Die Rolle der Regierung besteht primär darin, den nach Profit strebenden Monopolen die besten »Rahmenbedingungen« zu schaffen.

Ist der Sozialismus Ergebnis bewusster Willensentscheidungen, ist der Kapitalismus vor allem erbarmungslose Konkurrenz. Bedarf der Sozialismus der Bewusstheit möglichst vieler, nutzt dem Kapitalismus anarchistischer »Pluralismus«.

Auch der Kapitalismus kann ohne Staat nicht existieren. In der deutschen Geschichte entwickelte der Kapitalismus/ Imperialismus als »Rahmenbedingung« den preußisch-deutschen Einheitsstaat Bismarckscher Prägung, die Weimarer Republik von 1918–1933, das Tausendjährige Reich Hitlerdeutschlands von 1933–1945, die Bundesrepublik Bonner Zuschnitts und das »wiedervereinigte« Deutschland seit 1990. Zeitweilig, zwischen 1945 und 1990, unterstanden das Territorium und die Bürger der DDR nicht dem Machtbereich des deutschen Imperialismus, dessen gesamte Politik darauf abzielte, diesen »historischen Fehler« zu korrigieren.[3]

Wenn wir der Methode des Vergleichs auch auf dem Gebiet der staatlichen Machtverhältnisse folgen, müssten wir u.a. prüfen: Wie stand es um die Kontinuität oder Diskontinuität der entscheidenden Machtorgane: Justiz, Armee, Geheimdienste, Politikerkaste? Wo und wie konnten politische Eliten nahezu problemlos von einem politischen System ins andere übergehen? Wann und wo gab es einen prinzipiellen Bruch in den Strukturen und in der Zusammensetzung der politischen Elite?

Zur Beantwortung solcher und ähnlicher Fragen steht uns eine umfangreiche Literatur zur Verfügung, die ständig ergänzt wird.[4]

Wir gehen davon aus, dass zur »politischen Klasse« (Kurt Biedenkopf) jene Personen in Politik, Verwaltung, Militär, Wirtschaftsverbänden, Gewerkschaften, Kirchen, Massenmedien und Kulturinstitutionen gehören, die »an den für die Gesamtgesellschaft zentralen Entscheidungen maßgeblich und regelmäßig mitwirken«.[5]

Das ist kein marxistischer Klassenbegriff, aber der Begriff »politische Klasse« erleichtert es, Aktionen der Herrschenden zu durchschauen.

Wenn diese Definition zugrunde gelegt wird, ergibt sich: Beim Übergang vom Kaiserreich zur Weimarer Republik ergaben sich trotz Novemberrevolution keine entscheidenden Änderungen in der Zusammensetzung der »politischen Klasse«. Diese Tatsache fand Ausdruck in dem geflügelten Wort: »Der Kaiser ging, die Generale blieben.«

Nicht wenige Kritiker, so Sebastian Haffner[6], sahen darin den entscheidenden Grund für den Untergang der Weimarer Republik.

Die Kontinuität zwischen Kaiserreich und Weimarer Republik wurde sichtbar für jeden symbolisiert, als der »Herzensmonarchist« und kaiserliche Schlachtenlenker Paul von Hindenburg Präsident der Weimarer Republik wurde und schließlich den »Gefreiten des ersten Weltkrieges«, Adolf Hitler, im Januar 1933 zum Reichskanzler ernannte.

Auftraggeber und Hintermänner waren die »demokratischen« Konzernzentralen und Leute aus der Junkerkaste, die Hitler auf den Kanzlerstuhl geschoben haben, die Hugenberg und Schacht.[7]

Mit der Elite der Weimarer Republik konnte sich Hitler »arrangieren«, Kirchenvertreter segneten ihn sogar, wie wir noch sehen werden. Hier soll lediglich aus der Predigt zitiert werden, die Bischof Dibelius bei der Eröffnung des

Reichstages am 21. März 1933 in der Potsdamer Garnisons-kirche hielt:

»Ein neuer Anfang staatlicher Geschichte steht immer ir-gendwie im Zeichen der Gewalt. Denn der Staat ist Macht. Neue Entscheidungen, neue Orientierungen, Wandlun-gen und Umwälzungen bedeuten immer den Sieg des einen über den anderen. Und wenn es um Leben und um Ster-ben der Nation geht, dann muss die staatliche Macht kraft-voll und durchgreifend eingesetzt werden, es sei nach au-ßen oder nach innen.

Wir haben von Dr. Martin Luther gelernt, dass die Kir-che der rechtmäßigen staatlichen Gewalt nicht in den Arm fallen darf, wenn sie tut, wozu sie berufen ist. Auch dann nicht, wenn sie hart und rücksichtslos schaltet. Wir ken-nen die furchtbaren Worte, mit denen Luther im Bauern-krieg die Obrigkeit aufgerufen hat, schonungslos vorzuge-hen, damit wieder Ordnung in Deutschland werde.«[8]

Niemand wird Dibelius vorwerfen können, dass er nicht wusste, wie die Feudalherren 1525 mit den Bauern umge-gangen sind.

Wir dürfen also folgern: Dibelius segnete den Terror ge-gen Arbeiterführer, Hitlergegner, Pazifisten. Es verwun-dert nicht, dass er nach 1945 als Bischof von Berlin-Bran-denburg zu den erbittertsten Gegnern der DDR gehörte.

In den Streit, welche Gewalt von Gott legitimiert ist, wer das Recht zur Machtausübung hat oder nicht, müssen wir uns hier nicht einmischen.

Die Kirchenoberen der katholischen und protestanti-schen Kirche haben die Mussolini, Hitler, Franco, Salazar usw. stets als von Gott bestimmte Obrigkeit unterstützt.

Auch die Bush und Adenauer hatten keine Schelte von den Kanzeln zu fürchten. Welche »Helden« sich als »Dissidenten« in der Kritik an den DDR-Politikern profilierten, ist nicht zu übersehen.

Da militärische Traditionen, das Justizwesen und die Politik der Kirchen noch gesondert betrachtet werden, soll hier ein Blick auf die Verhaltensweise der Wissenschaftselite gewagt werden.

Die reichsdeutsche Wissenschaftselite war seit 1911 in der Kaiser-Wilhelm-Gesellschaft (KWG) konzentriert, aus der 1946 die Max-Planck-Gesellschaft hervorging. Auch auf diesem Gebiet ist die Kontinuität vom Kaiserreich über die Weimarer Republik und die Hitlerdiktatur bis zur Bundesrepublik nachweisbar. Die Fakten sind verfügbar.[9]

Wie Fritz Haber im ersten Weltkrieg »wissenschaftlicher« Vater des Giftgaskrieges war, so waren während des zweiten Weltkrieges viele Wissenschaftler direkt für die kriegswissenschaftliche Forschung tätig. Die führenden Leute der Kaiser-Wilhelm-Gesellschaft, Max Planck und Friedrich Glum, bekannten sich öffentlich zur Politik der Hitlerfaschisten. Thiessen, Ardenne und Steenbeck sind rühmliche Ausnahmen.

Nach 1945 wurde die Tätigkeit der »willigen Helfer« Hitlers verniedlicht und entschuldigt, indem behauptet wurde, die Experten seien unpolitisch gewesen und hätten nur ihre patriotische Pflicht getan.

Um sich selbst zu entnazifizieren, verwandte Max Planck schon im Juni 1945 das Argument, sein Institut habe (nur) Grundlagenforschung betrieben. Die Anwendung der Ergebnisse sei anderswo zu verantworten.[10]

Nach 1945 gab es Auseinandersetzungen zwischen Mitarbeitern der KWG-Institute, die nach Göttingen geflohen waren, und Wissenschaftlern, die in Berlin geblieben waren und zu denen Robert Havemann gehörte.

Der Vorwurf an die »Berliner«, sie würden der Wissenschaft erneut »diktatorische« Fesseln anlegen, war wirksam. »Denn in der Bundesrepublik der fünfziger Jahre wurde nicht nur eine im Totalitarismus-Begriff ideologisierte Wesensidentität von brauner Diktatur und SED-Staat behauptet, die meisten Westdeutschen hielten die DDR für weit schlimmer als das NS-Regime.«[11]

Wenngleich der Blick auf die Kaiser-Wilhelm-Gesellschaft und ihre Nachfolger nur ein winziger Ausschnitt zum Thema »Der braune Faden« ist, beweist sich auch hier, wie wirksam und flexibel die Totalitarismus-Doktrin angewendet werden kann. Eine ihrer Funktionen war die des Knüppels, mit dem die DDR-Wissenschaftler von denen geprügelt werden konnten, deren geistige Ahnen Wilhelm II. und dem »totalitären« Hitler gedient hatten.

Schwieriger, wenn nicht unmöglich, ist es für Totalitarismusforscher, die personelle Kontinuität zwischen führenden bundesdeutschen Politikern und belasteten Nazifunktionären zu leugnen oder zu verharmlosen.

Zu den Fakten gehört: Dem ersten Bundestag gehörten 53 Mitglieder der NSDAP an[12], ein für die Volkskammer der DDR undenkbarer Vorgang. Die personelle Kontinuität der BRD mit Nazideutschland war jahrzehntelang wichtiger Bestandteil der Kritik von DDR-Politikern – Spezialist war Albert Norden – an Politikern der BRD, wie sie am wirksamsten im »Braunbuch«[13] und im Graubuch[14] geübt wurden.

Im »Braunbuch« wurde u. a. nachgewiesen, dass von den Stützen der Nazidiktatur und Nutznießern der Judenverfolgung 1965 in führenden Positionen der BRD tätig waren:

21 Minister und Staatssekretäre der Bundesrepublik,

100 Generale und Admirale der Bundeswehr,

828 hohe Justizbeamte, Staatsanwälte und Richter,

245 leitende Beamte des Auswärtigen Amtes, der Bonner Botschaften und Konsulate und

297 hohe Beamte der Polizei und des Verfassungsschutze.

Exemplarisch werden hier nur der Mitverfasser der Nürnberger Rassengesetze, der Staatssekretär Adenauers, Hans-Maria Globke, und Adenauers »Vertriebenenminister« und Kriegsverbrecher Theodor Oberländer genannt.

Da in Norbert Freis »Karrieren im Zwielicht. Hitlers Eliten nach 1945« die braun-schwarze Kontinuität nachgewiesen worden ist, genügt es, hier auf zwei Beispiele zu verweisen, die typisch sind: Der erste Präsident der BRD war Theodor Heuss, der Hitlers Ermächtigungsgesetz, dem juristischen Todesurteil über die Weimarer Republik, zugestimmt hat. Das wäre in der DDR undenkbar gewesen. Erster Präsident wurde in der DDR Wilhelm Pieck, der Mitkämpfer Rosa Luxemburgs und Karl Liebknechts.

Ein besonderes Kapitel braun-schwarzer Kontinuität ist Hans Filbinger, der mit seinem Satz »Was damals Recht war, kann heute nicht Unrecht sein.« berühmt berüchtigt wurde. Vom skrupellosen Marinerichter brachte er es bis zum Ministerpräsidenten im »Ländle«.[15]

Nicht minder charakteristisch ist die Karriere des Altnazis Kurt Georg Kiesinger, der es bis zum Bundeskanzler brachte.[16]

Das »Braunbuch« sortiert die faschistischen Kriegsverbrecher und Naziaktivisten, die in Adenauers Dienst standen, nach Staat, Wirtschaft, Armee, Verwaltung, Justiz und Wissenschaft. Wir werden ihnen also auch in den folgenden Kapiteln begegnen.

Dass die DDR ihren Staatsapparat, ihre Armeeführung, ihre Justiz und ihre Industrieministerien durch Nazis und Kriegsverbrecher hätte leiten lassen, wird auch von Gegnern nicht ernsthaft behauptet, heißen sie Hermann Weber (der »Nestor« der DDR-Geschichtsschreibung), Wolfgang Leonhard (der mit der »Gruppe Ulbricht« im Mai 1945 aus Moskau zurückkehrte) oder andere Totalitarismusforscher. Auf vereinzelte Versuche in jüngster Zeit, der DDR zu unterstellen, sie hätte auf Nazis nicht verzichtet, wird später eingegangen.

Nachdem im »Braunbuch« nachgewiesen worden war, dass der Staatsapparat der Bundesrepublik personell weitgehend die Kontinuität mit dem Hitlerstaat verkörperte, wies 1967 das »Graubuch« in sieben Kapiteln die Kontinuität bundesdeutscher mit faschistischer Politik *inhaltlich* – an den Zielen und Methoden – nach. Angesichts des »Erfolgs« dieser Politik 1989/90 und der verheerenden Wirkungen seitdem lohnt es sich, die Analyse von 1967 aus heutiger Sicht zu prüfen.

Die Kapitel hießen:

1. Neue Etappe der expansionistischen Politik;
2. Kernwaffen als Druckmittel gegen die Völker Europas;
3. Ökonomische Grundlagen von Expansion und Neonazismus;
4. Übergang zu neonazistischen Herrschaftsmethoden;
5. Manipulierung der Menschen im Sinne der Expansion und des Neonazismus;

6. Die Bundeswehr – Brutstätte des Neonazismus und
   Instrument der Aggression und
7. NPD – Produkt und Stoßtrupp der Monopole.

Die Entlarvung der Ziele und Methoden der bundesdeutschen Politik – nun unter Kiesinger – schloss den direkten Vergleich von Erklärungen Hitlers und Kiesingers ein.[17]

Viele der (vor allem außenpolitischen) Konflikte von heute wurzeln in jener reaktionären Traditionslinie, die vor dreißig Jahren im »Graubuch« analysiert worden ist. Hier soll darauf aufmerksam gemacht werden, dass auch in der Bundesrepublik Stimmen zu hören waren, die davor warnten, den im »Braunbuch« und im »Graubuch« kritisierten Weg fortzusetzen.

Gustav Heinemann rechnete 1976 mit der Politik der CDU ab: »Sie haben ihre gesamte Politik nachgerade auf drei Punkte zusammengeschmolzen: Erstens Geld verdienen, zweitens Soldaten, die das Geld schützen. Drittens Kirchen, die Soldaten und Geldsack segnen.«[18] (Der Neoliberalismus, dem die Segnung zu wenig ist, wird dann auf der Heiligsprechung des Geldsacks bestehen.)

Karl Jaspers, einer der führenden Philosophen in der Adenauer-Ära, analysierte »Tatsachen. Gefahren. Chancen« in der Bundesrepublik[19] und stellte die Frage »nach der Struktur und der Wirklichkeit der Bundesrepublik heute«. (Das war vor 40 Jahren und liest sich wie eine Beschreibung der Gegenwart.)

Zu den Erkenntnissen Jaspers gehörte: »Die Geschichte ermutigt nicht. Sie scheint eher Unvernunft, Zufall und totales Misslingen zu zeigen. Man kann schließen: Wir werden dasselbe wiederholen, durch Torheit und Leidenschaften nun aber uns alle, nicht bloß eine Herrschaft und eine Kultur, sondern alle Kultur und das Dasein vernichten.«[20]

Nach Gustav Heinemann und Karl Jaspers sei hier noch an Fritz Fischer erinnert, dessen historische Forschungen in den sechziger Jahren ein politisches Erdbeben auslösten. In »Griff nach der Weltmacht« wies er akribisch nach, wie in der deutschen Regierung der erste Weltkrieg bewusst und planmäßig vorbereitet worden war und diese Politik nach 1918 ihre kontinuierliche Fortsetzung fand.[21]

Als Nachkriegsordnung, so konnte der Hamburger Neuzeithistoriker zeigen, schwebte den verantwortlichen Stellen die Schaffung eines von Deutschland beherrschten »Mitteleuropa« vor, das sich als Zollverband unter deutscher Führung von Frankreich bis Polen erstrecken sollte, was nichts anderes als die Hegemonialstellung des Reiches in Europa bedeutet hätte.

Weitergehend stellte Fischer heraus, dass diese Kriegsziele in einem engen Zusammenhang mit der deutschen imperialistischen »Weltpolitik« vor 1914 zu sehen seien, dass das projektierte Ziel einer deutschen Hegemonie in Europa demnach schon vor dem Krieg konzipiert worden sei. Deutschland habe eingedenk seines expansiven Kriegszielkatalogs spätestens seit 1911 bewusst auf einen allgemeinen Krieg hingearbeitet. Zunehmend betonte Fischer dabei auch »das Zusammenspiel von Wirtschaft und Politik«. Dieses sei »keine nachträglich konstruierte Hypothese ..., sondern ein Faktor, der die diplomatischen Aktionen ebenso wie die Tendenzen der inneren Politik ganz wesentlich mitbestimmte, dass sogar gewisse soziale Gruppen Entscheidungen erzwangen, die man gemeinhin nur der ›über den Gruppeninteressen‹ stehenden hohen Bürokratie zuschreiben möchte.« (»Krieg« 1969, Vorwort)[22]

Diese Sicht auf die Geschichte befähigte Fritz Fischer, 1993 noch das Buch »Hitler war kein Betriebsunfall« zu schreiben, ein Titel, den auch Emil Carlebach benutzte. Lehrreich wäre es, das »Programm für Europa«, das Franz Josef Strauß 1968 vorlegte, in die Kontinuitätslinie imperialistischer deutscher Außenpolitik zu stellen und zu prüfen, wie dieses Programm von Kohls Mannen »abgearbeitet« wurde.[23]

Die DDR setzte weder personell noch mit ihren politischen Zielen und Methoden die imperialistische deutsche Politik fort. Wenn Totalitarismusforscher vergleichen und in den Vergleich die Bundesrepublik einbeziehen – das wäre eine akzeptable vernünftige Vergleichsebene – müsste ihr Verdikt ganz anders ausfallen.

Mit dem Sieg der Konterrevolution in der DDR 1989/90 entstand auch für den »Elitenaustausch« eine neue Situation.

Während der Staatsapparat der BRD unschwer die Eliten Hitlerdeutschlands »verdauen« konnte, nach Adenauers Worten sogar als unersetzlich brauchte, gingen die Sieger mit der DDR-Elite wenig gnädig um. Totalitarismusforscher hätten hier ein weites Feld des Vergleichs: Warum gibt es diese Ungleichbehandlung der »Braunen« und »Roten«? Erste Untersuchungen zu dieser Problematik stammen nicht aus der Feder von Totalitarismusforschern.[24]

Fanatische Anhänger der Totalitarismus-Doktrin, wie sie in Joachim Gauck und Hubertus Knabe verkörpert sind, trugen maßgeblich dazu bei, den Staatsapparat der DDR »abzuwickeln«. Marianne Birthler rühmte das im November 2006 so: »Das Stasi-Unterlagen-Gesetz hat den Aktenzugang und die personelle Erneuerung in Politik und

Verwaltung ermöglicht, und zwar nach den Regeln des Rechtsstaates.«[25] Aber wer legt diese Regeln fest?

Inzwischen ist im »Deutschland Archiv« eine Studie Thomas Ahbes »Deutsche Eliten und deutsche Umbrüche« erschienen. Sie untersucht »Erfolg und Verschwinden verschiedener deutscher Elitegruppen und deren Wartepositionen«. Immerhin darf Ahbe resümieren: »Nach dem Umbruch von 1990 wurden die Eliten und Fachkräfte der einstigen DDR nicht so integriert, wie in den fünfziger Jahren die Eliten und Fachkräfte der NS in der Bundesrepublik, sondern erfuhren eine für Deutschland beispiellose Verdrängung.«

Aber warum? Und in welchem Maße?

In einer Studie, die Arno Hecht herausgab, sind Antworten zu finden. Als Fakt bleibt: Von 7 000 Hochschullehrern der DDR wurden fast 5 500 entlassen, also etwa drei Viertel.[26]

Es zeigt sich: Die nahezu ungebrochene Kontinuität des Personals des staatlichen Machtapparates in Deutschland vom Bismarckschen Reich über die Weimarer Republik und das Dritte Reich bis zur Bundesrepublik gilt nicht für die DDR, weder nach 1945 noch nach deren Zusammenbruch 1989/90.

Gefragt waren 1990 nur Quislinge – SED-Funktionäre und Offiziere der Staatssicherheit eingeschlossen –, die im imperialistischen Gesamtdeutschland »ankommen« wollten.

Beenden wir das Kapitel mit einem Fakt, der wie ein Witz anmutet. Am Haupteingang des Universitätsklinikums Carl Gustav Carus an der TU Dresden hing Anfang 2007 ein Plakat, auf dem verkündet wurde, dass eine hauptamtliche oder inoffizielle Mitarbeit bei der Staatssicherheit eine Tätigkeit an der Klinik ausschließt.

In einem Schreiben vom 2. Mai 2007 begründete ein Professor der Medizinischen Fakultät das Vorgehen, das den UN-Menschenrechtskonventionen widerspricht, mit dem Stasi-Unterlagengesetz.[27]

Da wir uns hier mit dem Diktaturenvergleich beschäftigen: Wer kennt ein Beispiel, dass SS- oder Naziärzten nach 1945 die Ausübung ihres Berufs verboten wurde?

5. Außenpolitik

»Es gibt nur noch einen Fall, und
das ist der Fall Rot.«
(F. J. Strauß)

»Du Heuchler, zieh zuerst den Balken aus
deinem Auge, danach sieh zu, wie zu den
Splitter aus des Bruders Auge ziehst«
(Matthäus 7.5)

Wer den »Diktaturenvergleich« seriös und überzeugend betreiben will, müsste die Außenpolitik des »Dritten Reiches« und der DDR einschließen und prüfen, wo es im Hinblick auf die Ursachen und Triebkräfte, die Methoden der Durchsetzung und die Ergebnisse Übereinstimmung, Ähnlichkeiten oder Divergenzen gibt. Wenn es um die Kontinuität der faschistischen Politik und Lehren für die Gegenwart geht, kann und darf die BRD-Außenpolitik nicht ausgeschlossen werden, zumal beide deutsche Staaten in der Außenpolitik in ihren Aktionen und Gegenaktionen verklammert waren.

Zuerst also muss das Wesen der faschistischen Außenpolitik erfasst werden. Dem Thema haben sich viele bürgerliche Autoren gewidmet, von denen hier wegen der Wirkung ihrer Arbeiten Joachim Fest[1], Karl Dietrich Bracher[2], Hans Mommsen[3] und Wolfgang Schieder[4] genannt werden sollen.

Aus marxistischer Sicht beleuchteten Kurt Pätzold und Manfred Weißbecker das »Phänomen Hitler«, vor allem die Klassenwurzeln seiner Politik.[5]

Inzwischen hat Hitler in den »Dokumentationen« Guido Knopps, Büchern, Spaßfilmen und Zeitschriften

Konjunktur. Ist das Zufall? Ist es erstaunlich, dass sich gegen die Klitterungen kaum Widerstand regt?

Über die Knoppschen Dokumentationen urteilte Hannes Heer, der Schöpfer der »Wehrmachtsausstellung«: Knopp »zentriert die gesamte Problematik dieser Jahre auf die Figur Hitlers. Hitler ist das Zentrum, das Aktions- und das Schuldzentrum. Dann gibt es einen Kreis von Helfern, die einen Pakt mit dem Bösen, mit Mephisto, abgeschlossen haben und Gefangene dieses Paktes sind. Das deutsche Volk taucht im Knoppschen Fernsehen nicht auf. Das Volk ist außen vor. Es ist Opfer, Zuschauer, anfangs verführt, später terrorisiert.«[6]

Die Grundtendenz der meisten Arbeiten und Filme – auch der Fernseh-»Dokumentationen« – besteht darin, Hitler zu dämonisieren oder zur Lachnummer zu machen. Nach Joachim Fest war Hitler »Lehrer seiner selbst, Organisator einer Partei und Schöpfer ihrer Ideologie, Taktiker und demagogische Heilsgestalt, Führer, Staatsmann und während eines Jahrzehnts Bewegungszentrum der Welt.«[7]

Selbst wenn er das alles gewesen wäre, in der Außenpolitik war er das Instrument, der »willige Helfer« der aggressivsten Kreise des deutschen Imperialismus. Die Einschätzung des VII. Weltkongresses der Kommunistischen Internationale 1935, wonach der Faschismus an der Macht »die offene terroristische Diktatur der reaktionärsten, am meisten chauvinistischen, am meisten imperialistischen Elemente des Finanzkapitals«[8] ist, wurde vom Nürnberger Kriegsverbrechertribunal de facto bestätigt, vor dem sich auch die Krupp und Flick zu verantworten hatten.[9]

Der US-Hauptankläger Telford Taylor enthüllte das unheilvolle Wirken der Schacht und Co. und Senator Kilgore ließ als Vorsitzender eines US-Senatsausschusses am

11. Oktober 1945 die Namen von 42 deutschen Industriellen veröffentlichen, die Hitlers »Förderer« gewesen waren.[10] Es würde sich anbieten zu prüfen, welche Namen von
den 42 auch heute wieder unter »Wem gehört die Bundesrepublik« auftauchen.

Hier wird nicht auf die umfangreiche Literatur zur Außenpolitik des »Dritten Reiches« eingegangen, die in der
DDR entstanden ist. Totalitarismusforscher würden sie in
der Regel nicht gelten lassen. Aber auch unter den Historikern der alten Bundesländer gab es bewundernswerte wissenschaftliche Leistungen und Wissenschaftler mit Zivilcourage, für die Fritz Fischer steht. Hatte er schon in den
sechziger Jahren mit »Griff nach der Weltmacht« den ersten großen »Historikerstreit« ausgelöst, so griff er mit
»Hitler war kein Betriebsunfall« in die Debatte über das
Wesen der Hitlerschen Außenpolitik ein.[11]

Hitler erfand nicht neue außenpolitische Strategien, sondern er setzte die Politik fort, die im ersten Weltkrieg gescheitert war. Zu den Kernpunkten gehörte die »Revanche für Versailles«, der »Drang nach Osten«, Pläne für
ein (Mittel-)Europa unter der Knute des deutschen Imperialismus. Hitler propagierte diese Politik schon in »Mein
Kampf«, aber sie widersprach nicht dem politischen Mainstream in der Weimarer Republik.

Nach der »Machtergreifung« am 30. Januar 1933 konnte
die Naziregierung zur Umsetzung der imperialistischen
Ziele übergehen. Das geschah in zwei Etappen, die Berndt-
Jürgen Wendt in »Außenpolitik zwischen Revision und
Expansion (1933–1939)« und »Deutschland im zweiten
Weltkrieg« einteilt.[12]

Hier werden nur einige Fakten aufgezählt, die Mosaik-
steine der Kriegsvorbereitung waren:

Die Einführung der Wehrpflicht.
Die forcierte Aufrüstung, vor allem der Luftwaffe, Flotte und Panzer.
Der »Anschluss« des Saargebietes.
Die »Heimkehr« Österreichs ins »Reich«.
Das Diktat von München und die Zerschlagung der Tschechoslowakei in zwei Etappen.

Mit dem Überfall auf Polen endete die »friedliche« Phase der Expansion des deutschen Imperialismus. Es begann jene Periode, die durch die Verbrechen in Warschau, Rotterdam, Coventry, Leningrad und Auschwitz unauslöschlich in das Gedächtnis der Völker eingeprägt ist. Die historische Erfahrung und das Nürnberger Urteil, das Völkerrechtsnorm wurde, geboten: Nie wieder Krieg, nie wieder Faschismus! Das war das oberste deutsche Interesse, wenn die Mehrzahl der Bürger, nicht die von Rüstungs- und Kriegsinteressenten gemeint ist. Von 1949 an entwickelte sich in den Westzonen und in der sowjetischen Zone eine unterschiedliche Außenpolitik, die nicht ausschließlich den Besatzungsmächten zuzuschreiben ist, sondern sich im Keim schon in den Nachkriegsprogrammen unterschiedlicher politischer Parteien nachlesen lässt.[13]
Es gab auch in der Außenpolitik keine »Stunde Null«. An einige der gravierenden Unterschiede sei hier erinnert: Während in der sowjetischen Zone das Potsdamer Abkommen völkerrechtliche Grundlage vieler Entscheidungen, z. B. der Enteignung der Kriegs- und Naziverbrecher, war, betrachtete Adenauer es als seinen »Albtraum«. Für bürgerliche Politiker war »Potsdam« ein Super-Versailles, dessen Verwirklichung es zu verhindern galt. Für die Adenauerpolitik galt »Potsdam als Ausgangspunkt für die

Gefährdungen Deutschlands und Europas in den letzten zehn Jahren«.[14]

Der zweite entscheidende Punkt ergab sich aus dem ersten: Der nach 1945 bestimmende Teil der Bourgeoisie sah in der »Westbindung«, der »atlantischen Allianz«, die Chance, das imperialistische System zu retten, während sich die Kommunisten in ihrer außenpolitischen Orientierung auf die Sowjetunion stützen konnten und mussten. Der Ost-West-Gegensatz war die Dominante aller wichtigen außenpolitischen Entscheidungen der DDR und der BRD, auch wenn die Beziehungen zwischen der DDR und der BRD nicht direkt berührt waren.

Wenn wir die Hauptthesen der BRD-Außenpolitik bündeln, ergibt sich:

1. Das Großdeutsche Reich sei im Mai 1945 nicht untergegangen, sondern habe nur einen vorübergehenden Schwächeanfall erlitten.

2. Dieser Kollaps sei 1949 mit der Gründung der Bundesrepublik überwunden worden, zwischen ihr und dem nach Bonner Ansicht nicht untergegangenen Deutschen Reich bestehe daher juristische Kontinuität und Identität.

3. Demzufolge seien bis zu einem Friedensvertrag die großdeutschen Grenzen offen und bis dahin auch der zweite Weltkrieg nicht zu Ende. Wenn Bonn seine territorialen Ansprüche vor der Hand »nur« auf das Territorium von 1937 begrenze, so sei das im Grunde genommen ein honorierungspflichtiges Entgegenkommen. Die Errichtung von staatlicher Macht in diesem Teil des einstigen Hitlerreiches sei, soweit es sich um Gebiete außerhalb der Bundesrepublik handele, eine

rechtswidrige Okkupation und Annexion bundesdeutschen Gebietes.

Aus diesen Thesen, die durch die NATO-Mitgliedschaft der BRD auch militärisch-politisches Gewicht erhielten wie Hitlerdeutschlands Antikominternpakt, wurde u. a. abgeleitet, dass alle DDR-Bürger quasi Bundesbürger seien, für die die Bonner Politik die »Obhut« übernehmen müsse. Wiederholt machte die DDR- und SED-Führung auf die Konsequenzen aufmerksam, so Walter Ulbricht auf dem VII. Parteitag der SED:

»Hinter dem Europa-Gerede der Bonner Minister steckt also ganz einfach der alte und älteste Expansionsdrang der westdeutschen Imperialisten. Sie sind heute wieder der stärkste wirtschaftliche und militärische Faktor in Westeuropa. Und das Ziel der Vorherrschaft über Europa, das sie in der Vergangenheit im ersten Weltkrieg und auch im zweiten Weltkrieg verfolgt hatten, haben sie nicht aus dem Auge verloren. Obwohl sie zweimal gescheitert sind, dabei das Deutsche Reich zerstörten und dem deutschen Volk und den anderen europäischen Völkern unermessliche Opfer auferlegten, möchten sie es noch einmal versuchen.«[15]

Für die Außenpolitik beider deutscher Staaten sind in den siebziger und achtziger Jahren Begriffe wie Entspannung, friedliche Koexistenz und Friedensdialog geprägt worden. Der deutsch-deutsche Grundlagenvertrag, die Helsinki-Prinzipien[16], die Schritte zur partiellen Abrüstung, das »Dialog-Papier« sind einige der Früchte, von denen sich manche als madig erwiesen.

Aus Reden und Aufzeichnungen Willy Brandts lässt sich entnehmen, dass der Begriff »Ostpolitik« von ihm selbst erst relativ spät, nachdem er am 21. September 1969 zum

Bundeskanzler gewählt worden war, gebraucht worden und dass es ihm zuvor in erster Linie um die deutsche Wiedervereinigung gegangen ist.[17]

In einem Vortrag aus dem Jahre 1962 hatte er gesagt, dass das »Einfrieren der Deutschlandfrage zeitweilig im Interesse mancher Staaten in Ost und West läge, dass es sich aber als Illusion erweisen werde, zu glauben, dass der gegenwärtige unnatürliche Zustand verewigt werden kann.«[18]

Im Jahr 1963 hat Brandt den »falschen Schluss« entschieden zurückgewiesen, dass der »Verzicht auf die Wiederherstellung unserer staatlichen Einheit einen Beitrag« zur Erhaltung des Friedens leisten könne. Um das »deutsche Selbstbestimmungsrecht zu verwirklichen«, bedürfe

So sah die Wetterkarte im BRD-Fernsehen bis zum 29. März 1970 aus.

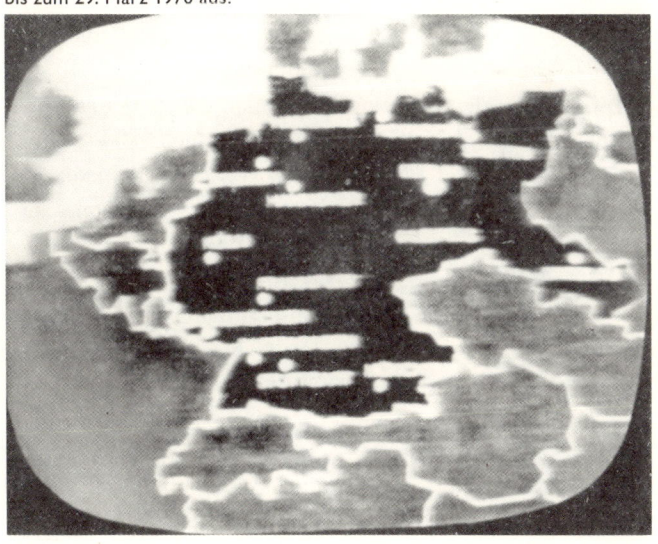

es »erstens günstiger Voraussetzungen in den beiden Teilen Deutschlands, zweitens der Zustimmung der Nachbarn Deutschlands und vor allem der Großmächte zu einer solchen Lösung«.[19]

Eines erreichten weder die Kanzler Brandt und Schmidt, noch Helmut Kohl: sich aus der Vasallenrolle gegenüber den USA zu befreien.

Nehmen wir den offiziellen Erkenntnisstand beider deutscher Staaten von 1989:
– Von deutschem Boden darf kein neuer Krieg ausgehen (Honecker, Schmidt, Kohl)
– Frieden muss mit »weniger Waffen« geschützt werden
– Zwischen der SPD und der SED war Ende August 1987 ein »Dialogpapier« entstanden, dessen erste Sätze lauten: »Unsere weltgeschichtlich neue Situation besteht darin, dass die Menschheit nur noch gemeinsam überleben oder gemeinsam untergehen kann. Eine solche Alternative ist historisch ohne Beispiel.«[20]
– Bundeskanzler Helmut Kohl versprach in seiner Rede am 19. Dezember 1989 an der Ruine der Dresdner Frauenkirche vor der zugeschalteten Weltöffentlichkeit, dass er garantieren werde, dass von deutschem Boden kein neuer Krieg ausgeht.[21]

Mit der Aufnahme der DDR in die UNO und der Errichtung diplomatischer Vertretungen in kapitalistischen Staaten und in der »Dritten Welt« betrat die DDR auch neue, ihr weitgehend unbekannte Felder.[22]

Wenn wir die Außenpolitik der DDR und der BRD vergleichen, folgen wir dem Anliegen der Totalitarismusforscher, die ja die Geschichte der DDR auf der Folie der Nazidiktatur werten, allerdings beziehen wir die Außenpolitik der BRD ein.

Die Frage ist dann: Welcher der beiden deutschen Staaten setzte die faschistische Außenpolitik unter den Nachkriegsbedingungen fort? Aus praktischen Gründen werden drei Phasen unterschieden, von 1949 bis Anfang der siebziger Jahre, wo für die BRD das Prinzip der Nichtanerkennung der DDR galt, die Phase der »Entspannungspolitik« von 1972–1989, deren sich auch Kohl bediente, und die Zeit seit der »Wiedervereinigung«.

Was ergibt ein Vergleich noch? Die DDR erhob das Prinzip des Friedens und der Völkerverständigung von Anfang an zum obersten Prinzip der Außenpolitik.

Daraus resultierende Handlungen waren u. a.
- Die Anerkennung der Oder-Neiße-Grenze als endgültige Friedensgrenze[23]
- Die Nichtigkeitserklärung des Münchner Diktats von Anfang an[24]

Briefmarken der Deutschen Bundespost

– Die Übernahme der Reparationsleistungen für ganz Deutschland[25]

Nach neuesten vorsichtigen Schätzungen liegen die Verluste, die die DDR nie völlig verkraftet hat und verkraften konnte, bei knapp 4 Billionen Euro.[26]

Adenauer, Schumacher, Wehner und andere geißelten die »Verzichtspolitik« der DDR, und das wirkte sich auch innenpolitisch aus. Der Revanchismus war und ist ein Faktor nicht nur bei Wahlen bis heute.

Wenn es in der Außenpolitik der BRD bis 1989 ein Prinzip gab, dann war das die These, dass sie das Deutsche Reich in den Grenzen von 1937 verkörpere und fortsetze. Das war bis 1990 auch im Grundgesetz festgelegt. Die DDR dagegen ging von der geschichtlichen Tatsache aus, dass das »Dritte Reich« verdientermaßen und unwiderruflich untergegangen ist.[27]

Die Politik der BRD schloss bis Ende der sechziger Jahre die Nichtanerkennung der DDR (Hallstein-Doktrin) ein. Noch 1968 beschloss der Bundestag: »Die Anerkennung des anderen Teiles Deutschlands als Ausland oder zweiter souveräner Staat deutscher Nation kommt nicht in Betracht.«[28]

Dass die BRD mit der These von der »offenen deutschen Frage« und den Forderungen gegenüber osteuropäischen Staaten in den Fußspuren Hitlers wandelte, ist kaum zu bestreiten. Aufschlussreich ist ein Vergleich der Reden des Diktators Adolf Hitler im Reichstag am 21. Mai 1935 und des demokratischen Bundeskanzlers Kiesinger am 13. Dezember 1966 im Bundestag:[29]

Hitler

»Das nationalsozialistische Deutschland will den Frieden aus tiefstinnersten weltanschaulichen Überzeugungen. Es will ihn weiter aus der einfachen primitiven Erkenntnis, dass kein Krieg geeignet sein würde, das Wesen unserer gemeinsamen europäischen Not zu beheben.«

»Deutschand hat mit Polen ohne Rücksicht auf das Vergangene einen Gewaltausschließungsvertrag abgeschlossen, als einen weiteren, mehr als wertvollen Beitrag zum europäischen Frieden, den es nicht nur blind halten wird, sondern von dem wir nur den einen Wunsch haben, einer stets aufs neue zu erfolgenden Verlängerung und einer sich daraus immer mehr ergebenden freundschaftlichen Vertiefung unserer Beziehungen ... Wir anerkennen den polnischen Staat als die Heimstätte eines großen national fühlenden Volkes.«

Kiesinger

»Dass der Friede bewahrt werde, ist die Hoffnung aller Völker, und das deutsche Volk wünscht dies nicht weniger als die anderen. Darum ist der Wille zum Frieden und zur Verständigung der Völker das erste Wort und das Grundanliegen der Außenpolitik dieser Regierung.«

»In weiteren Schichten des deutschen Volkes besteht der lebhafte Wunsch nach einer Aussöhnung mit Polen, dessen leidvolle Geschichte wir nicht vergessen haben und dessen Verlangen, endlich in einem Staatsgebiet mit gesicherten Grenzen zu leben, wir im Blick auf das gegenwärtige Schicksal unseres eigenen geteilten Volkes besser als in früherer Zeit begreifen. Aber die Grenzen eines wiedervereinigten Deutschlands können nur in einer frei vereinbarten Regelung mit einer gesamtdeutschen Regierung festgelegt werden.«

Hitler

»In einer großen internationalen Zeitung las ich vor wenigen Wochen die Bemerkung, dass Deutschland doch leicht auf das Memel-Gebiet verzichten könne, es sei ohnehin schon groß genug. Dieser edle menschenfreundliche Skribent vergisst nur eines, dass 140000 Menschen endlich ja auch ein eigenes Lebensrecht besitzen, dass es sich gar nicht darum handelt, ob Deutschland sie will oder nicht, sondern darum, ob sie selbst Deutsche oder keine Deutsche sein möchten.«

»Das deutsche Volk und die deutsche Regierung haben ... den begreiflichen Wunsch, dass nicht nur fremden Völkern, sondern auch dem deutschen Volk überall das Selbstbestimmungsrecht gewährleistet wird.«

Kiesinger

»Auch mit der Tschechoslowakei möchte sich das deutsche Volk verständigen. Die Bundesregierung verurteilt die Politik Hitlers, die auf die Zerstörung des tschechoslowakischen Staatsverbandes gerichtet war ... Gleichwohl bestehen noch Probleme, die einer Lösung bedürfen, wie zum Beispiel das des Staatsangehörigkeitsrechts. Wir sind uns unserer Obhutspflicht gegenüber den sudetendeutschen Landsleuten wie gegenüber allen Vertriebenen und Flüchtlingen bewusst und nehmen sie ernst.«

»Wir sind unseren Verbündeten dafür dankbar, dass sie unseren Standpunkt in der Frage unseres geteilten Volkes und seines Rechtes auf Selbstbestimmung unterstützen.«

Hitler	Kiesinger
»Die deutsche Reichsregierung ... ist jederzeit bereit, in ihrer Waffenrüstung jene Begrenzungen vorzunehmen, die von den anderen Staaten ebenfalls übernommen werden.«	»Die deutsche Regierung tritt für eine konsequente und wirksame Friedenspolitik ein ... Wir werden an Vorschlägen zur Rüstungskontrolle, Rüstungsminderung und Abrüstung mitarbeiten.«

Es waren viele Faktoren, die Ende der sechziger Jahre zu Modifikationen in der bundesdeutschen Außenpolitik insbesondere gegenüber der DDR führten, u. a.

- das atomare Patt und das veränderte internationale Kräfteverhältnis,
- das Scheitern der konterrevolutionären roll back-Politik 1961 in Berlin und 1968 in Prag,
- die sichtbare Erosion der Hallstein-Doktrin in der »Dritten Welt«.

Franz Josef Strauß[30], Willy Brandt[31] und andere haben diesen Prozess der Umorientierung aus ihrer Sicht dargestellt.

Allmählich wurde aus der unverhüllten roll back-Konzeption die Politik des »Wandels durch Annäherung«, die »Konterrevolution auf Filzlatschen«, wie sie Otto Winzer (von Egon Bahr zustimmend zitiert) genannt hatte. Diese Politik enthielt immer Elemente des »verdeckten« psychologischen Krieges, wie sie auch in der Außenpolitik des Dritten Reiches existierten, z. B. die »Heim ins Reich«-Bewegung und die »blutenden Grenzen«.[32]

Aus Platzgründen wird aus der umfangreichen Literatur zur Entspannungspolitik lediglich Franz Josef Strauß mit seinem »Entwurf für Europa« berücksichtigt.[33]

Die »europäische Föderation« reichte nach der Strauß-schen Konzeption »vom Atlantik bis zum Bug und zum Schwarzen Meer« (S. 83). In aller Offenheit plante Strauß die Liquidierung des Sozialismus in Europa. Er schrieb: *»Wir sollten daran denken, dass Polen, die Tschechoslowakei, Ungarn, Bulgarien, Rumänien usw. genauso zu Europa gehören wie die Schweiz, Holland oder Belgien. Es geht darum, sowohl durch die Einwirkung auf diese Länder, wie in harten Verhandlungen mit Moskau, in einem langfristigen Prozess dafür zu arbeiten, dass diese Länder wieder Bestandteil Europas wenigstens erst einmal in dem Sinne werden, wie es die Bezeichnung Zwischeneuropa ausdrückt.«* (S. 46)

Dieses »Zwischeneuropa« soll eine Zwischenetappe auf dem Weg der Verwirklichung seiner aggressiven Ziele sein. Es hieß bei Strauß: *»Unsere Aufgabe muss es heute sein, einen Gürtel zwischen Russland und Westeuropa zu schaffen, ein ›Zwischeneuropa‹.«* (S. 55)

Strauß nannte die Einmischung in die inneren Angelegenheiten der sozialistischen Länder, die Bemühungen der Bonner Politiker zur Liquidierung des Sozialismus in Europa »Auflockerungspolitik«. Diese Aufweichungs- und Unterminierungspolitik soll auf vielfältige Art und Weise betrieben werden. Zu ihrem Instrumentarium gehören nach Strauß ökonomische, politische und ideologische Mittel und Methoden.

Im Hinblick auf wirtschaftliche Beziehungen des Westens zu den sozialistischen Staaten Europas forderte Strauß: Der Westen »... *muss Mittel und Wege suchen, die dazu beitragen, diese Situation in unseren politischen Vorteil umzumünzen, d. h., er sollte nur solche Projekte unterstützen, die mehr der Auflockerung Europas als der wirtschaftlichen Stärkung der osteuropäischen Regimes dienen«.* (S. 42)

Strauß erläuterte seine »Auflockerungspolitik« folgendermaßen: *»Eine solche Politik der gesamteuropäischen Auflockerung kann nur Schritt für Schritt zum Erfolg führen. Man wird kaum eine rasche Lösung erwarten können, sondern eher in Dimensionen eines historischen Prozesses denken müssen. Während dieser Periode müssen wir die ost- und südosteuropäischen Völker durch kulturelle und wirtschaftliche Bindungen stärker an Westeuropa heranziehen: durch Jugend- und Akademikeraustausch, durch Tourismus, Sportveranstaltungen und viele andere passende Mittel.«* (S. 44)

Provokatorisch erklärte er: *»Die einzige Hoffnung für die Osteuropäer, ihre Freiheit wiederzugewinnen, besteht im Aufbau eines starken und vereinigten Europas.«* (S. 84)

Was lässt sich aus den »Europa«-Konzeptionen der Adenauer, Kohl, Strauß, Brandt, Bahr und anderer folgern?

- Das *Ziel*, die Expansion des deutschen Imperialismus, ist Konstante in der Politik von Wilhelm II. über Stresemann und Hitler bis zu Kohl.
- Die *Mittel* und *Methoden* haben sich zwischen 1945 und 1989 geändert. Machtvolle militärische Mittel standen der Bonner Regierung zunächst nicht zur Verfügung. Ökonomischer Druck und ideologische Kriegführung waren nicht nur Ersatz.
- Rückwärts betrachtet war die bundesdeutsche Politik erfolgreich. Indessen: Mancher Sieg in der Geschichte erweist sich später als Pyrrhussieg.

Die Kontinuität der bundesdeutschen Außenpolitik mit der des »Dritten Reiches« fand ihre Entsprechung in der personellen Kontinuität des Personals. Noch während der Amtszeit Joseph Fischers sorgte die Erinnerung daran für Wirbel.

Indessen: Die Durchsetzung des Auswärtigen Amtes mit Nazidiplomaten war von Adenauer gewollt und in der DDR mit Namen und Anschrift nachgewiesen worden. Nach dem Stand vom Januar 1967 waren von den 17 westdeutschen Botschaftern in Süd- und Mittelamerika 13 Ribbentrop-Diplomaten. Von den 20 Bonner Botschaftern in europäischen Staaten waren 11 bereits unter Ribbentrop tätig. Ähnlich waren die Proportionen in Asien.

Hier sammelten, ebenfalls nach dem Stand vom Januar 1967, von 21 westdeutschen Botschaftern 14 ihre »Erfahrungen« im Amte Ribbentrops.[34]

Auch die »Ostexperten« des Auswärtigen Amtes verkörperten diese Kontinuität von der Weimarer Republik über den Dienst bei den Nazis bis zum Einsatz in der Außenpolitik der BRD, so Günter Diehl als Ministerialdirektor bis 1966, Klaus Mehnert, Boris Meissner und andere »Ostexperten«.[35]

Ein typisches Beispiel für die reaktionäre Traditionspflege im Auswärtigen Amt ist die Ehrung des Freiherrn von Neurath, dessen Porträt immer noch in der deutschen Botschaft in London hängt, weil er dort zeitweilig Hitlers Botschafter war. Dass derselbe Mann ab April 1939 Reichsprotektor in Böhmen und Mähren war und ein Schreckensregiment vom Hradschin aus führte, ist für das Auswärtige Amt kein Anlass für Distanz, nicht einmal nach der kleinen Anfrage einiger Abgeordneter der Linksfraktion in der Drucksache 16/3926 vom 14. Dezember 2006.[36]

Ein anderes typisches Beispiel ist die Karriere des Franz Nüßlein. Nüßlein war in der Zeit der faschistischen Okkupation der Tschechoslowakei Staatsanwalt in Brno und Prag gewesen. Er war an etwa 900 Todesurteilen gegen Bürger der Tschechoslowakei beteiligt gewesen, weshalb er nach 1945 von einem tschechoslowakischen Gericht zu 20 Jahren Zuchthaus verurteilt wurde. Er wurde 1955 als nicht amnestierter Kriegsverbrecher an die BRD übergeben. Dort wurde er als »Spätheimkehrer« anerkannt, für seine Haft entschädigt und in den diplomatischen Dienst aufgenommen. Zuletzt war er Generalkonsul in Barcelona.[37]

Nachdem Außenminister Joseph Fischer im Frühjahr 2005 entdecken musste, dass die Ehrung von Nazidiplomaten bei ihrem Tode gang und gäbe war, wurde eine Untersuchung angeordnet, deren Ergebnis auf sich warten lässt. Dabei sind die Fakten in der Literatur längst bekannt. Vor allem Hans-Jürgen Döscher hat – neben den Autoren des Braunbuches – wichtige Arbeiten zum Thema geliefert.[38]

Das gilt auch für Paul Carell, als Paul Karl Schmidt Ribbentrops Pressechef, Strippenzieher im Auswärtigen Amt der Hitlerregierung, strammer SS-Mann, Judenhasser und Propagandist der faschistischen Eroberungen. Unter dem Pseudonym Paul Carell wirkte Schmidt nach 1945 als »furchtbarer Journalist« im »Stern«, »Spiegel« und »Welt« in altem Geiste weiter, nun vor allem gegen die DDR.[39]

Es ist Betrug oder/und Selbstbetrug, wenn manche Politiker und Publizisten so tun, als seien sie von der »Wiedervereinigung« überrascht worden. Erstens war das ja jahrzehntelang ihr erklärtes Ziel gewesen, zweitens haben sie eine entsprechende Politik betrieben, drittens waren sie auf konkrete Maßnahmen vorbereitet.

Seit den fünfziger Jahren existierten in der BRD »Forschungsbeiräte« und »Graue Pläne« für den »Tag X«. Im Dezember 1966 wurde der »Forschungsbeirat« offizielles Organ der Bundesregierung.[40]

Für unser Thema ist von Interesse, dass in Kiesingers »Forschungsbeirat« Hitlers Raubspezialisten arbeiteten, Leute wie Thalheim, Stadtmüller, Blohm usw., die im zweiten Weltkrieg Polen und die Sowjetunion ausplünderten. Wenngleich diese Leute die »Wiedervereinigung« nicht mehr erlebten, ihr »brauner Oberst« war Pate bei der Kolonialisierung der DDR, wobei jüngere wie Horst Köhler, nach 1990 Waigels Staatssekretär, nicht durch Protest auffielen.[41]

Von Görings »Grüner Mappe«, dem »Wirtschaftsführungsstab Ost« über die »Grauen Pläne« führt ein direkter Weg in die »Treuhand«, die die DDR kolonialisierte und ausplünderte. Mit dem Sieg der Konterrevolution und dem Untergang der DDR ergab sich für Totalitarismusforscher die hervorragende Möglichkeit, mit Hilfe eindeutiger Fakten zu prüfen, ob und inwieweit die Außenpolitik der Nazidiktatur und der DDR sich ähneln oder gleichen.

Was ist inzwischen auch von schlimmsten Kommunistenfressern kaum zu leugnen:

– Das Personal des Bonner Auswärtigen Amtes war – wie schon gesagt – nach 1945 weitgehend identisch mit dem diplomatischen Korps Ribbentrops.[42]
Der »Wilhelm-Straßen-Prozess« ist von den USA geführt worden und bedürfte besonderer Betrachtung.[43]
Der DDR ist dieser Vorwurf nicht zu machen. Einzelne DDR-Außenpolitiker, z. B. Gerhard Kegel, die schon vor 1945 Diplomaten waren, hatten sich als Antifaschisten bewährt.

– Während das faschistische Deutschland Europa mit Krieg überzog, blieb die DDR unbeirrbar, sogar angesichts ihres Untergangs, ihrer Friedenspflicht treu. Von deutschem Boden ging so lange kein Krieg aus, solange die DDR existierte.[44]
Erst das »wiedervereinigte« Deutschland soll sich widerstandslos damit abfinden, dass Krieg wieder »Normalität« ist.

– Das faschistische Deutschland hatte seine »Ostpolitik« gegen die slawischen »Untermenschen«, gegen Tschechen, Polen und die Völker der Sowjetunion besonders grausam geführt. »Lebensraum« im Osten war erklärtes Ziel. Die Deutsche Demokratische Republik hat unter dem wütenden Geheul der Adenauer und Schumacher ihre Beziehungen zu ihren östlichen Nachbarn, Polen, Tschechoslowakei und Sowjetunion, freundschaftlich gestaltet, wozu auch gehörte, die Hauptlast der Reparationen zu tragen, das Münchner Diktat ex tunc für ungültig zu erklären und die Oder-Neiße-Grenze als Friedensgrenze endgültig anzuerkennen. Die Verträge von Prag und Zgorzelec wurden 1950 abgeschlossen.[45]

Es dürfte ein Kuriosum der Geschichte sein: Die DDR schuf mit ihrer Versöhnungs- und Verständigungspolitik gegenüber ihren östlichen Nachbarn erst die psychologischen und politischen Voraussetzungen, um die Angst vor *den* Deutschen zu mindern und die »Wiedervereinigung« – wenn auch mit Misstrauen – zuzulassen.
Bis 1990 hatte sich die BRD-Regierung geweigert, die Oder-Neiße-Grenze als endgültig anzuerkennen und auf einen Friedensvertrag verwiesen. Diese Haltung wurde

zum stärksten Stolperstein für die Kohlsche Variante der »Wiedervereinigung«.[46]

Helmut Kohl hat die fälligen, aber immer noch lückenhaften Verträge mit Polen am 17. Juli 1991 und der Tschechoslowakei am 27. Februar 1992 unterzeichnet. Bei Horst Teltschik heißt das entsprechende Kapitel »Die heiklen Punkte: NATO, Neiße, Nachbarn«.[47]

Wer die Außenpolitik des faschistischen Deutschlands und der DDR vergleicht, muss natürlich auch deren Vertragstreue prüfen. Für Hitlerdeutschland waren entscheidende Kriterien das Verhältnis zum Versailler Vertrag, zum Völkerbund, zum Nichtangriffspakt mit der Sowjetunion und die Verträge mit Nachbarstaaten.

Aus dem Völkerbund trat Hitlerdeutschland 1934 aus, alle wichtigen bindenden Verträge behandelte es – bei gleichzeitiger Friedensrhetorik – als Fetzen Papier. Wohin der Bruch des Nichtangriffspaktes mit der Sowjetunion führte, müsste im Gedächtnis der Deutschen eingebrannt sein.[48]

Die DDR hat in der UNO einen geachteten Platz eingenommen. Zu keinem Zeitpunkt war ihre Politik (wie z. B. die Israels oder Südafrikas) Gegenstand der Kritik.[49]

Erinnern wir uns: Der Leiter der DDR-Mission bei der UNO, Peter Florin, wurde zweimal zum Präsidenten des Sicherheitsrates (1980 und 1981) und zum Präsidenten der 42. UNO-Vollversammlung 1988 gewählt. In 24 Fällen wurden DDR-Diplomaten Vorsitzende oder Vizevorsitzende von wichtigen Ausschüssen und Einrichtungen im UNO-System.

Wie hat das die »totalitäre« DDR schaffen können? Bei Abstimmungsvergleichen hat es, wie Wilhelm Bruns von der Friedrich-Ebert-Stiftung Jahr für Jahr bilanzierte, immer »Stimmvorteile« für die DDR in den Hauptfragen gegeben. Selbst die »deutsch-deutschen Querelen« fanden in der UNO und ihren Gremien nicht statt.

Der jämmerliche Abgang ist Lothar de Maizière zuzuschreiben, der – weil er keine Zeit hatte – den ahnungs- und hilflosen Wissenschaftsminister Prof. Dr. Meyer nach New York schickte.[50]

Wenn wir feststellen, Nazideutschland hat das Völkerrecht wie einen Fetzen Papier betrachtet, die DDR hat sich peinlich genau bemüht, allen Verpflichtungen nachzukommen – Friedenspflicht, Aggressions- und Interventionsverbot, Gewaltverzicht, Einhaltung der Verträge auf Treu und Glauben –, so bleibt natürlich die Frage, ob das vereinte Deutschland diese gute Tradition fortsetzt. Aus Platzgründen sei hier lediglich auf zwei Tatsachen verwiesen:

Der Zwei-plus-Vier-Vertrag, der die außenpolitische Bedingung für die »Wiedervereinigung« war, verlangt von Deutschland, dass von seinem Boden kein Krieg ausgeht.[51]

Inzwischen ist für Deutschland und *die* (?) Deutschen selbst in Präsidenten-Reden der Krieg wieder zur »Normalität« geworden. Die Kontinuität zur Außenpolitik des »Dritten Reiches« dürfte auch für Totalitarismusforscher unbestreitbar sein.

Schließlich: Die Teilnahme Deutschlands an der NATO-Aggression gegen Jugoslawien, die anfangs sogar Helmut Kohl und Volker Rühe aus »historischen Gründen« ausgeschlossen hatten, war Bruch des Grundgesetzes und des Völkerrechts. Gerade bei dieser Aggression war die ungebrochene Kontinuität zwischen der kaiserlichen Balkanpolitik, der Kriegführung Hitlers und der BRD unübersehbar.[52]

Zweifellos sind die inzwischen zur Gewohnheit gewordenen »robusten« Bundeswehreinsätze auch eine Folge der

Adenauerschen/Kohlschen »Westbindung« und NATO-Treue, auf die sich die Bush/Rice und Co. verlassen können.[53]

Da die Bundeswehr inzwischen auch in Afrika und im Mittleren Osten agiert, ist ein weiterer Vergleich zwingend notwendig. Hitlerdeutschland versuchte Kolonialpolitik, wenngleich ohne Erfolg. Das Afrikakorps von Feldmarschall Rommel mag als Beispiel genügen.[54]

Die DDR übte nach ihren Kräften Solidarität gegenüber der nationalen Befreiungsbewegung, wofür u.a. Vietnam, Kuba, Angola usw. zeugen.[55]

Beim »Diktaturenvergleich« bleibt auch hier kein Makel für die DDR. Und die BRD? Zweifellos stand sie nach 1949 in dem für sie vorteilhaften Ruf, vor 1945 keine Kolonialmacht gewesen zu sein. Das erleichterte ihr, mit neokolonialistischen Methoden imperialistische Interessen in Asien, Afrika und Lateinamerika durchzusetzen. Kritik hielt sich, z.B. bei der Unterstützung der Apartheid-Politik in Südafrika, in Grenzen. Angesichts der »Konkurrenz« der DDR in der UNO – und seit Anfang der siebziger Jahre in vielen Nationalstaaten – war die BRD zum Taktieren gezwungen. Das zeigt sich am deutlichsten bei den UN-Abstimmungen zur Nahost-Frage.[56] Wenn die israelische Aggressionspolitik verurteilt und alljährlich an das Recht der Palästinenser auf einen eigenen Staat abgestimmt wurde, flüchtete sich die BRD in die Stimmenthaltung, die DDR stimmte mit der übergroßen Mehrheit der Nichtpaktgebundenen.

Dieses weltweite Agieren imperialistischer deutscher Außenpolitik wird offiziell mit »deutschen Interessen« begründet. Roman Herzog formulierte es so: »*Völlig klar ist, dass Deutschland nicht auf Dauer so tun kann, als hätte es gar keine Interessen in der Welt. Das glaubt uns nämlich keiner.«*[57]

Aber wessen und welche Interessen sind das? Beim »Diktaturenvergleich« ergibt sich:

Es dürfte unmöglich sein, bei seriöser Betrachtung Ähnlichkeiten oder Gleichheiten zwischen Hitlerdeutschland und der DDR aus dem Hut zu zaubern. Die DDR-Außenpolitik war eine progressive Alternative sowohl zur faschistischen als auch zur bundesdeutschen Außenpolitik.[58]

Dass die DDR-Außenpolitik mit der Hitlerschen nichts, die BRD-Politik ziemlich viel verbindet, ist an folgendem Fakt unwiderlegbar zu sehen. Wie schon dargelegt, nahm Adenauer sein diplomatisches Personal aus dem Reservoir des Auswärtigen Amtes. 2006 erklärte das Eckart Conze, Mitglied der Historikerkommission zur Aufarbeitung der Geschichte des Außenministeriums, mit dem »Primat der Tradition über die politische und moralische Wertung von Verbrechen«.[59]

Dagegen konstatierte das Deutschland Archiv – der Fakt ist richtig –: *»Hans-Dietrich Genscher, damals Bundesaußenminister, hatte für keinen der ehemaligen Angehörigen des Auswärtigen Dienstes der DDR eine Verwendung im Auswärtigen Amt des vereinten Deutschland. Sie wurden ›abgewickelt‹.«*[60]

Inzwischen darf Hans-Dietrich Genscher, ein Pionier der »Wiedervereinigung«, nachlesen[61], wie liebevoll Konrad Adenauer, der anfangs auch das Auswärtige Amt leitete, und seine Nachfolger die Naziexperten auf dem Gebiet der Außenpolitik behandelten. Der Diktaturenvergleich führt zu erstaunlichen Erkenntnissen.

Was bleibt von der Außenpolitik der DDR? Nach Meinung von Totalitarismusforschern nichts oder nichts Gutes.

Aber für nicht wenige bleibt sie Erfahrung, Erbe und Vermächtnis.

Von der DDR ging stets Frieden und Verständigungswillen aus.

Auch ihre Treue zum Völkerrecht bleibt Verpflichtung.

Merkmale (Prinzipien?) der Außenpolitik der seit 2005 regierenden großen Koalition von CDU und SPD sind:

- Die Bundeswehr wird völkerrechtswidrig weltweit eingesetzt.
- Grundprinzipien des Völkerrechts wie das Aggressions- und Interventionsverbot werden gröblichst verletzt.
- Die Unterordnung unter die Interessen des USA-Imperialismus ist Staatsdoktrin.
- An die Stelle der »roten Gefahr« ist die »Bedrohung durch Putin« getreten.[62]

Matthias Döpfner lobte solche Politik schon in »Die Welt« vom 9. April 1999: »Scharping und Fischer erweisen sich als Pragmatiker einer antitotalitären Interventionspolitik der harten Hand.« Das Zauberwort neben »humanitärer Intervention« wird »antitotalitäre Interventionspolitik«. Im Hamburger Programm der SPD vom Oktober 2007 fehlen diese Begriffe (noch?).

6. Ideologie

»Antikommunismus ist die
Grundtorheit unserer Epoche«
(Thomas Mann)

»Denn wer das Leben leben und gute Tage sehen
will, der hüte seine Zunge, dass sie nichts Böses
rede, und seine Lippen, dass sie nicht betrügen.«
(Petrus 1.10)

Totalitarismusforscher, die die Existenz einer Ideologie zum Wesensmerkmal totalitärer Diktaturen erklären, müssten mit Eifer die Übereinstimmung oder Ähnlichkeit faschistischer und sozialistischer Ideologie nachzuweisen versuchen.

Zum Begriff: Unter Ideologie ist die Gesamtheit politischer, ökonomischer, rechtlicher, philosophischer, ästhetischer oder religiöser Anschauungen, Ideen und Theorien zu verstehen, in denen Interessen zum Ausdruck kommen oder begründet werden. Ideologien widerspiegeln politische Interessen und Ziele von Klassen und Schichten und sind darauf gerichtet, Menschen zu beeinflussen und zu aktivieren (oder fehl zu lenken und zu lähmen): »Die Gedanken der herrschenden Klasse sind in jeder Epoche die herrschenden Gedanken, d. h. die Klasse, welche die herrschende materielle Macht der Gesellschaft ist, ist zugleich die herrschende geistige Macht. Die Klasse, die die Mittel zur materiellen Produktion zu ihrer Verfügung hat, disponiert damit zugleich über die Mittel zur geistigen Produktion, so dass ihr damit zugleich im Durchschnitt die Gedanken derer, denen die Mittel zur geistigen Produktion abgehen, unterworfen sind. Die herrschenden Gedanken sind weiter nichts als der ideelle Ausdruck der herrschenden materiellen Verhältnisse, die eben eine Klasse zur herrschenden machen, also die Gedanken ihrer Herrschaft ... Zu einer Zeit z. B. und in einem Lande, wo königliche Macht, Aristokratie und Bourgeoisie sich um die Herrschaft streiten, wo also die Herrschaft geteilt ist, zeigt sich als herrschender Gedanke die Doktrin von der Teilung der Gewalten, die nun als ›ewiges Gesetz‹ ausgesprochen wird.«[1]

Ideologie ist keineswegs nur »falsches Bewusstsein«, die verkehrte Widerspiegelung der Wirklichkeit. Ideologien können Mittel der Manipulierung und der Diversion sein. Auch Religionen sind Ideologien, und das nicht erst dann, wenn sie Staatsreligionen sind.

»Mit jeder Religion verbindet sich ein umfassender Anspruch. Grundsätzlich gilt für jede Religion, dass das gesamte Verhalten an ihr auszurichten ist. Es gibt keine Religion, die ohne Konsequenzen für die Lebensführung bleibt. Insofern hat jede Religion auch eine politische Dimension.«[2]

»Wenn man den Faschismus einzig als eine Art areligiöse Hülle beschreibt, dann besteht die Gefahr der Unterschlagung. Schließlich haben Ideologen wie Rosenberg den Nationalsozialismus religiös unterfüttert, und der Faschismus in Spanien oder Italien wäre ohne die Unterstützung der Kirchen nicht denkbar gewesen.«[3]

Wenn wir die Arbeitsmethode von Totalitarismusforschern anwenden, haben wir, wie gesagt, die faschistische und die sozialistische Ideologie *inhaltlich* im Hinblick auf die entscheidenden Thesen zu vergleichen, aber wir werden diesen Vergleich auf die Bundesrepublik ausdehnen, zumal sie ja seit 1990 den ideologischen Mainstream auch für die Bürger der DDR bestimmt.[4]

Mit dem politischen Aufstieg der Hitler und Goebbels ist deren Ideologie nicht entstanden wie Phoenix aus der Asche. Wesentliche Elemente der faschistischen Ideologie, die These von der Überlegenheit der arischen Rasse, der Antisemitismus, der in Treitschkes Satz gipfelte »Die Juden sind unser Unglück« (im Jahre 1879), die Forderung nach »Revanche für Versailles«, waren vor der Entstehung des Faschismus da und wurden nicht nur von ihnen, sondern von großen Teilen des Bürgertums vertreten.

Georg Lukacs zeigte in der »Zerstörung der Vernunft«, dass es deutsche Intellektuelle gewesen waren, die im 19. Jahrhundert eine Tradition in Gang setzten, deren Nutznießer Hitler, Rosenberg und Goebbels waren, eine Tradition, die in der Bundesrepublik nicht beendet war und ist. Es war schlichte Vertauschung von Ursache und Wirkung, wenn der deutsche Faschismus als Anfang, als Zu- oder Unfall betrachtet wurde, und nicht als Resultat einer von den Herrschenden bewusst verbreiteten barbarischen Ideologie.[5]

Vor führenden Industriellen äußerte sich Adolf Hitler am 20. Februar 1933 über die Bedeutung von Ideologien und Geisteshaltungen. Für die Zeit der Weimarer Republik diagnostizierte er eine Geisteswelt, »die langsam die Auflösung des Bestehenden einleitete«. Der Liberalismus sei Schrittmacher der Sozialdemokratie gewesen, wie das Bismarck befürchtet hatte: »Eine bestimmte Geisteswelt – Geistesrichtung – kann ungewollt, kann ungeahnt zur Auflösung der Grundlagen des Staates führen.«[6] Hitler meinte natürlich sozialistisch/kommunistisch/pazifistische Ideen, die auszurotten seien, und darin waren sich führende Monopolisten, aber auch Generale und Kirchenführer mit ihm einig.

In der vor 1933 dominanten Ideologie waren Elemente vorhanden, die der Faschismus als Aktionslosungen nutzen konnte:

»Die Juden sind unser Unglück« (Heinrich von Treitschke)

»Volk ohne Raum«

»Revanche für die Schmach von Versailles«

Der Antikommunismus/Antibolschewismus wurde zur wichtigsten ideologischen Klammer in der Innen- und Außenpolitik des »Dritten Reiches«, wurde zur Ideologie, die Konzentrationslager ebenso »rechtfertigte« wie den barbarischen Krieg gegen die Sowjetunion.[7]

Noch am 17. April 1943 forderte Goebbels auf einer Pressekonferenz: Die deutsche Propaganda müsse die »bolschewistische Unmenschlichkeit« in den Mittelpunkt stellen. Der Antisowjetismus, die Furcht vor dem »Bolschewismus«, wirkte als politischer Faktor so stark, dass ihn Goebbels noch im Frühjahr 1945 ins Spiel brachte, um die Galgenfrist der Nazigrößen zu verlängern und die Illusion zu nähren, die Antihitlerkoalition könnte platzen.[8]

Eine der fixen Ideen Goebbels bestand darin, auf die Wiederholung des »Wunders« zu hoffen, als Katharina mit Friedrich II. 1763 den Siebenjährigen Krieg beendete. Es gehört zu den Tricks aktueller »Vergangenheitsbewältigung«, Hitler als Person für die Ideologie des Krieges verantwortlich zu machen: »Hitlers perverse Zwecke, Rassenreinheit und Weltbeherrschung, waren Ausgeburt intellektueller Gestaltungs- und Vernichtungsphantasien.«[9]

Wo aber liegt die tiefste Wurzel des in Deutschland tradierten Antikommunismus? Die Antwort von Marx–Engels lautete: »Was aber ist das Geheimnis des roten Gespenstes, wenn nicht die Angst der Bourgeoisie vor dem unausweichlichen Kampf auf Tod und Leben zwischen ihr und dem Proletariat?«[10] Hat sich das geändert?

Ein Blick auf die Literatur der letzten Jahre zeigt, dass viele der Mythen und Legenden von heute schon vor 1945 entstanden sind, aber für ihr munteres Weiterleben keineswegs Hitler und Goebbels verantwortlich gemacht werden können. Zu diesen Mythen gehört bereits die kritiklose Übernahme des Begriffs »Nationalsozialismus«, ein Begriff, den die Nazis aus demagogischen Gründen zur Tarnung ihrer Absichten erfunden haben. Einen »nationalen Sozialismus« haben weder sie noch ihre Auftraggeber gewollt oder versucht.

Wenngleich im offiziellen Sprachgebrauch der Begriff »Nationalsozialismus« vorgeschrieben ist, wissen imperialistische Politiker durchaus um die Bedeutung des Begriffspaares Faschismus/Antifaschismus. Auf dem Höhepunkt der israelischen Aggression gegen Libanon, wenige Stunden, bevor im Sicherheitsrat die Resolution zur Waffenruhe angenommen wurde, taufte George Bush den »Krieg gegen den Terrorismus« in »Krieg mit islamischen Faschisten« um.

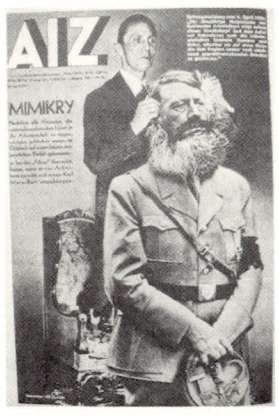

Unterschwellig mutierte damit die »Koalition der Willigen« in eine antifaschistische Allianz nach dem Vorbild der Antihitlerkoalition.[11]

Und Gerhard Schröder hatte vor der UNO-Vollversammlung 1998 kein höheres Lob für Willy Brandt parat als die Feststellung, der sei Antifaschist gewesen.

Der Kenner der Literatur findet weitere Mythen:
- die Behauptung, es habe eine »jüdische Kriegserklärung« an Deutschland gegeben,
- die Lüge vom »Präventivkrieg« gegen die UdSSR,
- der Mythos von der »Volksgemeinschaft«,
- die Legende, Hitlerdeutschland habe das christliche Abendland vor dem »jüdisch-bolschewistischen Untermenschentum« verteidigt.[12]

Dem Mythos, Hitlerdeutschland habe das »christliche Abendland« gegen den Ansturm des »jüdischen Bolschewismus« verteidigt, huldigen sogar Politiker, ganz zu schweigen von Fernseh-Dokumentationen.

Beim »Ideologie-Vergleich« zwischen der DDR und der BRD ist somit die entscheidende Frage, wie sie zum Antikommunismus/Antibolschewismus einerseits, zum Antifaschismus andererseits standen.

Die wichtigste Schlussfolgerung aus der Geschichte zog die KPD bereits in ihrem ersten Aufruf vom 11. Juni 1945:

»Keine Wiederholung der Fehler von 1918 Schluss mit der Spaltung des schaffenden Volkes! Keinerlei Nachsicht gegenüber dem Nazismus und der Reaktion! Nie wieder Hetze und Feindschaft gegenüber der Sowjetunion; denn wo diese Hetze auftaucht, da erhebt die imperialistische Reaktion ihr Haupt!«[13]

Von dieser Erkenntnis bis zur Losung »Von der Sowjetunion lernen, heißt siegen lernen« und dem Verfassungsprinzip von 1974, wonach die DDR nach Artikel 6 »untrennbarer Bestandteil der sozialistischen Staatengemeinschaft« ist, führt ein gerader Weg.[14]

DDRologen und Totalitarismusforscher hatten Walter Ulbricht und seine Genossen als »moskauhörig«

verunglimpft, die DDR als »Moskaus westliche Provinz« verleumdet.[15]

Zur Sache ist zu sagen: Wenn die Deutsche Demokratische Republik den Weg zum Sozialismus suchte, konnte sie diesen Weg nicht ohne oder gegen die UdSSR gehen.

In Analogie gilt: Wer für die Westzonen die Weiterexistenz des Kapitalismus wollte, konnte das nur über die »Westbindung« erreichen, die schließlich in die NATO und in den kalten Krieg – auch gegen die DDR – führte.[16]

Der Propaganda-Krieg wurde vor allem über das Fernsehen geführt: »Wir sind nicht das Volk der Dichter und Denker, sondern der Doofen und Deppen – und für diese wird das Fernsehprogramm gestaltet.« (Der Spiegel 3/2007, S. 15)[17]

In der DDR gab es auf dem Gebiet der Ideologie eine Art Staatsdoktrin, die aus dem antifaschistischen Vermächtnis »Nie wieder Krieg, nie wieder Faschismus« abgeleitet wurde. Die DDR betrachtete es nach Artikel 6 ihrer Verfassung als ihre Pflicht, den deutschen Militarismus und Nazismus auszurotten und die Ideen des Friedens und der Völkerverständigung durchzusetzen.[18]

Dafür, dass die Treue zum antifaschistischen Vermächtnis in der DDR auch zur täglichen Praxis wurde, muss sich kein DDR-Bürger entschuldigen. Es spricht nicht für redliche Absichten der »Wiedervereiniger« vom Typ Wolfgang Schäuble, dass sie regierungsamtlich schon im Oktober 1990 die »Abwicklung« des Antifaschismus verordneten.[19]

Über den Kreuzzug gegen den Antifaschismus wird noch zu reden sein. Kaum ernsthaft zu bestreiten ist, dass in der BRD der Antikommunismus jahrzehntelang Staatsdoktrin war und bis heute ist.

Was die Kontinuität und die Wirkung des Antikommunismus (bis heute) betrifft, urteilte Katrin Hammerstein Anfang 2007: »Insofern der Antikommunismus bereits Bestandteil der nationalsozialistischen Ideologie war, war zudem eine positive, ›antitotalitärgefilterte‹ Bezugnahme auf die NS-Zeit möglich, die überdies ein konsensstiftendes Moment hatte.«[20]

Das Ehepaar Mitscherlich analysierte in ihrem Buch »Die Unfähigkeit zu trauern« den Umgang der Nachkriegswestdeutschen mit ihrer Vergangenheit. Eine ihrer Feststellungen lautete: »Mindestens, was den Bolschewismus betrifft, ist das Bild, das von ihm im Dritten Reich entworfen wurde, in den folgenden Jahrzehnten kaum korrigiert worden.«[21]

Peter von Oertzen sagte (unter Pseudonym) 1954, seit 1945 schwebe »über dem Haupt eines jeden Linken das Damoklesschwert der Verdächtigung als Kommunist«.[22]

Für die Verdächtigung genügte schon die Bekanntschaft mit Kommunisten oder Argumente, die von Kommunisten auch vorgebracht wurden.

Die Verteufelung und Kriminalisierung von Rüstungs- und Kriegsgegnern, von Vorkämpfern der friedlichen Wiedervereinigung (anfangs noch ein treffender Begriff), gehörte dazu. Der Antikommunismus, den die Adenauerregierung von Hitler/Goebbels geerbt hatte, mündete am 17. August 1956 im Verbotsurteil.[23]

Hier wird (noch) nicht auf die juristischen Folgen eingegangen. Hier sollen nur vier Wertungen angeboten werden.

– Mit diesem Verbot setzte die BRD den Justizterror der Nazis fort und stellte sich in eine Reihe mit den faschistischen Diktaturen in Spanien, Portugal und

Griechenland (die allerdings bald überwunden wurden). Der Antikommunismus wurde Staatsdoktrin.

– Adenauer ließ die Partei verbieten, die die größten Opfer im Kampf gegen den Faschismus gebracht hatte. Von 83 Reichstagsabgeordneten, die von den Faschisten ermordet wurden, waren 40 Kommunisten. Auch 33 Sozialdemokraten waren Opfer. (Dass auch Bischöfe beider Konfessionen Opfer des Faschismus wurden, ist bisher nicht bekannt.)

– Mit dem Verbot sollte der Widerstand gegen die Remilitarisierung und die NATO-Mitgliedschaft gebrochen werden. Die Volksbewegung für ein friedliches, einheitliches Deutschland wurde kriminalisiert.

– Kommunisten, Pazifisten und andere Kriegsgegner wurden inhaftiert und eingekerkert.[24]

Kurt Fritsch, der 1950 Verantwortlicher für die FDJ in Niedersachsen war und nach seinen Kriegserfahrungen gegen die Remilitarisierung kämpfte, wurde schon 1951 verhaftet.

Er erinnert sich: »Der Antikommunismus war stark ausgeprägt. Als ich aus der Kriegsgefangenschaft kam mit meinen Kollegen und Genossen, wurden wir fast gesteinigt, weil erkennbar war, dass wir Antifaschisten waren. Es wurde alles getan, um diese Stimmung weiter zu schüren. Dabei konnte sich die Adenauer-Regierung auf bewährte antikommunistische Propagandisten goebbelsscher Prägung stützen. Das 131er Gesetz hat 1951 außerdem den Weg frei gemacht, damit schwer belastete Altnazis wieder verantwortliche Posten im Staatsapparat – in Justiz, Polizei, Bundeswehr und Verwaltung – bekamen. Sie haben das voll genutzt, denn man gab ihnen im gleichen Jahr das 1. Strafrechtsänderungsgesetz, das sogenannte Blitzgesetz, an die

Hand. Mit den Delikten Hochverrat, Landesverrat und Staatsgefährdung hatten sie erneut die alten Strafnormen gegen ihre politischen Gegner, vor allem gegen uns Kommunisten, in der Hand.«[25]

Es sollte nicht vergessen werden, dass Renegaten wie Wolfgang Leonhard den Antikommunisten Steilvorlagen für das Abrechnen mit den Kommunisten lieferten, später Beiträge für »Reformen« im Kommunismus. Der Berliner DGB-Landesvorsitzende Scharnowski lobte, von Leonhard werde »mit treffender Sicherheit dieses verabscheuungswürdige Ausbeuter- und Diktatursystem seiner sozialistisch-kommunistischen Tarnung entkleidet«.[26]

Einer der Betroffenen war der Kommunist Karl Schabrod. Obwohl ihn die Nazis zu lebenslangem Zuchthaus verurteilt hatten, entzog ihm die Justiz der Bundesrepublik den Status eines Verfolgten des NS-Regmines. Er verlor dadurch sämtliche Ansprüche aus seiner fast zwölfjährigen Inhaftierung. Zur selben Zeit konnte der ehemalige Nazirichter Ernst Kanter, während des Krieges Chefrichter der Wehrmacht im besetzten Dänemark und dann als Vorsitzender des politischen Senats am Bundesgerichtshof bis 1959 zuständig für die Verfolgung von Kommunisten in der Bundesrepublik, ungehindert seine Pension verzehren. Beide Namen stehen hier stellvertretend für Hunderte ähnlicher Fälle.[27]

Adenauers Kreuzzug gegen den Kommunismus führte zu mehr als 200.000 Ermittlungsverfahren und mindestens 10.000 Strafurteilen gegen Bürger, deren »Verbrechen« darin bestand, die Remilitarisierung verhindern und die Einheit eines friedliebenden Deutschlands herstellen zu wollen. Das wäre ein weites Feld, das Totalitarismusforscher beackern könnten.

Totalitarismusforscher müssten in den Vergleich der herrschenden Ideologien in der DDR und der BRD noch manches einschließen, z. B. die Fortsetzung oder Unterbindung von Ideologie, die den »Drang nach Osten« begründen.

Einen besonderen Platz bei der »wissenschaftlichen« Vorbereitung und Planung der faschistischen »Ostpolitik« nahmen »Ostforscher« und »Ostforschung« ein, deren verhängnisvolles und verbrecherisches Wirken erforscht ist.[28]

Totalitarismusforscher müssten fragen: Was ist aus solchen »Ostforschern« wie Theodor Schieder, Hermann Aubin u. a. nach 1945 geworden? Sie setzten ihr »Werk« fort, nun im Dienste der Demokratie und Freiheit. Aus dem »jüdisch-bolschewistischen« Feind vor 1945 wurde »jüdisch« gestrichen, der Feind Bolschewismus blieb.

Das Anliegen der »Ostforscher« wurde mit den »Richtlinien für die Behandlung des Totalitarismus im Unterricht« 1963 sogar auf Weisung der Kultusminister Unterrichtsprinzip für alle geeigneten Fächer.[29]

Das Jahr 1990 brachte auch für die Ideologien der kämpfenden Klassen, der Bourgeoisie in der siegreichen BRD, der Arbeiterklasse in der untergehenden DDR, eine völlig neue Situation. Theoretisch wäre es denkbar gewesen, nach dem Bibelsatz zu handeln »Prüfet alles, das Gute behaltet«, praktisch handelten die Sieger nach dem Grundsatz Macchiavellis, wonach der Fürst die Grausamkeiten seiner Politik gleich am Anfang seiner Herrschaft praktizieren solle. Zu diesen »Grausamkeiten« gehört die »Abwicklung« von Hochschullehrern und Lehrern. »Bei den Überprüfungsverfahren ging das Bundesland Sachsen bei weitem am rigorosesten vor.«[30]

Dort fielen fast 1.000 Hochschullehrer allein einer (geheimen) Weisung des katholischen Wissenschaftsministers Meyer zum Opfer. 2.000 Lehrer wurden entlassen. Kaum ein namhafter Historiker der DDR überstand die »Evaluierung«. Aus den »Brüdern und Schwestern« der Springer-Gazetten wurden in kürzester Frist hochmütige Sieger und zu bestrafende Besiegte. Wehe den Besiegten! Für das Gebiet der Ideologie darf wohl gelten, dass die Totalitarismus-Doktrin zur Allzweckwaffe der Sieger mutierte und der Begriff des »Stalinismus« einen radikalen Bedeutungswandel erfuhr.[31]

Der Vorwurf, »Stalinist« zu sein, wurde selbst unter »Linken« zum Totschlaginstrument, der »antistalinistische« und »antitotalitäre« Konsens zum verordneten Glaubensbekenntnis.[32]

Für politisch Erfahrene ist es nicht erstaunlich, dass bürgerliche Ideologen die »Allzweckwaffe« Stalinismus gerade in entscheidenden Augenblicken einsetzen, z. B. 1990 bei der Entstehung der PDS, 2006/2007 bei dem Prozess der Bildung einer neuen Linkspartei. Überrascht aber kann unsereins sein, wie leicht und rasch die »Stalinismus«-Debatte zum Spaltpilz wird und die Kräfte der Linken lähmt.[33]

Es gibt viele Varianten, den Stalinismus zu definieren, eine bot das Deutschland Archiv an. »Als Idealtypus besteht er aus mehreren Elementen: einem diktatorischen politischen System, das auf offenkundiger brutaler Unterdrückung und dem versuchten Einimpfen einer bestimmten Ideologie beruht; einem Personenkult, der sich auf Stalin und andere wichtige kommunistische Führer in den so genannten ›Satellitenstaaten‹ als ›Vaterfigur‹ konzentriert, um auf diese Weise ein gewisses Maß an echter

Unterstützung durch das Volk und Vertrauen in einen patriarchalischen Staat zu gewinnen.«[34]

Hitler und Stalin wurden sozusagen zu ideologischen Zwillingsbrüdern, was angesichts der tatsächlichen Geschichte geradezu grotesk (und durch den »Nichtangriffspakt« natürlich nicht bewiesen) ist.

Für Hermann Weber, den Nestor der bürgerlichen SED-Geschichtsschreibung über die DDR-Geschichte, bedeutet Stalinismus »im weiteren Sinne ein gesellschaftspolitisches System der Machtkonzentration bei der Führung, der straffen, allumfassenden Diktatur der Hegemonialpartei ... und im engeren Sinne eine Willkürherrschaft, ein System der Repressalien, der Säuberungen und des Personenkultes.«[35]

Dieses Erklärungsmodell bedeutet de facto: Ähnlich wie Hitler zum alleinigen »Täter« und »Schuldigen« für Krieg und Faschismus erklärt wird, wird alles Geschehen in der UdSSR, zumindest das Negative, auf die Person Stalins zurückgeführt. Ist das nicht zu billig?

Folgenschwere Auswirkungen hatten und haben die Arbeiten und Vorgaben von Totalitarismusforschern und DDRologen für die Erinnerungs- und Gedenkstättenpolitik. Die Bürger Ostdeutschlands erleben eine »Erinnerungsschlacht«, die ihresgleichen sucht und (fast) jeden berührt und aufwühlt.[36]

Hier können nur Stichworte geliefert werden:
- Der 8. Mai 1945 soll nicht mehr Tag der Befreiung, sondern im Osten der Beginn einer zweiten Diktatur gewesen sein.
- Der 17. Juni 1953 wird zum »Volksaufstand« und zum direkten Vorläufer der »friedlichen Revolution« 1989 umgefälscht.

- Die »Mauer« wird aus dem politischen und historischen Kontext gelöst und zum »Schandmal« der DDR erklärt.
- Die DDR wird »delegitimiert« und als Hölle dargestellt usw. usf.

Das verordnete Geschichtsbild der Sieger lässt kaum noch Spielraum für sachliche Wertungen und Gespräche. Erstaunlich ist, dass Ex-DDR-Pfarrer wie Rainer Eppelmann und Joachim Gauck mit ihren Institutionen und Kommissionen die ideologische Drecksarbeit leisten. Manche finden inzwischen die »Erinnerungspolitik auf dem Holzweg«.[37]

Besonders deutlich zeigt sich, dass sich die Erinnerungspolitik auf dem »Holzweg« befindet, wenn die Versuche am Münchner Platz in Dresden, in Bautzen oder Hohenschönhausen betrachtet werden, ein Gleichheitszeichen zwischen der faschistischen und der DDR-Justiz zu setzen. Am Münchner Platz wird also der zum Tode Verurteilten nach 1945 – Kriegsverbrecher, Euthanasie-Mörder, Terroristen vom Typ Burianek – genau so gedacht wie der Hitlergegner und Naziopfer, für die hier der Name der Ärztin Margarete Blank stehen soll, die Sowjetsoldaten ärztliche Hilfe angedeihen ließ.[38]

Heute ist kaum mehr zu bezweifeln, dass diese Art »Vergangenheitsbewältigung«, zu der Totalitarismusforscher die Munition liefern, zum Bumerang wird und vor allem denen nutzt, die die braune Flut als politisches Reserve-Potential betrachten. Es bleibt zu fragen, wie und wo die Geschichtsbewältiger à la Dr. Hubertus Knabe und Dr. h. c. Joachim Gauck ihre materielle Basis, die Geld- und Auftraggeber und die Verlage finden.

Wir wählen exemplarisch das »Deutschland Archiv« und den Bertelsmann-Konzern aus. Beide Institutionen beweisen: Den Totalitarismusforschern und DDRologen stehen enorme materielle Mittel und Institutionen zur Verfügung, um das Massenbewusstsein in ihrem Sinn zu »verordnen« und zu beeinflussen. Eines der Mittel ist das »Deutschland Archiv«, dessen Entstehung, Geschichte und »Erfolge« der führende DDRologe Karl Wilhelm Fricke beschrieben hat.[39]

Die Geschichte des »Deutschland Archivs« begann im September 1950 mit der Halbmonatsschrift »Publizistisches Zentrum für die Einheit Deutschlands« (PZ). Das Motto war »Besinnt Euch auf Eure Kraft – der Westen ist stärker«. Fricke meint heute, im Rückblick erwies sich das Motto »als gar so unsinnig nicht«. Interessanter für unsereins ist, dass zu den Herausgebern bis März 1951 Ernst Tillich gehörte, der berüchtigte Chef der »Kampfgruppe gegen Unmenschlichkeit« (KgU).

Beginnend mit der Nr. 7 des dritten Jahrgangs wurde aus dem PZ-Archiv das SBZ-Archiv, das sich die Aufgabe stellte, »die Situation in der Sowjetzone (zu) charakterisieren und zu deuten«. Fricke behauptet zwar, dass allmählich die Militanz aus den Spalten verschwunden sei und angesehene Politologen, Juristen usw. das Profil geprägt hätten, aber das kann jeder Interessierte selbst prüfen. Ab Nr. 6 des Jahrgangs 1968 wurde aus dem Instrument des kalten Krieges das »Deutschland Archiv«, das sich der »Entspannungs«-Politik Willy Brandts, also der »Konterrevolution auf Filzlatschen«, anzupassen hatte. Dazu trugen Autoren wie Jens Hacker, Wolfgang Leonhard, Heinz Lippmann, Peter Christian Ludz, Siegfried Mampel, Manfred Rexin, Ernst Richert, Hans-Dietrich Sander und Hermann Weber bei.

Der Untertitel lautete bis Juni 1990 »Zeitschrift für Fragen der DDR und der Deutschlandspolitik«, im zweiten Halbjahr 1990 hieß sie »Zeitschrift für deutsche Einheit«, ab Januar 1991 »Zeitschrift für das vereinigte Deutschland«.

Die Verlage, die das Deutschland Archiv und seine Vorgänger herausgaben, wechselten von Kiepenheuer und Witsch über den Kölner Verlag Wissenschaft und Politik und Leske und Budrich (ab 1996) bis zum W. Bertelsmann-Verlag (ab 2000).

Zu allen Zeiten wurden SBZ- und Deutschland Archiv staatlich subventioniert, zunächst vom Ministerium für gesamtdeutsche Fragen, jetzt vom Innenministerium.

Wer den Charakter des Deutschland Archivs als Instrument des kalten Krieges, jetzt der Abrechnung mit der DDR, ungeschminkt prüfen will, braucht nur ein beliebiges Exemplar des Deutschland Archivs durchzublättern. Fast alle Texte – von den »Analysen« bis zu den »Rezensionen« – beschäftigen sich mit Ostdeutschland, das höchstens 20 Prozent der Deutschen beherbergt. In einem Punkt dürfte Fricke zuzustimmen sein: »Keine andere Zeitschrift hat wie das Deutschland Archiv in der Vergangenheit so nachhaltig und zielstrebig auf die deutschlandpolitische Meinungsbildung im Land eingewirkt.«[40]

Wenn das so ist, tragen die Macher und Autoren des Deutschland Archivs einen entscheidenden Anteil der Schuld daran, dass die »Wiedervereinigung« gründlich verkorkst und von der »inneren Einheit« im Osten nichts zu spüren ist. Ist für den Bertelsmann-Konzern Ähnliches festzustellen?

Die ungebrochene Kontinuität ideologischer Leitlinien und Leitbilder hat auch eine materielle Grundlage: Die

Kontinuität in den Besitzverhältnissen maßgebender Medienkonzerne. Einer von ihnen ist Bertelsmann, über dessen Entwicklung aufschlussreiche Arbeiten vorliegen.[41] Aus ihnen ergibt sich:

Carl Bertelsmann gründete 1835 in Gütersloh einen Verlag und wurde mit dem Druck von Gesangbüchern reich. 1921 erbte Heinrich Mohn den Verlag und verdiente an einem völkischen Verlagsprogramm. Nach 1933 verachtfachte Bertelsmann seinen Umsatz, der Umsatzanteil religiöser Literatur sinkt von 49 auf 3,5 Prozent. Statt Erbauungs- kommt nun Kriegsliteratur aus Gütersloh, nebst ideologischer Anbiederung, etwa ein »Kleiner Katechismus Dr. Martin Luthers für den braunen Mann«, der alte Kunden in das »Dritte Reich« geleitet.

1934 wurde Werner v. Langsdorffs »Flieger am Feind« von Bertelsmann als »Buch der todesbereiten Pflichterfüllung« apostrophiert und zum »Weihnachtsbuch der Hitlerjugend« gekürt (Auflage 124.000 Stück).

Bertelsmanns Jugendheftreihe »Spannende Geschichten« wurde 1935 auf maritime, koloniale und militaristische Themen umgestellt, mit Titeln wie »Torpedoboote vor!« und »Bomben gegen England« steigt die Gesamtauflage auf 700.000 Exemplare.

Kriegstitel bringen 1938 77 Prozent des Umsatzes. Bertelsmann ist Militariaverlag geworden, und die märchenhaften Gewinne drohen unter eine Sonderbesteuerung für »Kriegsgewinne« zu fallen. Mohn tarnt daher das Verlagsprogramm mit einer Medienkampagne im Börsenblatt, indem er Heimatromane und Theologica vorschiebt.

1939 stieg Bertelsmann mit dem deutschen Überfall auf Polen ins Feldbuchgeschäft ein: Feldausgaben, Feldposthefte und eine Kleine Feldpost-Reihe liefern den

Wehrmachtssoldaten Lesespaß und seichte Unterhaltung für Gefechtspausen. Auch drohende Papierengpässe durch Rationierung wurden so abgewendet: Gütersloh war kriegswichtig.

Bertelsmann hat der Wehrmacht zirka 20 Millionen Feldpostbüchlein verkauft, mehr als Franz Eher Nachf., der Zentralverlag der NSDAP. Krimis und Liebesromane aus Gütersloh lenken Landser wie SS von Kriegselend und -verbrechen ab.

Nach 1945 wurde Heinrich Mohn/Bertelsmann nicht zur Rechenschaft gezogen. Der Nachfolger Reinhard Mohn, der 1947 die Geschäfte übernahm, expandierte mit seinem Unternehmen, nicht zuletzt im Fernsehen.

Wer sich über die Macht, den Reichtum und den politischen Einfluss der Bertelsmann-Gruppe und ihrer Stiftung informieren will, erfährt: »Bertelsmann ist weltweit das am internationalsten ausgerichtete Medienunternehmen.«[42] Es wäre lohnend, aber aufwendig zu untersuchen, welche politische Strategie der Konzern verfolgt. Hier soll nur an einen Fakt erinnert werden:

Horst Teltschik war in der Phase der »Wiedervereinigung« Helmut Kohls getreuer Knappe, eine Art quasi-Außenminister. Seine Sicht auf die Dinge veröffentlichte überraschend schnell der Bertelsmann-Verlag.[43] Bald wurde er Geschäftsführer der Bertelsmann-Stiftung und Kontaktmann in die USA. Bis 2007 organisierte er jeweils im Februar die spektakulären Sicherheitskonferenzen in München.

Inzwischen gründete die Bertelsmann-Stiftung das »Centrum für angewandte Konfliktforschung«, in dem der neue »Griff nach Weltmacht« konzipiert wird.[44]

Die in der DDR und der BRD praktizierte gegensätzliche Erinnerungspolitik im Hinblick auf den Faschismus/Antifaschismus hat Fernwirkungen für das Alltagsleben bis heute. Eine ist, dass der Antifaschismus im Verfassungsschutzbericht als »linksextremistisch« eingeschätzt wird, was unter anderem zur Diffamierung der »Vereinigung der Verfolgten des Naziregimes/Bund der Antifaschisten« führt.[45]

Eine zweite Konsequenz ist, dass der Antifaschismus der DDR als »verordnet« diffamiert wird.[46]

Eine andere Konsequenz ist finanzieller Art. Die Opfer des kalten Krieges im Westen werden weder rehabilitiert noch entschädigt, obwohl sie edle Ziele verfolgten. DDR-Bürger, die sich Verstöße gegen die Gesetze zu Schulden kommen ließen, werden jetzt zu »Helden des Widerstands«.

Johann Burianek verübte im Auftrag westlicher Geheimdienste Anfang der fünfziger Jahre mit einem Komplicen schwere Terrorakte und wurde als erster »Terrorist« in der DDR am 24. Mai 1952 am Dresdner Landgericht zum Tode verurteilt und am 2. August 1952 hingerichtet. Das Berliner Landgericht rehabilitierte ihn im Oktober 2005.

Der »Spiegel« (30/2006, S. 15) berichtete im Juli 2006 über eine »umstrittene Rente«. Gemeint ist die Rente für »SED-Opfer«.

»Umstritten« ist, wer sie erhalten soll, und wie das auf Opfer der NS-Diktatur wirkt: »Sie hatten für erlittene Haftzeiten bisher nur in der DDR eine Rente bekommen, nicht aber im Westen, wo es dafür lediglich eine einmalige Entschädigungszahlung gab« Inzwischen gibt es ein Gesetz, das »Opfer der SED-Justiz« entschädigt.

Natürlich handelt es sich um völlig unterschiedliche Opfergruppen. Der Widerstand gegen die faschistische Kriegs-

und Unterdrückungspolitik ist etwas völlig anderes als die Unterminierung des ersten deutschen Friedensstaates. Aber diejenigen, die die Gleichsetzung der Diktaturen propagieren, müssten doch begründen, wenn sie »SED-Opfer« honorieren, Naziopfer auch über die Rente diskriminieren, erst recht, wenn sie nach 1945 gegen die Remilitarisierung der BRD auftraten wie Fritz Rische, Jupp Angenfort und ihre Mitkämpfer.

Versuchen wir, aus den Fakten eine Schlussfolgerung abzuleiten:

Es gibt keine Deckungsgleichheit oder Ähnlichkeit zwischen der faschistischen und kommunistischen Ideologie. Zu diesem Eingeständnis rang sich auch der Totalitarismusforscher Clemens Vollnhals durch:

»Aus der Gemeinsamkeit des Herrschaftsinstrumentariums lässt sich keine Identität der ideologischen Zwecke folgern. Der Nationalsozialismus beruhte auf Rassismus und dem unbedingten Willen zum Krieg, sein Ziel war die rassisch fundierte Herrschaft über Europa, was die Vernichtung des europäischen Judentums mit tödlicher Konsequenz einschloss. Insofern war der Holocaust zwar nur im Krieg zu verwirklichen, aber militärischen Kriegszielen gleichrangig. Die sozialistische Utopie hingegen war humanistisch und universal angelegt.«[47]

Was die »Gemeinsamkeit des Herrschaftsinstrumentariums« betrifft, muss hier kein Streit stattfinden.

Die *Methoden* des Regierens, der Gesetzgebung, des Polizeieinsatzes, der Medienbeeinflussung usw. weisen in den meisten Staaten mehr Ähnlichkeiten auf als Unterschiede.

7. Militär

»Die Deutschen müssen das Töten lernen«[1]

»Jeden Baum erkennt man an seinen Früchten.
Von den Disteln pflückt man keine Feigen und
vom Dornstrauch erntet man keine Trauben«
(Lukas 6.44)

Totalitarismusforschern müsste es Herzensangelegenheit sein, mit besonderem Eifer und Vergnügen die Armeen der DDR und BRD und ihre Militärpolitik zu vergleichen. Wir schließen in unsere Überlegungen die Bundeswehr ein.

Die erste und wichtigste Frage muss die sein, *welche Politik* die jeweiligen Streitkräfte mit ihren militärischen Mitteln unterstützten. Das bestimmt ihren Platz in Kriegen und Konflikten. Karl Philipp Gottfried von Clausewitz, General und Militärtheoretiker, hat 1834 in seinem Hauptwerk »Vom Kriege« den Zusammenhang von Politik und Krieg aufgedeckt und begründet, dass und warum der Krieg die Fortsetzung der Politik mit militärischen Mitteln ist.[2]

Karl Liebknecht entlarvte (wie W. I. Lenin, Rosa Luxemburg und andere Marxisten) den Platz und die Funktion des Militarismus in der imperialistischen Außen- und Innenpolitik und folgerte: Der Feind steht im eigenen Land![3]

Die Überlegungen des Preußengenerals von Clausewitz und des Sozialdemokraten sind bei allen Vergleichen von Armeen und ihrem historischen Platz voranzustellen.

Der Vergleich der deutschen Armeen, der hier zur Debatte steht, ergibt: Nur die Nationale Volksarmee (NVA) hatte eine Militärdoktrin, die ausschließlich auf die Verteidigung des Friedens gerichtet war. In ihr hieß es in der

letzten Fassung von 1987: »Die Militärdoktrin des Warschauer Vertrages wie auch jedes seiner Teilnehmerstaaten
ist der Aufgabe untergeordnet, keinen Krieg – weder einen
mit nuklearen noch mit konventionellen Waffen geführten – zuzulassen. Es liegt im Wesen ihrer Gesellschaftsordnung, dass die sozialistischen Staaten ihre Zukunft nie mit
der militärischen Lösung internationaler Probleme verbunden haben und nicht verbinden werden. Sie treten für die
Lösung aller strittigen internationalen Fragen ausschließlich auf friedlichem Wege, mit politischen Mitteln ein...

Die Militärdoktrin der Teilnehmerstaaten des Warschauer Vertrages hat ausschließlich Verteidigungscharakter. Sie geht davon aus, dass unter den heutigen Bedingungen die Regelung von Streitfragen mit militärischen Mitteln in keinem Fall zulässig ist. Das Wesen dieser Doktrin besteht in folgendem: Die Teilnehmerstaaten des Warschauer Vertrages werden niemals und unter keinen Umständen militärische Handlungen gegen einen beliebigen
Staat oder ein Staatenbündnis beginnen, wenn sie nicht
selbst einem bewaffneten Überfall ausgesetzt sind.«[4]

Zu keiner Zeit und in keiner Publikation der DDR hätte
jemand mit dem Satz »Die DDR-Bürger müssen das Töten
lernen« zum staatlich verordneten Morden auffordern können. Sicher kann auch das der DDR als mangelnde Freiheit
angelastet werden, aber diese Haltung stand im Einklang
mit dem göttlichen Gebot »Du sollst nicht töten« und
dem Gebot der Vernunft, das in klassischer Weise in Kants
»Traktat vom ewigen Frieden« ausgedrückt ist.[5]

Außer diesem grundsätzlichen Vergleich sind noch andere nötig, u. a. nach der personellen Kontinuität oder Diskontinuität des Offizierskorps der Streitkräfte, der Militärtradition, des praktischen Einsatzes der Streitkräfte, des

Platzes in Militärkoalitionen, des Grenzregimes und anderer Aspekte der Verteidigungs- und Sicherheitspolitik.

Die »vierte Front«, die psychologische Kriegführung der NATO, wird hier nicht behandelt, weil auf sie bereits im vorigen Kapitel im Zusammenhang mit dem Antikommunismus eingegangen wurde.[6] Mit dem Sieg der Oktoberrevolution und der Entstehung der Sowjetmacht trat in der Grundfrage Krieg – Frieden ein neuer Faktor in die internationale Politik, der mit den Worten W. I. Lenins so zusammengefasst werden kann: »...unsere ganze Politik und Propaganda ist keineswegs darauf gerichtet, die Völker in den Krieg zu treiben, sondern darauf, dem Krieg ein Ende zu bereiten.«[7]

Das galt nicht nur für den ersten Weltkrieg, sondern gilt für die gesamte Periode der Existenz der Sowjetunion.[8]

Der diplomatische (bis heute nicht erfolgreiche) Kampf für die allgemeine und umfassende Abrüstung, das Ringen um die Antihitlerkoalition mit dem Ziel, die Hitleraggression zu vermeiden, später, sie zu beenden, das Ringen um die friedliche Koexistenz und andere Tatsachen beweisen, dass vom Sozialismus stets Frieden ausging.[9]

Als die Deutsche Demokratische Republik entstand, wurde sie fester Bestandteil des »Friedenslagers«, zuverlässiges Mitglied des Warschauer Vertrages.[10]

Die NVA brach mit der Tradition des deutschen Militarismus, sie war eine Armee neuen Typus.

Selbst ein flüchtiger Blick auf die Elite der Wehrmacht, der Bundeswehr und der Nationalen Volksarmee zeigt, wo es eine personelle Kontinuität oder Diskontinuität gibt. Die Gründer der Bundeswehr, Generäle wie Hans Speidel, Adolf Heusinger und Hermann Foertsch, die in Hitlers Stäben an der Ausarbeitung der Aggressionspläne beteiligt gewesen waren, erarbeiteten in der »Himmeroder Denkschrift« im Oktober 1950 Pläne für den Aufbau einer deutschen Armee, die – nun im westlichen Bündnis – wieder nach Osten marschieren sollte. »Der Weltöffentlichkeit wusste man zu suggerieren, dass es eine kriegslüsterne Sowjetunion gäbe, auf deren Angriff man sich durch kostspielige Nachrüstung vorbereiten müsse. Und in Deutschland ist mit dieser Lüge ein halbes Jahrhundert lang Politik und Profit gemacht worden.«[11]

Mit dem Aufbau der Bundeswehr ging die Kampagne zur Rehabilitierung der Kriegsverbrecher-Generale einher: »Im aufziehenden Kalten Krieg ging es wieder gegen die Kommunisten, auch um die Westintegration und eine damit fast zwangsläufig verbundene Wiederbewaffnung diesseits der Demarkationslinie. Landesweit organisierten sich Mitleids- und Begnadigungskampagnen für die Massenmörder von gestern, Vorgänge, die zweifellos einen der deprimierendsten Akzente in der Gründungsphase der Bundesrepublik (der Sozialwissenschaftler Michael Okroy) setzten.«[12]

Wir wiederholen: Speidel, Heusinger, Foertsch und andere kamen aus Hitlers Stall. Sie standen in der Kontinuität des 100.000-Mann-Heeres der Weimarer Republik und der faschistischen Wehrmacht, ohne die Hitler »seinen« Krieg nicht hätte führen können. In gewissem Sinne war Hitler auch das »Werkzeug der Wehrmacht«.[13]

Über diese Kontinuität gibt es seriöse Untersuchungen.[14]

Im »Braunbuch« war am Beispiel von 15 Biographien und einer Namensliste nachgewiesen worden: »Hitlers Generalstab kommandiert die Bonner Armee.«[15]

Lorenz Knorr, der Mitte der sechziger Jahre in einem spektakulären Prozess den Nachweis erbrachte, dass die

Bundeswehr von Kriegs-
verbrechern befehligt
wurde, hat deren bis heute
prägende Rolle nachgewie-
sen.[16]

Als 1997 die »Wehr-
machtsausstellung« auf
die Reise ging, entbrannte
noch einmal der Streit über
die durch die Wehrmacht
begangenen Verbrechen
in allen okkupierten europäischen Ländern. Selbst
der Bundestag war am
13. März und am 24. April
1997 in die Debatte einbe-
zogen.[17]

Heusinger, Paulus, Sodenstern, Hitler

Es waren die Abgeord-
neten der PDS, Graf von
Einsiedel und Gerhard
Zwerenz, die die Ver-
brechen der Wehrmacht
brandmarkten.[18]

Es ist noch heute lehr-
reich zu prüfen, wie
Erika Steinbach, Alfred
Dregger und Volker Rühe

Heusinger, Blank, Speidel

die »Ehre« von Kriegsverbrechern verteidigten. Allein
Gerhard Zwerenz würdigte den Widerstand innerhalb der
Wehrmacht, die Deserteure, die der Wehrmachtsjustiz
zum Opfer gefallen sind[19] – und in Torgau bis heute keine
Erinnerungsstätte haben.

Während es in den fünfziger und sechziger Jahren in der BRD zum guten Ton gehörte, Verbrechen der Naziwehrmacht zu leugnen oder zu bagatellisieren, ist das seit der »Wehrmachtsausstellung« kaum noch möglich. Inzwischen ist umfassend nachgewiesen, dass die Wehrmacht an der Ermordung der europäischen Juden und an der barbarischen Unterdrückung und Ausplünderung der Sowjetunion, Polens und anderer Staaten beteiligt war.[20] Die verantwortlichen Befehlshaber waren schon am 3. Februar 1933 von Hitler persönlich über die Kriegspläne informiert worden. Auch die Speidel und Heusinger waren Hitlers »willige Helfer« gewesen.

Die Nationale Volksarmee kann mit der Kontinuität zum Führungspersonal der Hitlerwehrmacht nicht dienen. Die beiden Verteidigungsminister der DDR waren Hitler- und Kriegsgegner gewesen, Heinz Hoffmann als Interbrigadist in Spanien, Heinz Keßler[21] als Deserteur.

Während in der BRD von 38 Gründungsgenerälen der Bundeswehr 31 ihre Meriten in der Hitlerwehrmacht erworben hatten (keiner war Antifaschist), wirkten beim Aufbau der NVA vier Offiziere aus den Reihen der Wehrmacht mit, die drei 1943 bei Stalingrad in Kriegsgefangenschaft geratenen Generalmajore Otto Korfes, Arno von Lenski und Hans Wulz sowie Generalleutnant Vincenz Müller, der 1944 in Belorussland die Sinnlosigkeit weiteren Kampfes einsah und mit Gruppen des von ihm geführten Armeekorps kapitulierte. Diese vier hatten sich schon während des Krieges der Bewegung »Freies Deutschland« angeschlossen.[22]

Hinzu kamen in der NVA-Gründergeneralität sechs weitere Wehrmachtsoffiziere: die Majore Bernhard Bechler und Heinz Zorn, Hauptmann Herrmann Rentzsch, Oberleutnant Heinz Neukirchen sowie die Leutnante Heinrich

Heitsch und Helmut Borufka. Sie waren allesamt aus sowjetischer Gefangenschaft mit anderen als den von den Nazis indoktrinierten Anschauungen heimgekehrt, zum Teil mit Erfahrungen im Fronteinsatz für das Nationalkomitee »Freies Deutschland«.

Es gab weitere 20 »Gründungsgenerale« der NVA, die Widerstandskämpfer, Partisanen und Spanienkämpfer gewesen waren. In Spanien hatten in den Interbrigaden gekämpft: Friedrich Dickel, Heinrich Dollwetzel, Heinz Hoffmann, Fritz Johne, Fritz Köhn, Rudolf Menzel, Ewald Munschke. Johne, Menzel und Köhn gerieten anschließend in die Fänge der Gestapo, saßen bis 1945 ebenso im Zuchthaus oder KZ wie Richard Fischer, Erwin Freyer, Kurt Vogel und Kurt Wagner.

Willi Stoph und Waldemar Verner waren in illegale Arbeit eingebunden, der eine in Deutschland, der andere in Dänemark. UdSSR-Emigrant Rudolf Dölling arbeitete wie Hoffmann an Antifaschulen mit Kriegsgefangenen. Karl Linke kämpfte mit sowjetischen Partisanen; Wehrmachtsunteroffizier Felix Scheffler absolvierte wie die Soldaten Heinz Keßler und Paul Blechschmidt Fronteinsätze für das Nationalkomitee »Freies Deutschland«, und auch die kriegsgefangenen Soldaten bzw. Unteroffiziere Walter Allenstein, Artur Kunath und Siegfried Weiß hatten Antifaschulen in der UdSSR absolviert.[23]

Der Vergleich zeigt: Beim Aufbau der Bundeswehr waren Nazigeneräle und Kriegsverbrecher unentbehrlich, in der Nationalen Volksarmee war ihr Einsatz ausgeschlossen. Beratertätigkeiten wie die von Marschall Paulus waren entbehrlich.

Wenn die Traditionspflege von Wehrmacht, Bundeswehr und NVA verglichen wird, liegt es nahe, die Namen der in

Kasernen Geehrten zu vergleichen. Dass in der BRD Kasernen nach Mölders, Dietl, Hindenburg, Lettow-Vorbeck usw. benannt wurden, verwundert Beobachter kaum. Dass in der DDR Kasernen nach Karl Liebknecht, Ernst Schneller, Clara Zetkin benannt wurden, wäre für bundesdeutsche Verhältnisse undenkbar.

Hier ist die Liste der Namen von DDR-Kasernen und NVA-Einheiten, die 1990 »abgewickelt« worden sind: Anton Ackermann, Etkar André, Bernhard Bästlein, Wilhelm Bahnik, Herbert Baum, August Bebel, Artur Becker, Johann Philipp Becker, Hans Beimler, Nikolai Bersarin, Conrad Blenkle, Willi Bredel, Rudolf Breitscheid, Ernst Busch, Max Christiansen-Clausen, Hans Coppi, Erich Correns, Franz Dahlem, Johannes Dieckmann, Georgi Dimitroff, Heinrich Dorrenbach, Hermann Duncker, Hugo Eberlein, Friedrich Ebert, Rudolf Egelhofer, Friedrich Engels, Wilhelm Florin, Julius Fučik, Juri Gagarin, Florian Geyer, Klement Gottwald, Otto Grotewohl, Arvid Harnack, Fritz Heckert, Liselotte Herrmann, Ho Chi Minh, Edwin Hoernle, Albert Hößler, Walter Husemann, Franz Jacob, Leo Jogiches, Hans Kahle, Heinz Kapelle, Albin Köbis, Wladimir Komarow, Sonja Kosmodemjanskaja, Wolfgang Langhoff, Eugen Leviné, Karl Liebknecht, Wilhelm Liebknecht, Adolf von Lützow, Rosa Luxemburg, Julian Marchlewski, Hans Marchwitza, Franz Mehring, Erich Mühsam, Thomas Müntzer, Katja Niederkirchner, Otto Nuschke, Wilhelm Pieck, Magnus Poser, Sandor Rado, Heinrich Rau, Max Reichpietsch, Ludwig Renn, Anton Saefkow, John Schehr, Fritz Schmenkel, Ernst Schneller, Harro Schulze-Boysen, Werner Seelenbinder, John Sieg, Friedrich Adolf Serge, Richard Sorge, Damdiny Suche-Bator, Ludvik Svoboda,

Karol Swierczewski, Ernst Thälmann, Bodo Uhse, Fritz Weineck, Erich Weinert, Friedrich Wolf, Konrad Wolf, Clara Zetkin.[24]

Ist da ein Militarist, Faschist oder Kriegsverbrecher dabei? Tatsachen beweisen, dass es in der NVA und Bundeswehr ein völlig unterschiedliches Traditionsverständnis gab, wobei die Würdigung und Wertung der Männer des 20. Juli 1944 einer besonderen Betrachtung bedürfte, die hier nur verkürzt erfolgen kann.[25]

Während die Offiziere des 20. Juli in den fünfziger Jahren in der BRD überwiegend als Verräter diffamiert wurden, galt in der DDR schon damals das Prinzip, das Karl Eduard von Schnitzler in Dokumentationen praktizierte: »Auch der Lauterkeit der Putschisten vom 20. Juli 1944 wurden wir als erste gerecht – aus meiner Überzeugung: Wer auch nur einen Finger gegen Hitler und den Krieg gerührt hat, aus welchem Motiv und mit welcher Zukunftsabsicht auch immer, er gehört in die Ehrengalerie der deutschen Geschichte. ›Revolution am Telefon‹ von Karl Gass und mir war die erste filmische Dokumentation zur Wende in der Betrachtung antifaschistischen Widerstandes.«[26]

Schnitzler wusste sehr wohl, dass einige der Generäle vor dem 20. Juli 1944 schlimmste Kriegsverbrechen begangen hatten, was bei den jetzt üblichen Ehrungen völlig ausgeblendet wird.[27]

Kurt Finker, mein verehrter Lehrer, hat seit mehr als vierzig Jahren über den Kreisauer Kreis, Graf Moltke, Oberst von Stauffenberg und andere geschrieben, so dass sie in das Geschichtsbild der DDR eingingen. Aber es ist historisch falsch und politisch reaktionär, sie als die einzigen und repräsentativen »Hitlergegner« darzustellen. Sie wollten vor allem den *verlorenen* Krieg beenden.

Wer heute ihr Vermächtnis ehren will, muss sich den Kriegen von heute verweigern, ehe sie erneut Menschen morden wie in Varvarin. Diese Feststellung deckt sich auch mit dem Urteil jener USA-Historiker, die die spezifische Rolle der Generäle im faschistischen System untersuchten und mit den Konsequenzen aus den Urteilen von Nürnberg. Geoffrey P. Megargee hat in einem 2006 erschienenen Buch nachgewiesen, dass die meisten Generäle nicht nur in vorauseilendem Gehorsam handelten, sondern bewusst und langfristig den Militärapparat und die Kriegspläne geschaffen haben, die Hitler den Krieg ermöglichten.[28]

Was die Nürnberger Kriegsverbrecherprozesse betrifft: Feldmarschall Keitel und Generaloberst Jodl wurden gehenkt, weil sie der Planung und Vorbereitung eines Angriffskrieges für schuldig befunden wurden. Die BRD hat die Urteile nicht anerkannt, trotzdem sind sie gültiges Recht.[29] Ist das in der Bundeswehr unbekannt?

Jetzt rühmt Oberst Hajo Hermann Hitlers Aggressionsarmee: »Unter den Armeen des 20. Jahrhunderts wahrscheinlich keine ebenbürtige.«[30] Ob sie im Hinblick auf die Kriegsverbrechen weltweit von anderen überholt wird, zeigt sich in der Praxis.

Es bewahrheitet sich von Tag zu Tag mehr, was im »Graubuch« 1967 festgestellt wurde: »Die Bundeswehr – Brutstätte des Neonazismus und Instrument der Aggression.«[31]

Ende Oktober 2006 erregten sich die Macher von BILD bis zur Kanzlerin Merkel und ungezählte Leute über den »Exzess am Hindukusch«[32], nachdem bekannt geworden war, dass Bundeswehrsoldaten mit Totenschädeln vor Kameras posiert hatten. Die Ermittlungen ergaben, dass

Gebirgsjäger aus Mittenwald und Elitesoldaten aus Bad Segeberg beteiligt waren, deren Kaserne nach General Lettow-Vorbeck benannt ist, dem Schlächter in deutschen Kolonialkriegen. Erklärt die Traditionspflege das Verhalten? Liegt das eigentlich Groteske im Auftrag durch Politiker, in »deutschem Interesse« zu morden und gleichzeitig »sauber« zu bleiben? War das nicht ein »Problem«, mit dem schon Heinrich Himmler zu tun hatte? Hier bleibt zu wiederholen: In Nürnberg wurde die »Verschwörung« gegen den Frieden, die Planung und Durchführung des Angriffskrieges durch die Keitel und Jodl mit dem Tod am Strang gesühnt.

Im Oktober 2006 erinnerte »Der Spiegel« an das wichtigste Vermächtnis von Nürnberg, Jacksons Satz: »Wir dürfen niemals vergessen, dass nach dem gleichen Maß, mit dem wir heute messen, auch wir morgen vor der Geschichte gemessen werden.« Das gilt auch für die Bundeswehr.[33]

Reizvoll und nötig ist auch eine detaillierte Untersuchung der Stellung von Wehrmacht, Bundeswehr und NVA in den Paktsystemen. Hitlers Wehrmacht war militärisches Instrument des Antikominternpaktes von 1936, dessen Hauptziel schon der Name verrät. Als »Abwehrpakt« getarnt, wurde er zum entscheidenden Instrument der diplomatisch-ideologischen und militärischen Kriegsvorbereitung gegen die UdSSR.[34]

Die NATO übernahm diese Rolle in der Periode der Systemauseinandersetzung seit dem Zeitpunkt, als die Antihitlerkoalition zerbrach und die USA zur containment- und roll back-Politik übergingen.

Mit dem Beitritt der Bundesrepublik zur NATO entstand eine Lage, die die sozialistischen Länder zur Gründung des

Warschauer Vertrages »über Freundschaft, Zusammenarbeit und militärischen Beistand«[35] veranlasste.

Damit standen sich Bundeswehr und Nationale Volksarmee als jeweils vorgeschobene Posten des jeweiligen Paktes direkt, bald auch unter dem atomaren Schirm, gegenüber. Der mögliche Krieg hätte deutschen Boden zuerst betroffen, die Einheit wäre nach einem geflügelten Wort Egon Bahrs die Wiedervereinigung im atomaren Massengrab gewesen.

Der weitere Verlauf wird hier nicht dargestellt, sondern nur auf das Verhalten der NVA 1989 verwiesen. Egon Bahr urteilte darüber: »Zur Geschichte der NVA gehört, dass sie lange vor der Wende, wozu damals noch Mut gehörte, der politischen Führung der DDR klar machte, dass sie sich nicht gegen das Volk einsetzen lassen würde.«[36]

Ob die Bundeswehr auch diesen »Mut« braucht, wird die Zukunft zeigen. Das Heer der Weimarer Republik jedenfalls ist oft als Mordinstrument gegen das Volk eingesetzt worden.

Wenn es Aufgabe der NATO gewesen sein soll, die sowjetische Expansion nach Westen zu verhindern, hätte 1990 ihre Auflösung betrieben werden können und müssen. Das hätte im Interesse der Völker und der meisten betroffenen Staaten gelegen. Michael Rühle, NATO-Experte in Brüssel, schrieb im Oktober 2006: »Die Bedrohung durch eine hochgerüstete Sowjetunion mit expansiver totalitärer Ideologie war für jeden sichtbar... Im Rückblick erwies sich die Abschreckung als eine Strategie des Zeitgewinns, welche die militärische Option zur Veränderung des politischen Status quo ausschloss, bis der politische Wandel in Osteuropa und der UdSSR schließlich den Ost-West-Gegensatz auflöste.«[37]

Nun wird eine »neue« NATO, flankiert von EU-Einsatz-kräften, aufgebaut und eingesetzt, wobei der »Krieg gegen den Terrorismus« wie ehedem die »bolschewistische Bedrohung« zum Popanz für unbefristete und weltweite imperialistische Kriege wird.[38]

Insofern ist der dritte Weltkrieg (wer den kalten Krieg bis 1990 als siegreichen dritten Weltkrieg wertet, zählt schon den vierten) in vollem Gange, und schon die bisherigen Ergebnisse sind fürchterlich: »Aus einem Bündnis, das ursprünglich zur territorialen Verteidigung Westeuropas entstanden war, ist ein Handlungsinstrument zur Verfolgung gemeinsamer transatlantischer Sicherheitsinteressen ohne geografische Beschränkung geworden.«[39] Die Bundeswehr ist beteiligt. Dass Gerhard Schröder seine Politik in Sachen Irak-Aggression als Friedenspolitik feierte, ändert an der Sache und den deutschen Kriegsverbrechen nichts.[40]

Aus heutiger Sicht könnte es lehrreich sein zu prüfen, was Karl Jaspers 1966 über die Bundeswehr geschrieben hat. Wir finden dort u.a. den Satz: »Schon der Wille, durch militärische Stärke und wirtschaftliche Macht einen Druck auszuüben, gefährdet den Frieden auch dann, wenn man den Krieg nicht will.«[41]

Die Struck'sche Formel, wonach Deutschland am Hindukusch verteidigt werden müsse, ist völkerrechts- und grundgesetzwidrig. In »weltweiten« Kriegen werden wie zu Kaisers und Hitlers Zeiten imperialistische Interessen durchgesetzt[42], die als »deutsche« Interessen – z.B. der Rohstoffsicherung – ausgegeben werden[43], als ob Rohstoffe nur durch Krieg zu sichern seien.

Die »Sicherheitspolitik« der Bundesrepublik negiert Erkenntnisse[44], die vor 1990 auch für die BRD-Regierung galten, z.B., dass die politischen Probleme der Gegenwart nicht mit militärischen Mitteln zu lösen sind, dass von Deutschland kein neuer Krieg ausgehen darf, dass die Rüstungsspirale beendet werden muss usw. 1989/90 hatten auch Politiker und Generäle auf die »Friedensdividende« gesetzt.[45] Die Tatsachen beweisen unwiderlegbar: Die NVA war, im Unterschied zur Wehrmacht und zur Bundeswehr, nie eine Interventions- oder Aggressionsarmee. Um diese unbestreitbare Tatsache ins Zwielicht zu rücken, wird in der Anti-NVA-Propaganda sehr häufig auf ihre Rolle 1968 verwiesen und behauptet, sie habe sich an der Besetzung der CSSR beteiligt. Das ist unwahr.[46] Wenn Walter Ulbricht 1968 die Teilnahme der NVA am Einmarsch in die Tschechoslowakei ablehnte, war das eine weise Entscheidung, die nicht eine Absage an die Waffenbrüderschaft war, sondern die geschichtlichen Bedingungen und die Gefühle vieler Tschechen berücksichtigte.

Selbst wenn die NVA auf tschechischem Boden gestanden hätte, wäre das kein Grund prinzipieller Kritik. Die DDR war Mitglied des Warschauer Vertrages wie die CSSR. Es wäre also kein Einsatz »out of area« gewesen.

Die CSSR war (nicht nur) durch das NATO-Manöver »schwarzer Löwe« bedroht. Die bündnistreuen, dem Sozialismus ergebenen Politiker der CSSR hatten um Hilfe gebeten.[47] (Ich war im August 1968 in Prag und kenne die Folgen.)

Wie immer die Prager Ereignisse 1968 aus der Sicht von heute – je nach Standort und Erfahrung – beurteilt werden, sie sind kein Freibrief und keine Rechtfertigung für die militärischen Einsätze nach 1990 »out of area«[48] oder gar am Hindukusch gewesen.

Angesichts der Manipulation, mit der Herrschende das Grenzregime der DDR verteufeln, darf es nicht ausgelassen werden.

Bestimmte Begriffe sind bei der Erläuterung der Militärpolitik im Vergleich nötig, aber sie müssen zugleich kritisch geprüft werden. Dazu gehören die Begriffe Verteidigung und Sicherheit.

Die Hitlerregierung führte nach ihrer Selbstdarstellung einen »Verteidigungs«krieg, aber der führte die Wehrmacht an den Ärmelkanal, auf den Elbrus und in die libysche Wüste. Stalingrad wurde ihr Menetekel.

Die DDR verteidigte ihre territoriale Integrität, und die endete an Elbe und Oder, aber das Grenzregime war in Ost und West durchaus unterschiedlich. Die »Mauer« gab es – aus gutem Grund – lediglich im Westen der Republik bzw. gegenüber Westberlin. Heute »verteidigt« sich die BRD am Hindukusch, und der Begriff der Sicherheit wird militärisch definiert.

Wenn heute Politiker und Publizisten das Grenzregime der DDR anprangern, müssten sie logischerweise auch die heutige Sicherheitspolitik der BRD und der EU verurteilen.

Die Politik der EU und der BRD ist darauf gerichtet, die »illegale Migration« zu unterbinden. »Europa« wird zur Festung, insbesondere gegenüber Afrikanern. Die Lehrer und Schüler erfahren in der politischen Bildung auch fünf Gründe für die »restriktive« Migrationspolitik:

– Weil die Ausübung der staatlichen Souveränität in Frage gestellt sei,

– weil die Migration den »Wettbewerb« um knappe Güter, insbesondere Arbeitsplätze verschärfe,

– weil sie mit Korruption, Menschenschmuggel und Menschenhandel verbunden sei,

– weil der »gesetzeswidrige Übertritt das Leben der betroffenen Migranten« gefährdet,
– weil negative Folgen für die Lohnentwicklung entständen.[49]

Wer beim Thema »Grenzregime der DDR« sachlich zu urteilen bemüht ist, muss sich fragen, ob es für die DDR – außer der Friedenssicherung – nicht auch ähnliche Gründe gegeben hat, die heute ausreichen, um die Migrationspolitik der BRD zu begründen. Die »Mauertoten« sterben aber heute vor den Kanaren und finden in den Medien kaum Sympathie. Wenn die BRD die »Immigration« von DDR-Bürgern so restriktiv gehandhabt hätte, wie heute anderen Asylanten gegenüber, wäre manches anders verlaufen.

Wenn wir Erkenntnisse dieses Abschnitts im Lichte der Totalitarismus-Doktrin zusammenfassen, ergibt sich: Eine Gleichheit oder Ähnlichkeit der Wehrmacht mit der Nationalen Volksarmee gibt es weder bei ihrer Funktion, noch in ihrer Tradition. Die Bundeswehr verkörpert nicht nur die personelle Kontinuität mit der Wehrmachtselite und deren Tradition, sondern vor allem ihre Funktion als Werkzeug des Imperialismus.

Die Nationale Volksarmee war eine Armee des Friedens, die Bundeswehr ist eine Armee des Krieges und der Aggression. Das hat Folgen für das Verhalten vieler Bürger. Bundeswehreinsätze sind generell unpopulär und werden im Osten mehr abgelehnt als im Westen. Das Erbe der DDR wirkt auch hier positiv nach.

Manchem Totalitarismusforscher scheint bewusst zu sein, dass ein Vergleich der Militärpolitik seine Tücken hat. Clemens Vollnhals gab als Mitarbeiter des Hannah-Arendt-Institutes eine Studie über die Wehrmacht heraus, in der er auf einen Vergleich mit der NVA gänzlich verzichtete.[50] Darf das als hoffnungsvolles Zeichen gewertet werden?

Die »Grenzerprozesse« nach 1990 entbehren jeder völkerrechtlichen Grundlage, sie sind Ausdruck der Rache- und Siegerjustiz.[51] Würden sie Präzedenzfall, müssten auch alle Grenzpolizisten und Zollbeamten der BRD bestraft werden, die seit 1945 an den Grenzen der Bundesrepublik eingesetzt waren und im Dienst die Waffe einsetzten.

Im November 1989 fiel die »Mauer«. Gab es in den neunziger Jahren folglich keine »Mauertoten« mehr? In einer kritischen Recherche wurde festgestellt, dass von 1993 bis 1998 an der Oder und Neiße »insgesamt 66 Personen aufgefunden wurden, die vermutlich bei dem Versuch, die Grenze nach Deutschland zu überschreiten, ums Leben gekommen sind«. Immerhin müsste beachtet werden: Die deutsch-deutsche Grenze war bis 1989 die Trennlinie der Militärpakte und ihr Schutz eine Bedingung für den Frieden. An der Oder-Neiße-Grenze aber gab es in den neunziger Jahren auf beiden Ufern eine »freiheitlich demokratische Grundordnung«, übrigens auch zwischen den USA und Mexiko.

Über das völkerrechtlich verurteilte Grenzregime zwischen Israel und den Palästinensern schweigen wir, um nicht des Antisemitismus bezichtigt zu werden.[52]

Die Völkerrechtswidrigkeit der israelischen Außenpolitik habe ich anlässlich des 13. Februar auf dem 15. Dresdner Friedenssymposium im Februar 2007 nachgewiesen.[53]

Wer den Vergleich der Militärpolitik fortsetzen möchte, findet weitere Studien jüngsten Datums. Lothar Schröter gab eine Bilanz der beiden deutschen Armeen heraus.[54]

Derselbe Autor untersuchte mit Frank Schubert die Verantwortung vieler deutscher Medien für die ideologische Unterstützung von Aufrüstung und Kriegen.[55]

Ein »Schwarzbuch«[56] analysiert die selbstmörderische Sicherheitspolitik, die die Bundesregierung mit dem »Weißbuch 2006« der Bundeswehr konzipiert hat.

Hans Bentzien enthüllte die Verbrechen der »Division Brandenburg«[57], die Vorbild und Lehrmeister für das Kommando Spezialstreitkräfte der Bundeswehr zu sein scheint.[58]

Alle vier Arbeiten ergänzen und bestätigen unsere Erkenntnisse zum Diktaturenvergleich auf dem Gebiet der Militärpolitik.

Inzwischen ist unübersehbar: Deutschland ist Teilnehmer an völkerrechtswidrigen Kriegen. War früher die Hakenkreuzfahne auf dem Elbrus Symbol deutscher Expansion, ist es heute der Hindukusch. Der Friedenswille des Volkes wird damals wie heute sträflich missachtet. Mitte März

2008 wiederholte Struck, was er als Verteidigungsminister postuliert hatte: »Es ist völlig klar, dass die SPD, aber auch die Union, die FDP und weite Teile der Grünen mit der klaren Unterstützung des Afghanistan-Einsatzes gegen den Mehrheitswillen der Bevölkerung stehen. Dennoch bleibe ich dabei: Die Interessen Deutschlands werden auch am Hindukusch verteidigt.«[59]

Der Marsch in den (atomaren?) Abgrund geht weiter[60], wenn er nicht von den friedenswilligen Demokraten gestoppt wird.

8. Justiz

»Ich habe ja nichts gegen Klassenjustiz. Mir gefällt
nur die Klasse nicht, die sie macht. Und dass sie
noch so tut, als sei das Zeug Gerechtigkeit –:
das ist hart. Und bekämpfenswert.«[1]
(Kurt Tucholsky)

»Niemand schafft größeres Unrecht als
der, der es in Form des Rechts begeht«
(Platon)

»Falsche Waage ist dem Herrn ein Gräuel, aber
ein volles Gewicht ist sein Wohlgefallen«
(Sprüche Salomons 11)

Totalitäre Diktaturen zeichnen sich nach Auffassung von
Verfechtern der Totalitarismusdoktrin vor allem durch Justizunrecht, Folter und Polizeiwillkür aus. Wenn die »zwei
Diktaturen« in Deutschland verglichen werden, müsste es
also leicht sein, Ähnlichkeiten oder Gleichheiten im staatlichen Repressionsapparat nachzuweisen. Was könnte und
müsste verglichen werden? Eine Auswahl: Wo gab es eine
personelle Kontinuität der Blutrichter und Polizeischläger?
Was ergibt sich beim Vergleich der Haftbedingungen und
Haftanstalten? In wessen Interesse und für welche Politik
wurde der staatliche Repressionsapparat eingesetzt? Welchen Beitrag leistet die Justiz zur Durchsetzung der Frie-
dens- oder Aggressionspolitik des jeweiligen Staates? Welches Ziel verfolgte die Justizpolitik der BRD gegenüber der
DDR und welche Methoden wandte sie an?

Es liegt in der Sache selbst, den Fakten, dass ein Vergleich stets unter Einschluss der Bundesrepublik erfolgen

muss. Das betrifft vor allem ihren Platz bei der Erfüllung des wichtigsten historischen Vermächtnisses: Nie wieder Krieg, nie wieder Faschismus!

Beginnen wir mit der Frage der personellen Kontinuität, die zweifellos mit politischen Grundlinien verbunden ist. Im faschistischen Deutschland gehörten Richter und Polizisten (von ehrenwerten Ausnahmen abgesehen) nicht nur zu den Stützen des verbrecherischen Systems. Sie waren aktive und »willige Helfer«, ohne die die Hitlerdiktatur hätte weder errichtet noch bis 1945 erhalten werden können. Es gehört zu den traurigen Tatsachen, dass Hitler den Justiz- und Polizeiapparat, in der Weimarer Republik eine reaktionäre, konservative Kaste, nahezu unverändert hatte übernehmen können und dass von ihr kein nennenswerter Widerstand ausging. Der Platz der Justiz im Nazideutschland ist umfassend untersucht, u. a. in »Das Dritte Reich und seine Diener«.[2]

Im »Juristenprozess«, dem vierten Nachfolgeprozess des Nürnberger Tribunals, der am 17. Februar 1947 begann, waren 16 führende Juristen Hitlerdeutschlands als »Mörder in Roben« scheußlicher Justizverbrechen angeklagt.[3]

Untersucht sind die Gesetze, ihre praktische Anwendung, die theoretischen Kommentare zu diesen Gesetzen, der Sonderfall SS-Justiz und Fälle, aus denen hervorgeht, dass auch eine andere Haltung durchaus möglich war.

Die entsprechenden Gesetze, ihre Verfasser und ihre Vollstrecker in Richterroben sind mit Quellenangaben abgedruckt und nachprüfbar.

Der Satz Görings »Der höchste Jurist im Staate bin ich«[4] bedeutete nicht, dass er die Drecksarbeit allein machte. Die Globke, Freisler und Schlegelberger hatten viele Mittäter. Wo sind sie 1945 geblieben? Was haben sie nach 1945 getan?

In der Sowjetzone/DDR mussten Blutrichter ihren Platz räumen. In der BRD blieben, wie im »Braunbuch« nachgewiesen, 828 hohe Justizbeamte, Staatsanwälte und Richter, die für 80.000 Todesurteile im Dritten Reich verantwortlich waren, im Amt. Namen, Ämter und Urteile sind überprüfbar, Globke hatte Komplicen.[5]

Selbst das offizielle Bonn musste nach Jahrzehnten zugeben, dass in der Bundesrepublik die Justizverbrechen der Nazis nie geahndet wurden. Das bestätigte die Justizministerin Sabine Leutheusser-Schnarrenberger am 3. Mai 1994 bei der Eröffnung der Ausstellung »Justiz und Nationalsozialismus« in Dresden. Ihr Vorvorgänger als Minister, Hans Engelhard, hatte im Vorwort zum Katalog 1989 bekannt: »Diese Flucht vor der Vergangenheit halte ich für *die* Fehlleistung der bundesdeutschen Justiz.«[6]

Der Katalog/die Ausstellung zeigten mit Dokumenten das Ausmaß der Justizverbrechen der Nazis in Moabit, am Münchner Platz in Dresden, in Torgau und anderswo. Auschwitz, Buchenwald und Dachau wurden zu Symbolen der Nazibarbarei.

Wie Bundesjustizminister Hans Engelhard am 1. März 1989 in Trier erklärte, hinterließ die Rechtsprechung der Ordentlichen Gerichte und des Volksgerichtshofes eine schreckliche Bilanz: »11.773 Todesurteile weist eine noch nicht einmal vollständige Übersicht des Reichsjustizministeriums allein für den Zeitraum 1938 bis August 1944 aus.«[7] An diesen Urteilen waren mindestens 95 Richter beteiligt. Von ihnen wurde keiner bestraft, 29 von ihnen dienten weiter in der bundesdeutschen Justiz.

Am 22. September 2007 leitete die Frankfurter Allgemeine Zeitung ihren Spitzenartikel mit dem Titel ein: »Das BKA deckt seine düstere Vergangenheit auf«.

Fast 60 Jahre nach Gründung der Bundesrepublik gab es Erkenntnisse wie diese: »Eine grafische Übersicht des BKA von 1954 weist namentlich aus, dass 25 von 36 leitenden Mitarbeitern SS-Dienstgrade innegehabt hatten. Sie waren fast alle in Bereichen der Vorbereitung und Ausführung von Massenvernichtung aktiv gewesen, darunter sechs in Einsatzgruppen in Polen und der Sowjetunion, zehn in Himmlers Reichssicherheitshauptamt, Gestapo und Feldpolizei sowie acht an der Führerschule der Sicherheitspolizei in Berlin-Charlottenburg. Alle diese Leute übernahmen im Bundeskriminalamt leitende Funktionen, bildeten junge Leute aus, prägten das Amt und seine kriminalistische Auffassung bis weit in die 60er Jahre hinein.«[8]

Wir ersparen uns hier biographische Details, aber stellen fest: Die Spitze des Bundeskriminalamtes war von Teilnehmern faschistischer Verbrechen beherrscht. Natürlich freiheitlich und demokratisch. In der Justiz war es nicht anders.

Die Kontinuität der BRD-Justiz mit der faschistischen verkörperte sich bereits im ersten Präsidenten des Bundesverfassungsgerichts, Hermann Höpker-Aschoff. Dabei ist nicht entscheidend, dass dieser Mann ein Freund von Theodor Heuss war, dem ersten Bundespräsidenten, der Hitlers Ermächtigungsgesetz zugestimmt hatte, entscheidend ist, was er unter Hitler getan hatte. Zu seiner »Bilanz« gehört, dass er in der Haupttreuhandstelle Ost mit dafür gesorgt hatte, dass etwa zwei Millionen polnische Zwangsarbeiter aus dem »Generalgouvernement« nach Deutschland verschleppt worden waren.[9]

Auch Hitlers/Himmlers Polizeitruppe hatte im Westen nach 1945 wenig zu befürchten, wie Falco Werkentin, Spezialist für Todesstrafen in der DDR, nachgewiesen hat.[10]

Wehrmacht und Polizei haben in den okkupierten Ländern zahllose Verbrechen begangen, oft an Zivilisten, Frauen und Kindern. Allein in Griechenland wurden 91.000 Griechen Opfer von Geiselerschießungen, 30.000 Opfer anderer Strafaktionen, 1.600 Dörfer und Ortschaften zerstört. Die bundesdeutsche Justiz führte 392 Ermittlungsverfahren gegen insgesamt 1.269 Wehrmachts-, Polizei- und SS-Angehörige durch. Das Ergebnis: Kein einziger dieser Täter ist von einem westdeutschen Gericht verurteilt worden.[11]

Wenn wir über die Justizverbrechen im »Dritten Reich« und die dafür Verantwortlichen geschrieben haben, bleibt das vieltausendfache individuelle Leid unterbelichtet. Es ist vor allem in Büchern über Konzentrationslager[12] und – endlich – auch in einer Studie Nikolaus Wachsmanns[13] eindrucksvoll dargestellt, die die Haftbedingungen mehrerer Millionen untersucht.

Stellen wir zunächst noch einmal fest: Die Verbrechen der faschistischen Justiz an Hitlergegnern, Demokraten, Pazifisten, Juden, Kommunisten, Angehörigen okkupierter Staaten sind unbestritten in der BRD ungesühnt geblieben. Auf die DDR wird noch einmal zurückzukommen sein.

Warum war die BRD mit der »Aufarbeitung« der faschistischen totalitären Diktatur so zögerlich? Gab es einen Bruch mit der Vergangenheit trotz personeller Kontinuität? Gab es eine Fortsetzung unter neuen veränderten Nachkriegsbedingungen?

Besonders heftig werfen nicht nur Totalitarismusforscher der DDR vor, sie habe mit politischen Urteilen ihre Diktatur gesichert. Verweilen wir bei diesem Vorwurf.

»Politische Justiz – dieser Begriff ist ein Erkennungsmerkmal aller totalitären Herrschaftssysteme, gleich wo sie auf dieser Erde etabliert wurde«, behauptete Annemarie Renger, damals Vizepräsidentin des Deutschen Bundestages auf dem 1. Bautzen-Forum am 8. November 1990.[14]

Wenn politische Justiz »ein Erkennungsmerkmal aller totalitären Herrschaftssysteme« ist, wie Annemarie Renger behauptet, dann ist auch die BRD ein totalitäres Herrschaftssystem, denn dass es seit den fünfziger Jahren auch in der Alt-BRD eine politische Justiz gab, ist erwiesen. Versuchen wir zunächst eine Begriffserklärung.

Im »Wörterbuch Staat und Politik«, das für die politische Bildung bestimmt ist, beginnt das Stichwort Justiz und Politik: »Die Entwicklung einer eigenständigen Justiz ist untrennbar mit der Entstehung des neuzeitlichen Verfassungsstaates verbunden. Rechtsprechung war jahrhundertelang untrennbar mit dem Willen der jeweils Herrschenden verbunden. Sie sprachen nicht nur Recht, sondern schufen sich auch die Rechtsregeln, die dazu dienten, bestehende Machtverhältnisse auf allen gesellschaftlichen Ebenen zu perpetuieren. Sie wählten auch in der Regel diejenigen aus, die bei Konflikten das bestehende Recht interpretierten. Dies galt sowohl für die weltlichen Herrscher als auch für die Kirche, in deren spezifischer Rechtsordnung nach wie vor Elemente dieses überkommenen Verhältnisses von Rechtsprechung und Herrschenden vorhanden sind. Diese untrennbare Verbindung des Rechts mit der Macht führte auch zu einer Symbiose von Justiz und Politik.«[15]

An dieser »Symbiose« hat sich bis heute nirgends in der Welt etwas geändert, wie immer auch die zeit- und politikbedingte Erscheinung dieser »Symbiose« aussieht. Die damalige Berliner Justizsenatorin, danach Präsidentin des Bundesverfassungsgerichts, Prof. Dr. Jutta Limbach, fand in einem Vortrag vor Juristen am 15. Dezember 1993:

»... auf den Spuren von Otto Kirchheimer – (wird) unter politischer Justiz der Gebrauch von juristischen Verfahrensmöglichkeiten zu politischen Zwecken verstanden. Gemeint ist der Tatbestand, dass das Räderwerk der Justiz in Gang gesetzt wird, um die politischen Kräfteverhältnisse in irgendeiner Weise zu beeinflussen, sei es, um bestehende Machtverhältnisse zu festigen oder diese zu untergraben. Um diese Lesart geht es mir vorzugsweise...«[16]

Die Justiz kann und soll »politischen Zwecken« dienen. Dann wäre die Frage nur noch: Welchen Zwecken? Das Grundgesetz verpflichtet alle Staatsorgane, auch die Justiz, auf die formulierten Gesetze, allerdings nicht auf eine nebulöse Staatsräson. Auf die politische und personelle Kontinuität zwischen der bundesdeutschen Nachkriegsjustiz und der Justiz des »Dritten Reiches« wird hier nicht noch einmal

Dem von der CDU-nominierten Altnazi Hans Filbinger war es am 23. Mai 2004 vergönnt, als Alterspräsident der Bundesversammlung Horst Köhler als erster zu seiner Wahl zum Bundespräsidenten zu gratulieren

eingegangen. Es genügt das Urteil der Süddeutschen Zeitung vom 11. Juli 1962, wonach der Bundesgerichtshof »eine Art Traditionskompanie des alten Reichsgerichts« sei.[17]

Hier muss nicht nachgewiesen werden, dass dieselben Staatsanwälte und Richter, die unter Hitler »Rechtspflege« betrieben, ihre »Arbeit« zumeist gegen dieselben »Feinde«, die Kommunisten, fortsetzten.

Geben wir noch einmal Jutta Limbach das Wort: »Blicken wir zurück: Im Jahr 1951 auf dem Höhepunkt des kalten Krieges war in dem Bestreben, schon den allerersten Anfängen einer kommunistischen Unterwanderung zu wehren, ein politisches Strafrecht mit weit gefassten Tatbeständen geschaffen worden. ... Ziel dieser politischen Justiz war es, jeden Versuch eines politischen Kontakts mit Organen oder Institutionen der DDR im Keim zu ersticken.

Bereits das Organisieren von Reisen in die DDR oder die Teilnahme von Bürgern der Bundesrepublik an Veranstaltungen des FDGB in der DDR wurde als strafbar beurteilt.«[18]

Auch Richter dürfen, wie jeder Mensch, das »Recht auf Irrtum« geltend machen. Unter dem Titel »Auch wir können irren« berichtete Jutta Limbach: »Selbst das Bundesverfassungsgericht kann irren. Aus der Offenheit und Vagheit von Grundrechtsnormen und Grundrechtsprinzipien folgt auch, dass nicht nur die eine Interpretation die einzig richtige sein muss.«[19]

Wenn wir uns der bundesdeutschen politischen Justiz zuwenden, dann nicht wegen einiger Justizirrtümer, sondern wegen ihrer politischen Funktion im Tarnmantel des Rechts.

Angesichts der zahlreichen Berichte über die politische Justiz in der Alt-BRD, die wir Bernt Engelmann, Alexander von Brünneck, Rolf Gössner, Heinrich Hannover, Lutz Lehmann, Diether Posser, Karl Stiffel[20] und anderen verdanken, sei hier lediglich exemplarisch daran erinnert, *wen* die politische Justiz traf und *warum.*

Dass es zuerst und vor allem die Kommunisten waren, und zwar nicht erst nach dem KPD-Verbot, hat nicht einmal Jutta Limbach bestritten.

Ein erster und gravierender Unterschied zu Opfern politischer Justiz in der DDR sind die Motive und Ziele von Verurteilten in der BRD. Viele der in der BRD Verurteilten kämpften auf dem Boden des Grundgesetzes für politische Veränderungen. Das war Anfang der fünfziger Jahre vor allem der Kampf gegen die Remilitarisierung und gegen die Spaltung Deutschlands.[21]

Diether Posser, der Partner in der Anwaltskanzlei Gustav Heinemanns und zeitweilig nordrhein-westfälischer Justizminister gewesen war, hat Dutzende von Fällen haarsträubender politischer Strafjustiz beschrieben, einige auch aus der DDR.[22]

Das wohl bis heute bekannteste Beispiel für den Missbrauch der Justiz zur Ausschaltung politischer Gegner dürfte Jupp Angenfort sein, der am 12. März 1953 »unter Verletzung seiner Immunität als nordrhein-westfälischer Landtagsabgeordneter der KPD verhaftet und am 4. Juni 1955 zu fünf Jahren Zuchthaus verurteilt worden war«.[23]

Zum Zeitpunkt der Verhaftung und Anklage waren KPD und FDJ noch nicht verboten. Angenfort hatte nichts Strafbares begangen. Der Hauptpunkt der Anklage war, dass Jupp Angenfort aktiv eine Volksbefragung organisieren half, deren Frage lautete: »Sind Sie gegen die Remilitarisierung Deutschlands und für den Abschluss eines Friedensvertrages mit Deutschland noch im Jahre 1951?«

Das entsprach der Präambel des Grundgesetzes, in der es hieß: »Das gesamte Volk bleibt aufgefordert, in freier Selbstbestimmung die Einheit und Freiheit Deutschlands zu vollenden.« Als Abgeordneter besaß Angenfort zudem Immunität.

Es ist verständlich, dass Adenauer und die Seinen solches Tun für Teufelswerk hielten, aber war das ein Grund für die »unabhängige« Justiz, die Politik der Aufrüstung und der Spaltung juristisch abzusegnen? Es kennzeichnete den »Zeitgeist«, dass das Wirken Angenforts und das Urteil gegen ihn selbst in einer »sozialistischen« Tageszeitung unkorrekt dargestellt worden ist.[24]

In den Jahren des kalten Krieges landeten jedoch nicht nur Kommunisten hinter Gittern. In einem Verfahren erlebte Posser den Prozess gegen Mitglieder des Friedenskomitees: »In der Tat konnte das Elend der politischen Justiz nicht sinnfälliger dargelegt werden als in dem längsten Strafverfahren wegen Staatsgefährdung, das die Bundesrepublik Deutschland je erlebt hatte. Vom 10. Oktober 1959 bis zum 8. April 1960 verhandelte die Staatsschutzkammer in Düsseldorf an 56 Sitzungstagen gegen sechs Mitglieder des Westdeutschen Friedenskomitees (später: Friedenskomitee der Bundesrepublik Deutschland), das am 15. Mai 1949 im Bonner Rathaus gegründet worden war und sich als ein Teil der Weltfriedensbewegung betrachtete, an deren Spitze der Weltfriedensrat stand. Die Anklageschrift hatte die Weltfriedensbewegung als ein Instrument der sowjetischen Außenpolitik bezeichnet und ihr die groteske Absicht unterstellt, den Weltfriedensrat gegebenenfalls zu einer kommunistischen UNO umzugestalten.[25] Es konnte gefährlich sein, etwas für Frieden, Abrüstung und Völkerverständigung zu tun.

Opfer der politischen Justiz in der BRD waren anfangs Gegner der Militarisierung, später Pazifisten, die gegen Atomraketen protestierten, während der NATO-Aggression (nun gesamtdeutsch) auch diejenigen, die zur Verweigerung des völkerrechts- und grundgesetz-widrigen Dienstes in Jugoslawien aufriefen. Noch immer gibt es solche »Irrtümer«.

Die politischen Ermittlungsverfahren in der Alt-BRD nahmen zeitweilig Ausmaße an, die heute unglaubhaft erscheinen. Folgen wir zunächst den Angaben von Rolf Gössner: »In der Zeit von 1951 bis 1968 waren staatsanwaltschaftliche Ermittlungsverfahren im Zusammenhang mit der Kommunistenverfolgung gegen etwa 150.000 Personen anhängig.

Nur etwa jedes 20. Ermittlungsverfahren schloss auch mit einer Verurteilung ab, die neben Freiheitsentzug oder Geldstrafe regelmäßig noch weitere Folgen zeitigte, nämlich jahrelange Aberkennung der staatsbürgerlichen Rechte, Pass- und Führerscheinentzug, Anordnung der Polizeiaufsicht, Verlust des Arbeitsplatzes, Berufsverbot, hohe Prozesskosten usw. Bereits die oft jahrelangen Ermittlungen wirkten sich tiefgreifend auf das Leben der Betroffenen, etwa durch die damit verbundenen Bespitzelungen, Hausdurchsuchungen, Vernehmungen, Festnahmen, aus. Es waren Belastungen, die nicht nur die Hauptbeschuldigten betrafen, sondern weitere Personen: Familienangehörige, Nachbarn, Kollegen. Diese Fälle von Kontaktschuld und praktizierter Sippenhaft lassen die Gesamtzahl der betroffenen Menschen auf weit mehr als eine halbe Million schnellen. Allein diese Zahlen, so wertet es der damalige Strafrechtsprofessor Werner Maihofer, machten einem ausgewachsenen Polizeistaat alle Ehre.«[26]

Auf dem Höhepunkt der Prozesswelle, im Jahre 1955, gab es 274 politische Verurteilungen. Es sollte nicht vergessen werden, dass SPD und DGB eine wenig rühmliche Rolle spielten, als Viktor Agartz, einer der anerkanntesten Wissenschaftler am Wirtschaftswissenschaftlichen Institut des DGB, 1957 vor den Bundesgerichtshof gezerrt wurde. Agartz hatte damals Beziehungen in die DDR und passte mit seinen linken Ansichten nicht mehr in eine SPD, die sich mit dem Kapitalismus arrangierte.[27]

Das Jahr 1968, das Wirken der RAF und die Reaktion der staatlichen Repression waren anlässlich des 40. Jahrestags der Ereignisse Gegenstand vieler Fernsehdokumentationen, Bücher und Artikel.[28] Stammheim war nicht nur ein Beispiel eines klassischen politischen Prozesses. Der Staat wollte in einem beispiellosen Schauprozess die Angeklagten zur Strecke bringen. Die BRD erprobte zum ersten Mal in ihrer Justizgeschichte die präventive Aufstandsbekämpfung. Isolationshaft und das Abhören von Gesprächen in den Gefängniszellen gehörte zum Arsenal der Mittel. Dass die BRD-Regierung Stammheim (oder eine andere Haftanstalt) in eine Gedenkstätte umwandeln will, wurde bisher nicht bekannt.

Anfang der achtziger Jahre schwoll die Antiraketenbewegung zu einem mächtigen Strom an, und auf der berühmten Kundgebung im Bonner Hofgarten am 10. Oktober 1982 wurde sogar Willy Brandt einer ihrer Sprecher.

(Nach der »Wiedervereinigung« ist Kohl wiederholt auf das Ereignis zu sprechen gekommen. Er sei mit dem Hubschrauber über der Kundgebung gekreist, und seine »Treue« zum Raketenbeschluss habe die UdSSR schließlich auf die Knie gezwungen.[29])

Die Friedensmärsche und Sitzblockaden führten zu 4.000

Verfahren gegen die Friedensaktivisten, häufig mit der Begründung »Nötigung«.

Da sich jemand, der an diese Fakten erinnert, leicht verdächtig macht (unbeliebt bei manchen sowieso), füge ich hier Wertungen des »Spiegel« ein. Im Juli 1964 druckte der »Spiegel« einen Aufsatz über die politische Justiz. Demzufolge gab es Anfang der sechziger Jahre jährlich ca. 1.500 Verfahren wegen Staatsgefährdung, ebenso viele wegen Landesverrats.[30]

Fast dreißig Jahre später, im Jahr 1992, wandte sich »Der Spiegel« noch einmal den politischen Prozessen zu und begründete die Forderung der Opfer des kalten Krieges nach Wiedergutmachung für früheres Unrecht.[31]

Der Bericht beginnt mit der Erfahrung von Elfriede Kautz, die der Leser als rüstige alte Dame auch auf dem Foto sieht. »Das Angebot war der Knüller: zwei Wochen Ferien für Kinder, fast umsonst. Viele Eltern griffen dankbar zu, als die ›Zentrale Arbeitsgemeinschaft Frohe Ferien für alle Kinder‹ (ZAG) 1954 erstmals das preiswerte Vergnügen organisierte. Kaum jemand störte sich daran, dass die meisten Fahrten in die DDR gingen. Jährlich reisten mehrere tausend Westsprösslinge in den Osten.«

1961 war Schluss mit lustig. Die ZAG wurde verboten, die Organisatoren kamen vor Gericht. Ihr Vergehen: Sie hatten den DDR-Behörden stets die Personalien der jungen Reisenden mitgeteilt. »Das war doch selbstverständlich, falls den Kindern was passiert,« meint die damalige ZAG-Mitarbeiterin Elfriede Kautz. Das Landgericht Lüneburg sah darin »staatsgefährdenden Nachrichtendienst«. Das Urteil: ein Jahr Gefängnis ohne Bewährung. Elfriede Kautz verbüßte ihre Strafe im Gefängnis Vechta. 30 Jahre später fordert sie Wiedergutmachung: »Wir sind Opfer des kalten Krieges, wir wollen genauso behandelt werden, wie die politisch verfolgten Brüder und Schwestern in der ehemaligen DDR.«

Der Spiegel schilderte auch andere skandalöse Vorgänge. Der Journalist Sepp Meyer verbüßte z. B. 28 Monate Untersuchungshaft unter dem Verdacht der Vorbereitung zum Hochverrat. Bewiesen wurde nichts. Heute fehlen Meyer die unschuldig abgesessenen Haftzeiten bei der Berechnung der Rente.

Zitieren wir den Spiegel ausführlich: »Mehr als 150.000 Ermittlungen wegen Staatsgefährdung liefen damals, Tausende von Urteilen wurden gefällt. ›Zahlen, die einem ausgewachsenen Polizeistaat alle Ehre machten.‹, konstatierte 1965 der Staatsrechtsprofessor und spätere FDP-Innenminister Werner Maihofer. Das tiefe Eingreifen von politischer Polizei und Justiz in das persönliche und berufliche Schicksal von Hunderttausenden stehe ganz offenkundig in keinem Verhältnis zu den tatsächlichen Gefährdungen des Staates.

Verdächtig waren Kontakte nach ›Drüben‹ – egal, ob durch Kirche, Kultur oder Sport. Während zu Weihnachten Kerzen als Symbol der Verbundenheit mit den Menschen im Osten in die Fenster gestellt wurden, galten Gespräche mit SED-Mitgliedern über den Einkellerungspreis von Winterkartoffeln als Geheimnisverrat. Bei der Jagd auf mögliche Staatsfeinde wurde jahrelang das Grundgesetz verletzt. ›nulla poena sine lege‹ ist ein Fundament des Rechtsstaates: ›Eine Tat kann nur bestraft werden, wenn die Strafbarkeit gesetzlich bestimmt war, bevor die Tat begangen wurde.‹ (Grundgesetzartikel 103).

Die kalten Krieger scherte das nicht.«[32]

Anlass des »Spiegel«-Berichts war gewesen, dass eine Gruppe von Justizopfern des kalten Krieges die Rehabilitierung gefordert hatte. Sie hatten sich dabei auch auf das Vorgehen der Regierung im Osten Deutschlands berufen.[33]

Der »Spiegel«-Bericht vom Juli 1992 endete: »Hilfe versprach lediglich die PDS im Bundestag. Sie brachte den Entwurf für ein ›Gesetz zur Rehabilitierung der Opfer von Ungerechtigkeiten des politischen Strafrechts in der Bundesrepublik Deutschland‹ im Parlament ein. Begründung: Die Leidtragenden des kalten Krieges ›sind in Einzelfällen nicht minder schwer betroffen gewesen als Bürger der DDR, die jetzt gerechterweise zu rehabilitieren und zu entschädigen sind‹.

Anfang Juli 1992 überwies der Bundestag den Gesetzesentwurf an die Ausschüsse. Ende September sollte im Parlament diskutiert werden. Ex-Justizminister Posser gibt dem Vorhaben so wenig Chancen wie sein Kollege Heinrich Hannover, ebenfalls Spezialist in früheren Politprozessen. Voraussetzung für eine Rehabilitierung müsste das Eingeständnis sein, Unrecht getan zu haben. ›Dazu fehlt sowohl den Parlamentariern als auch den Richtern die nötige geistige Unabhängigkeit.‹«

Im Dezember 1997, mehr als fünf Jahre später, lehnte die Bundestagsmehrheit den Grundgesetzentwurf zur Rehabilitierung der Opfer des kalten Krieges endgültig ab.

Das hindert die Gruppe um Karl Stiffel nicht, den berechtigten Kampf um die Rehabilitierung der Opfer des kalten Krieges fortzusetzen. Die Rechtsanwälte Dr. Heinrich Hannover und Dr. Rolf Gössner unterstützen das Anliegen.

Vielleicht rundet es den Ausflug in die politische Strafjustiz, der mit einem Zitat Annemarie Rengers begann, ab, indem Herta Däubler-Gmelin, Mitglied der gleichen SPD und des gleichen Bundestages, zu Wort kommt. Sie schrieb

1990, etwa zur gleichen Zeit, als A. Renger in Bautzen auf-trat: »Die politische Strafjustiz vor allem in den fünfzi-ger Jahren ist ein dunkler Tatbestand der hiesigen Strafjus-tiz... Unsere Linie war es immer, dass die politische Motiva-tion einer Straftat nicht ihren eigentlichen strafrechtlichen Charakter ausmachen darf. Ein solches Gesinnungsstraf-recht führt in die Irre und wird insbesondere von Diktatu-ren als Mittel der politischen Unterdrückung verwandt. Wir freuen uns darüber, wenn die DDR nunmehr ebenso wie an-dere Ostblockstaaten die gesetzliche Garantie gegen Zen-sur und politisches Strafrecht in Angriff nimmt. Aufgabe ei-ner verantwortungsvollen Gesetzgebung ist es, von Zeit zu Zeit zu überprüfen, ob sich die unter einer besonderen Situ-ation beschlossenen Rechtsnormen bewährt haben oder ggf. überprüft werden sollten. Dazu gehören nach Auffassung der SPD-Bundestagsfraktion insbesondere der Artikel 129a StGB, der korrekturbedürftig ist. Leider ist diese Aufgabe z. Z. nicht mehrheitsfähig. Gleichwohl werden wir in unse-ren Anstrengungen um eine Korrektur nicht nachlassen.«[34]

Natürlich ergibt sich beim Vergleich der Zitate Renger/ Däubler-Gmelin, die durch andere ersetzt werden könnten, die Frage, warum die »Bautzen-Opfer« – auch mit dem Einsatz der SPD-Führer, wie wir gesehen haben – rehabi-litiert und entschädigt wurden, die Opfer der politischen Justiz in der Alt-BRD dagegen nicht. Beiden Vorgängen liegt dieselbe Staatsräson zugrunde, und das bestätigt uns kein Geringerer als Günter Nollau, ehemaliger Präsident des Bundesamtes für Verfassungsschutz: »Das Bewusstsein der Massen wird eines Tages reif sein zu erkennen, dass ihre Arbeitsbedingungen, insbesondere die Folgen der Ar-beitsteilung ›inhuman‹ sind, das heißt ihrer Lage als ganz-heitliches menschliches Wesen nicht entsprechen. Wenn dieses Gefühl von einer politischen Bewegung umgesetzt werden kann in eine massenhafte Empörung gegen diese ›Ungerechtigkeit‹ – dann wird die Lage kritisch. Gegen Terroraktionen kleiner Gruppen kann unsere Gesellschaft ihre Zwangsmittel einsetzen. Ob in unserer Demokratie einer die Brutalität aufbrächte, Maschinengewehre gegen revoltierende Arbeitermassen zu richten, bezweifle ich. Ein Noske, der 1918 erklärte, ›einer muss den Bluthund machen‹, scheint mir nicht in Sicht. Eine solche Lage, in der solche Entscheidungen würden gefällt werden müssen, braucht nicht zu entstehen.«[35]

Um den Vergleich zwischen Opfern der politischen Justiz in der BRD und der DDR nicht zu sehr auszudehnen, wird hier auf die Folgen von Brandts »Radikalenerlass« von 1972[36] nicht eingegangen, obwohl er bei der »Abwicklung« der DDR-Elite rücksichtslos angewendet wurde.

Es gab in den Jahren nach 1972 3,5 Millionen Überprüfungen im öffentlichen Dienst, 35.000 Dossiers mit gesinnungspolizeilich erspitzelten Erkenntnissen sind angefallen, 10.000 Berufsverbotsverfahren vom Postboten über den Lokführer bis zur Lehrerin sind verhängt worden. Wie viele »zerbrochene Biographien« sind jetzt zu beklagen?[37]

Hier wird auch auf eine Analyse eines Vergleichs verzichtet, der sich aus aktuellem Anlass aufdrängt, z.B.: Warum ist die Justiz so gnädig mit dem »Straßenkämpfer« Joschka Fischer, der auch Polizisten verprügelte, nicht aber mit friedlichen Demonstranten, die gewaltlos gegen die NATO-Aggression auftraten? Warum wird ein Ladendieb bestraft, nicht aber jemand, der Millionen an der Rüstungsproduktion und Rüstungsexport »verdient«? Darf gemutmaßt werden: Die politische Klasse in Deutschland hat politische und ökonomische Interessen, die sie nicht zuletzt mittels der Gesetzgebung und der Strafjustiz durchzusetzen versucht?[38] Die politische Klasse stellt als ihre historische Erfahrung in Rechnung, dass die bestehenden gesellschaftlichen Verhältnisse (Arbeitsteilung, soziale Deklassierung zunehmend großer Bevölkerungsteile) unvermeidlich zu Unzufriedenheit und zu Widerstand führen. Deshalb kommt es ihr darauf an, eine breitere politische Organisierung dieses Widerstandes, wenn möglich, präventiv zu verhindern und zwar unter abgestuftem Einsatz aller verfügbaren Zwangsmittel.

Angesichts der allgemeinen Verschlechterung der sozialen Lage, die auch vom Papst und beiden »Volkskirchen« mit wachsender Sorge artikuliert wird, erliegt auch die Justiz einem »Rechtsruck«. Am 21. November 1997 hielt es Roman Herzog als Bundespräsident für nötig, vor Politikwissenschaftlern über »Das Recht als gemeinschaftsbildende Kraft im demokratischen Staat« zu sprechen. In der Rede finden wir manchen bedenkenswerten Satz, u. a.: »Gleichermaßen warne ich davor, das Recht als rettenden, wenngleich abstrakten Ersatz für die schwindenden ethischen Grundlagen einer Gemeinschaft in Anspruch zu nehmen. Ein Staat, der in den Augen seiner Bürger an Ansehen verliert, kann nicht integrieren, nur weil er der Staat ist. Und ein Recht, das seine moralische Autorität verliert, wird nicht geachtet, nur weil es das Recht ist. Sowohl für den Staat wie auch für das Recht gilt: Institutionen sind nur so viel wert wie der Geist, von dem sie getragen werden. Das heißt: Staat und Recht können nur dann ihre Integrationsaufgabe erfüllen, wenn sie erstens von der breiten Mehrheit der Bevölkerung innerlich mitgetragen werden und wenn zweitens der Bürger den Glauben an die Wirksamkeit von Staat und Recht bewahrt.«[39]

Wessen Ohr wird er erreichen? Vielleicht könnte ein Forum – in Stammheim? – die von Herzog aufgeworfenen Fragen erörtern.

Mit dem Anschluss der DDR, der psychologisch geschickt als »Wiedervereinigung« getarnt wurde, begann eine neue Phase der Justizgeschichte, die inzwischen als »Siegerjustiz« in den Sprachgebrauch einging. Diese »Siegerjustiz« hat viele Aspekte und noch nicht absehbare negative Folgen, über die es zum Glück eine umfassende Literatur hochqualifizierter kompetenter Autoren gibt.[40]

Anfang der neunziger Jahre gab es noch namhafte Politiker, die davor warnten, gegenüber DDR-Bürgern »Siegerjustiz« zu praktizieren. Einer von ihnen war Helmut Schmidt: »Wir dürfen den Eindruck nicht zulassen, an die Stelle einer Partei treten nunmehr eine ›Diktatur des Geldes‹ ... Unsere Gerichte dürfen sich nicht zur ›Siegerjustiz‹ verleiten lassen. Manche westdeutsche Heuchelei ist ekelhaft... Wir sollten unseren Hochmut abtun gegenüber früheren Nazis wie Kommunisten, wir sollten den Blick nach vorne richten.«[41] Solche mahnenden Stimmen verhallten ungehört. Warum?

Die Abrechnung mit der DDR mit den Mitteln der Justiz war, wie aus Kinkels Order an die »unabhängigen« Juristen hervorging, von vornherein offizielle Politik der Bonner Regierung: Der »SED-Unrechtsstaat« sei zu delegitimieren.[42]

De facto trat ein, was Platon schon bei den Griechen entdeckte: »Niemand schafft größeres Unrecht als der, der es in Form des Rechts begeht.« Für die Forderung nach der »Rechtsförmigkeit«[43] des Justizunrechts gibt es nicht nur ein Zeugnis.

Zunächst ist festzustellen: Die juristischen Nachfolger der Nazijuristen (die BRD betrachtete sich staatsrechtlich als Nachfolgestaat des »Dritten Reiches«), die keinerlei Eifer bei der Verfolgung der Blutrichter des »Dritten Reiches« an den Tag gelegt hatten, legten sich gegenüber der »zweiten Diktatur«, die bis 1990 im Völkerrecht gleichberechtigter (international geachteter) Staat war, mächtig ins Zeug.

Aus Platzgründen werden hier nur die wichtigsten »Leistungen« der »Siegerjustiz« aufgelistet: Sie ermöglichte über die Anwendung des Artikels 146 (alt) des Grundgesetzes den »Anschluss« der DDR[44] und verhinderte bis heute, dass die im Grundgesetz versprochene, vom Volk zu billigende, Verfassung zustande kam.

Juristen sicherten, dass der über vierzig Jahre geforderte Friedensvertrag durch den 2+4-Vertrag[45] ersetzt wurde, durch den die DDR unter die Räder kam und mit Hilfe von Kohls »willigen Helfern« im Osten ihres Widerstandsrechts beraubt wurde. Juristen schufen die »gesetzlichen« Voraussetzungen für die vermutlich größte Enteignungsaktion der Weltgeschichte, und sie garantierten zugleich die Straffreiheit für »Vereinigungs«kriminalität.[46]

Juristen setzten die Maschine in Gang, in deren Räder unschuldige DDR-Bürger gerieten, die sich nichts hatten zu Schulden kommen lassen. Das Verbot rückwirkenden Strafrechts, das im Völkerrecht und im Grundgesetz festgelegt ist, wurde willkürlich außer Kraft gesetzt.[47] Das war von zentraler Stelle gewollt.

Justizminister Klaus Kinkel belehrte die Richter auf dem Deutschen Richtertag am 23. September 1991 in Köln bei seiner Begrüßungsansprache, dass die DDR »in weiten Bereichen genauso unmenschlich und schrecklich war wie das faschistische Deutschland...«. »Auschwitz und Bautzen ...«, fügte er eindrucksvoll erläuternd hinzu. Vertrauensvoll erklärte er weiter: »Ich baue auf die deutsche Justiz. Es muss gelingen, das SED-System zu delegitimieren ...«

Auch Jutta Limbach verkündete am 9. Juli 1991 in Bonn auf einem »Ersten Forum« des Bundesjustizministeriums, dem entgegen der Ankündigung Kinkels – wohl mangels Unrechtsmasse – kein zweites folgte: »Zum zweiten Mal stehen wir am Ende einer Diktatur. Und zum zweiten Mal stellt sich uns die Frage, wie wir diese totalitäre Vergangenheit bewältigen können. Und zum zweiten Mal bietet sich uns die Chance, die Aufräumarbeit unnachsichtig, aber gleichwohl rechtsstaatlich, zu leisten.«[48]

Willige Juristen führten Prozesse gegen Erich Honecker, Egon Krenz, Heinz Keßler und andere, nicht weil diese Politiker individuell nachweisbare Verbrechen begangen hatten, sondern weil sie Repräsentanten der DDR gewesen waren.[49]

Der Hass der Sieger geht über den Tod der Besiegten hinaus. Erich Honecker hat bis heute kein Grab in der Heimat. Leider muss als Fakt festgestellt werden, dass einige »Dissidenten«, die über ihre Leiden in der DDR viel zu berichten wissen, Einpeitscher der Idee eines »Tribunals« waren, die die Siegerjustiz ermutigte und bestärkte.

Vorbild für die Idee war das »Nürnberger Tribunal«, über dessen Entstehung, Funktion und Wirkung hier nicht berichtet wird. Die Idee vom »Tribunal« birgt von vornherein eine Gleichsetzung von DDR und Nazi-Tyrannei in sich. Wolfgang Thierse forderte »eine Untersuchung der DDR als ein System des alltäglichen, des leisen Terrors, das des Mittuns und des Mitschweigens vieler bedurfte«.[50]

Wolfgang Ullmann schließlich, der ausdrücklich von einem Nürnberger Tribunal sprach, begründete diese Gleichsetzung folgendermaßen: »So wie Hitler mit den Seinen eine Konterrevolution gegen die Friedensordnung von Versailles und Genf in die Wege geleitet hat, so haben die Parteiführer der SED ... von 1946 bis 1949 gegen die Demokratisierung Deutschlands nach dem 2. Weltkrieg konspiriert.«[51]

Die Forderung nach der Einrichtung eines Tribunals wurde Gegenstand einer breiten, teilweise erbitterten Diskussion. Einwände kamen auch mit dem Vorwurf der Unvereinbarkeit mit rechtsstaatlichen Prinzipien (Leicht).

Am 23. 1. 1992 riefen zehn Persönlichkeiten, unter ihnen Joachim Gauck, Friedrich Schorlemmer, Wolfgang Thierse und Wolfgang Ullmann, zu einem »Tribunal« auf. Das Urteil der Geschichte über das System der SED-Diktatur ersetze »nicht die Aufklärung der rechtlichen, politischen und moralischen Verantwortung für die Geschichte dieses Systems«. Die Frage nach der Verantwortung des Einzelnen müsse gestellt werden, auch um Pauschalurteile zu widerlegen. Maßstab müsse das Recht, aber auch die Menschenrechte, auch die internationalen Verpflichtungen sein. »Das vorliegende Verfahren gibt ... den Opfern Genugtuung und den Beschuldigten Schutz durch die Möglichkeit öffentlicher Rechtfertigung.« Am 22. März 1992 wurde in Leipzig ein »Forum zur Aufklärung und Erneuerung« gegründet. Nach dem Statut bezwecke der Verein »Die Mitwirkung an der konkreten Aufklärung und Bewertung der repressiven Wirkungsmechanismen des DDR-Systems und die Mitwirkung an der Aufarbeitung der damit verbundenen deutschen Geschichte sowie die Förderung des inneren Friedens im vereinigten Deutschland und der Verständigung zwischen Ost und West.«

Friedrich Schorlemmer forderte das Gespräch, man dürfe die Grenzen des Rechtsstaates nicht überschreiten. Laut Wolfgang Ullmann sollte das Forum »einen neuen Umgang mit Prinzip und Praxis sozialistischer Unmenschlichkeit« prägen. »Die Verbindlichkeit des Wortes Tribunal müsse trotz der Einigung auf den Namen Forum erhalten bleiben.« Nach Ansicht von Gerd Poppe »sollten Gerichte und der Gesetzgeber Nutznießer der Arbeit des Forums sein.«[52]

Juristen deckten – auch durch eine unbekannte Zahl von Urteilen –, dass »Staatsnähe« und Vertreter der Intelligenz und Kultur über den Verlust des Arbeitsplatzes und/oder die Kürzung der Rente rechtswidrig »bestraft« wurden.[53] Per Gesetz wurde mit einer Behörde, die die Unterlagen der Staatssicherheit (BSTU) verwalten und »nutzen« soll, der »Gauck-Behörde«, eine Institution geschaffen, die in vielem der Inquisition ähnelt und in der Geschichte keine Parallele kennt, weder nach der Beendigung der Franco-Diktatur, noch des Apartheidregimes in Südafrika, noch im Nachwende-Russland.[54] Die jetzt auch in der Ex-DDR wirkende bundesdeutsche Justiz hat nichts getan, um Lügen und Verleumdungen über die DDR-Geschichte und über Biographien ihrer Bürger zu unterbinden. Selbst die erfundene Geschichte eines »Serienkillers«, der im Auftrag der Staatssicherheit gemordet habe, ging ungestraft durch die Medien[55], bis die Horrorstory platzte.

Aber sie hat ihre Funktion bei der Delegitimierung des »SED-Unrechtsstaates« erfüllt. Das wohl folgenreichste Versagen der Justiz in den Augen vieler verantwortungsbewusster Ostdeutscher ist die juristische Schützenhilfe bei der Vorbereitung und Planung von Kriegen »out of area«, die dem Verteidigungsauftrag der Bundeswehr nach Artikel 26 des Grundgesetzes widersprechen. Auch Artikel 25, der den Vorrang des Völkerrechts bestimmt, schließt juristisch die Teilnahme an Aggression und Intervention aus. Die im Artikel 26 angedrohte Strafe für die

Verletzung des Artikels ist aber wohl noch nie angewendet worden. Als Dresdner erinnere ich an das heilige Versprechen, das Helmut Kohl am 19. Dezember 1989 an der Ruine der Frauenkirche abgegeben hat: »Ich gehöre zu jener jungen Generation, die nach dem Krieg geschworen hat – wie hier auch –: ›Nie wieder Krieg, nie wieder Gewalt!‹ Ich möchte hier vor Ihnen diesen Schwur erweitern, indem ich Ihnen zurufe: Von deutschem Boden muss in Zukunft immer Frieden ausgehen – das ist das Ziel unserer Gemeinsamkeit!« Das fand damals Zustimmung bei Dresdnern und unseren Nachbarvölkern.[56] Die Verfassungsrichter hätten manche Gelegenheit gehabt, die im Grundgesetz festgelegte Friedenspflicht zu erzwingen. Aber es gibt auch andere juristische Grotesken.

Dass im Zeichen der Totalitarismus-Doktrin merkwürdige Sumpfblüten gedeihen, zeigt auch die Rehabilitierungs-Praxis. Wie bereits dargelegt, richtete sich der Justizterror in der BRD in der Zeit des kalten Krieges gegen Rüstungs- und Kriegsgegner, Pazifisten und Kommunisten. Ihre Rehabilitierung steht nicht auf der Tagesordnung. Dagegen wurden nach 1990 »Opfer der SED-Justiz« rehabilitiert, die sich schlimmster Verbrechen schuldig gemacht haben.

Zu den im September 2005 Rehabilitierten gehört Johann Burianek, dem 1952 als erstem Angeklagten Terrorismus nachgewiesen wurde. Er wurde nach einem penibel durchgeführten Prozess, eindeutiger Beweislage und eigenem Geständnis am 24. Mai 1952 zum Tode verurteilt und am 2. August 1952 am Münchner Platz in Dresden hingerichtet. Er wird also nun zu den Märtyrern des »SED-Regimes« gehören, an die in der Gedenkstätte erinnert wird.[57] Wir werden darauf im Kapitel über die Erinnerungspolitik zurückkommen. Auf welchem Niveau die Ungleichheit bei der Behandlung von Justizopfern erfolgt, demonstrierte Arnold Vaatz, der große Held der »friedlichen Revolution« in Sachsen. Er erklärte am 9. November 2006 vor dem deutschen Bundestag: »Ich halte es für einen Zynismus der Geschichte, dass gerade diejenigen, die sich zu DDR-Zeiten mit der Abwesenheit von Demokratie arrangierten oder sogar geholfen haben, die Diktatur zu stützen, im Allgemeinen damit rechnen konnten, dass ihnen ihre damals erworbenen Besitzstände erhalten bleiben. Das wäre nichts Schlimmes, wenn nicht auf der anderen Seite festzustellen wäre, dass diejenigen, die sich in Ostdeutschland für Demokratie und Freiheit eingesetzt und dafür schwer gebüßt haben, heute damit konfrontiert sind, ihre damaligen Besitzstände verloren zu haben. Aus diesem Grunde haben wir eine entsprechende Regelung im Koalitionsvertrag getroffen. Wir wissen, dass wir etwas für die Opfer der Diktatur in der DDR tun müssen, insbesondere für diejenigen, die langjährige Haftstrafen auf sich nehmen mussten. Kaum jemand kann heute ermessen, was das bedeutet hat.«[58]

Dürfen Fragen gestellt werden? Kann es einen »Zynismus der Geschichte« geben? Handelt Geschichte? Wer hat denn, so es »Zynismus« gegeben hat, die Politik seit 1990 zu verantworten? Welche »Besitzstände« hätte denn Vaatz engagierten DDR-Bürgern noch nehmen wollen, als es geschehen ist? Ist Eigentum seit Napoleons Code civil nicht heilig und vom Grundgesetz geschützt? Was ist denn den »Opfern der Diktatur« – ist das jeder in der DDR Bestrafte? – genommen worden, den Gauck, Eppelmann, Eggert, Vaatz usw., die die »Opfer« verkörpern und ständig in ihrem Namen reden? Wie sieht der »Besitzstand« dieser »Opfer« aus? Zählen sie – auch Vaatz – zur »Unterschicht«, die inzwischen entstand und als »Uschi«

sprachlich verniedlicht wird? Wer sind die tatsächlichen Opfer der »Wiedervereinigung«, die so nicht einmal von den meisten derjenigen gewollt wurden, die sich auf Straßen und Kirchen versammelten? Hatte nicht Friedrich Schorlemmer am 4. November 1989 auf dem Alexanderplatz verkündet: »Tolerieren wir nirgendwo Stimmen und Stimmungen der Vergeltung.«[59] Alles vergessen?

Würden Totalitarismusforscher vergleichen, müssten sie feststellen: Die »SED-Diktatur« wurde keinesfalls behandelt wie die Nazidiktatur. Statt dessen wurde eine Erfahrung bestätigt, die vor 150 Jahren Alexis de Tocqueville formulierte: »In allen zivilisierten Ländern findet sich neben einem Despoten, der befiehlt, fast immer ein Rechtsgelehrter, der dessen willkürliche und unzusammenhängende Willensakte in eine Ordnung und Übereinstimmung bringt. Die allgemeine und unbestimmte Liebe zur Macht (...) ergänzen sie (die Rechtsgelehrten; H. Sch.) durch die Freude an der Methode, über die sie selbstverständlich verfügen. Die einen liefern die Macht, die anderen das Recht. Jene gelangen durch Willkür zur höchsten Macht, diese durch Legalität. Wer nur an den Fürsten denkt, nicht an den Juristen, kennt nur die eine Seite der Tyrannei. Um das Ganze zu erfassen, muss man aber beide zugleich im Auge haben.«[60]

Was hat die unabhängige bundesdeutsche Justiz herausgefunden, auf die Kinkel so baute? Der zuständige Staatsanwalt Christoph Schaefgen berichtete, 100.000 Personen seien beschuldigt worden. Wie viele Einweisungen in die Psychiatrie aus politischen Gründen hatten sie zu verantworten? Wie viele politische Häftlinge waren gefoltert worden? Wie viele Kinder sind zwangsadoptiert worden, wie viele wurden nach der Geburt getötet?

Schaefgen hat ermittelt: Null.[61]

Am 13. Dezember 2007 nahm der Bundestag den Beschluss Drucksache 16/7493 an. Er beinhaltet das Fazit der »Rehabilitierung«: Es gab keine »Folteropfer« in der DDR, keine psychiatrischen Behandlungen von »Dissidenten«, für sieben Kinder, deren Eltern in den Westen gegangen waren, hatte der Staat die Fürsorge übernommen.

Der Pressemeute, die jahrelang – nicht existierende – »Opfer« präsentiert hatte, blieb offensichtlich die Spucke weg. Sie schwieg. Außer Spesen nichts gewesen?

Die Ausbeute für Totalitarismusforscher ist mager. Wir werden im nächsten Kapitel auf die »Siegerjustiz« zurückkommen. Angesichts dieses Befundes durch die »Siegerjustiz«, vor der auch Helmut Schmidt schon am ersten Jahrestag der »Wiedervereinigung« gewarnt hatte[62], scheint es gerechtfertigt, auf einen ausführlichen Exkurs über die DDR-Rechtsprechung zu verzichten.

Eine Gleichsetzung mit der Nazijustiz ist selbst Totalitarismusforschern offensichtlich nicht koscher. Über Fehler und Rechtsbrüche in der DDR-Justiz gibt es sowohl Literatur aus dem Lager der DDR-Feinde wie Karl Wilhelm Fricke, als auch aus der Feder von DDR-Autoren.[63] Für denjenigen, der die Justiz Hitlerdeutschlands, der BRD und der DDR sachlich vergleicht, gibt es keinen Grund, die DDR-Justiz auf ihre »dunklen Kapitel« zu beschränken. Aus ihr wäre auch zu lernen, vor allem im Arbeits- und Sozialrecht. Angesichts der vielen Hiobsbotschaften aus dem bundesdeutschen Strafvollzug könnten DDR-Erfahrungen vielleicht auch auf diesem Gebiet von Nutzen sein.

Darf dieses Kapitel mit Kurt Tucholsky abgeschlossen werden?

»Justitia, ich wein' fürchterlich,
du gehst auf einen langen _____«[64]

9. Geheimdienste

»Der Krieg im Dunkeln«
(Udo Ulfkotte)[1]

»Wer Sünde tut, der ist der Sünde Knecht«
(Johannes 8.34)

Totalitarismusforscher, die den Diktaturenvergleich pflegen, beschäftigen sich mit besonderer Intensität mit der Staatssicherheit, ihren Strukturen und ihrem Wirken. Ihr kaum verhülltes Ziel ist es, die Staatssicherheit und ihre Mitarbeiter zu verteufeln und die DDR als »Spitzel«- und »Überwachungsstaat« erscheinen zu lassen.

Seriöses Herangehen erfordert indessen, auch die Geheimdienste der BRD und der DDR einerseits mit den Geheimdiensten Hitlerdeutschlands, andererseits miteinander zu vergleichen. Dabei ergibt sich von vornherein ein gravierender Mangel: Die »Akten« der Staatssicherheit sind zugänglich, in hohem Maße käuflich und – wie die Praxis zeigt – auch missbräuchlich verwendbar. Das ist gewollt. Medien bezeugen (unfreiwillig?) die Macht der Aktenchefin. Als es um die Rosenholz-Akten ging, titelten sie: »Birthler gibt Akten frei« (Der Spiegel 29/2006, S. 17), »Birthler übergibt Teile von Rosenholz« (FAZ 3. August 2006), »Birthler gibt MfS-Akten über Abgeordnete frei« (Berliner Zeitung 3. August 2006). Birthler darf – rechtsstaatlich – den Daumen senken wie ein römischer Kaiser beim Kampf der Gladiatoren. Kohl hatte das wohl begriffen, als er die Einsicht in seine Akten verweigerte.[2]

Für den Vergleich der deutschen Geheimdienste gibt es solide Vorarbeiten, die 1993 vom »Insiderkomitee zur Aufarbeitung der Geschichte des MfS« geleistet worden sind.

Damals wurden Fakten zum Wirken der Geheimdienste in Deutschland, zu den Strukturen der Geheimdienste in der DDR und der BRD und zur Zusammensetzung des Führungspersonals hüben wie drüben nach der Herkunft der leitenden Offiziere zusammengestellt.[3]

Auch beim Vergleich der Geheimdienste müssen Kriterien als Maßstab gefunden werden wie z. B.:

Welche politische Funktion übte der jeweilige Geheimdienst aus?

Wo und wie zeichnet sich eine politische und personelle Kontinuität ab?

Welche Methoden wandten die Geheimdienste an?[4]

Warum ähneln sich Methoden der Arbeit *aller* Geheimdienste usw.?

Die »Arbeitsmethoden« von Geheimdiensten bleiben außerhalb der Betrachtung, weil dazu Untersuchungen vorliegen und ihre Nutzung zu viel Platz einnehmen würde.[5]

Hier wird auch nicht auf die Geschichte der Spionage eingegangen, die es schon bei den Pharaonen und zu Moses Zeiten gab. Das alte Testament berichtet davon, wie Moses zwölf Spione ausschickte, um das Land zu suchen, in dem Milch und Honig fließen. Schon seit Urzeiten gehört das Auskundschaften von Absichten, Plänen und Mitteln der Feinde zu den Aufgaben, die die Herrscher stellten. Selbst bestimmte Methoden – das Eindringen in die feindliche Stadt, der Einsatz von Dirnen usw. – gab es schon im Altertum.[6]

Hitler musste die »Dienste« nicht erfinden oder neu schaffen. Es ist kaum zu bestreiten, dass Hitlers »Dienste«, ob Gestapo oder Auslandsspionage, dem Ziel dienten, die Diktatur des Großkapitals nach innen, die Vorbereitung und Durchführung von Aggressionskriegen nach innen und außen zu sichern. Das erschreckende Ergebnis des Wirkens der Himmler und Heydrich muss hier nicht nachgezeichnet werden.[7]

Eine erste Frage ist: Was ist aus dem Geheimdienstapparat Hitlerdeutschlands nach 1945 geworden?

Erstaunlicherweise interessierten sich auch Christoph Waitz und einige andere FDP-Abgeordnete für dieses Thema und stellten der Bundesregierung 11 Fragen. Mit der Drucksache 16/7919 erhielten sie am 29. Januar 2008 Antwort. Für unser Anliegen in diesem Buch ist besonders wichtig, dass sie auch einen »Dreieckvergleich« Nazigeheimdienst, MfS und bundesdeutsche Dienste berührten. Zu den Antworten der BRD-Regierung gehörten:

– »Die Beschäftigung von Polizisten und Geheimdienstmitarbeitern des Dritten Reiches als hauptamtliche Mitarbeiter widersprach den Einstellungsrichtlinien des MfS. Daran hat sich die DDR-Staatssicherheit prinzipiell gehalten.«

– »Ähnlichkeiten der DDR-Staatssicherheit mit vergleichbaren Institutionen des NS-Staates beruhen nicht auf realen historischen Kontinuitäten.«

– »Nach den Einstellungsrichtlinien der Volkspolizei und des MfS war die Einstellung von NSDAP-Mitarbeitern nicht gestattet.«

– »Bei der Übernahme von belasteten Personen aus dem Geheimdienst-, Militär- und Polizeiapparat des Naziregimes in die Nachrichtendienste der Bundesrepublik bzw. die Geheimdienste der DDR gab es unterschiedliche Mechanismen.«

Und eben das wird in diesem Kapitel nachgewiesen.

In jüngster Zeit wurde verstärkt versucht, die Vorwürfe an die Adresse der BRD dadurch zu konterkarieren, dass behauptet wurde, auch in der DDR seien belastete Nazis für die eigene Spionage eingespannt worden. Henry Leide präsentierte drei Dutzend solcher »Fälle«.[8]

Auf diese Verleumdung wird zurückzukommen sein. Tatsache ist: Die DDR baute mit Persönlichkeiten, die aus dem antifaschistischen Widerstand und der Moskauer Emigration kamen, ihre Sicherheitsorgane auf. Zaisser, Wollweber, Mielke, Markus Wolf waren ihre führenden Repräsentanten. Generalmajor Kleinjung hatte als Panzerfahrer die spanische Republik verteidigt. Von der »Siegerjustiz« verurteilt, wurde er in Spanien zum Ehrenbürger erklärt. Hans Fruck war während des zweiten Weltkrieges Leiter einer Widerstandsgruppe im Zuchthaus Brandenburg-Görden gewesen.

So könnte man Namen an Namen reihen und findet immer wieder die gleichen Merkmale: Antifaschist, Kämpfer gegen den Faschismus und gegen den Krieg.

Im Gegensatz dazu kann es an der strukturellen und personellen Kontinuität von faschistischen Geheimdiensten und Polizei in der BRD keine Zweifel geben, und dieses Thema ist gut recherchiert.[9]

Die braunen Wurzeln des Bundeskriminalamtes sind offen gelegt.[10]

Heute zu behaupten, dass die SS-Verbrecher der »Gehlen-Organisation« Träger der Demokratie und die MfS-Gründer Träger einer Diktatur waren, stellt die Tatsachen auf den Kopf. Von den 50 in bundesdeutschen Geheimdiensten erfassten Personen kamen 24 – wie der erste Chef Reinhard Gehlen – aus dem faschistischen SD und der SS, 36 aus der Hitlerwehrmacht. Kein einziger war politisch »unbelastet«.

Unter den Führungskadern des MfS waren fast alle Antifaschisten, die meisten kamen aus faschistischen Kerkern und der Emigration.

In den Biographien widerspiegelt sich nicht nur die unterschiedliche Herkunft und gegensätzliche Tradition, sondern auch ihr Platz und ihre Aufgabe in den beiden deutschen Staaten.

Die Kontinuität nicht nur in einer Person lässt sich exemplarisch an der Biographie Reinhard Gehlens zeigen, »ein politisches Lehrstück über die fragwürdigen Kontinuitäten deutscher Zeitgeschichte nach dem Ende des Dritten Reiches und ein Beispiel für den dilettantischen Umgang unserer Gesellschaft mit dem Kardinalproblem jeder Demokratie – den Geheimdiensten«.[11] Gehlen war – vierzigjährig – im April 1942 zum Leiter der Abteilung Fremde Heere Ost ernannt worden, sicherte ab März 1945 das Geheimdienstmaterial über die Sowjetunion auf Mikrofilmen, die auf Almwiesen vergraben wurden, erlebte die Kapitulation in einer Almhütte und ergab sich den USA-Gruppen und sicherte sich mit seinem »Schatz« eine zweite Karriere, zunächst unter dem Schutz der USA, dann als Adenauers erster Geheimdienstchef. Ist es schwer zu erraten, warum gerade Gehlen Adenauers »Dienst« führte? Ein CIA-Mann, Arthur Macy Cox, hatte die Erklärung gegeben: »Die Organisation Gehlen war die einzige Gruppierung, die über Netze in Osteuropa verfügte, und deshalb haben wir sie angeheuert.« Und CIA-Chef Allen Dulles meinte: »Er steht auf unserer Seite, und nur darauf kommt es an.«[12] Dr. Günther Sarge, der sich in der Materie gut auskennt, konnte zu folgendem Urteil gelangen: »Die Organisation Gehlen, der spätere BND, war ein Nazi-Verein mit Leuten schlimmster Verstrickung. Das MfS war eine Gruppe der anderen

Seite, der Verfolgten, der gestandenen Antifaschisten. Über Generalleutnant Gehlen ist heute fast alles bekannt. Über den General Wessel wohl auch. Mit der schubweisen Freigabe der CIA-Akten der damaligen Zeit kommt nunmehr ans Licht, welche Figuren im BND Zuflucht gefunden hatten und ihn mitgestalteten. Da war u. a. der SS-Sturmbannführer Erich Deppner, der als Lagerkommandant von Westerbork die Juden ins Gas schickte. Da waren die SS-Standartenführer Kirchbaum und Six, die die gefürchteten und mordenden Einsatzgruppen im Osten geleitet haben. Selbst dem Eichmann-Adjutanten – einen Massenmörder, den die Israelis heute noch suchen – gab die Gehlentruppe Zuflucht. Nach amerikanischen Einschätzungen gehörten zu den Gründern des späteren BND etwa 400 stark belastete Nazis, vor allem aus der SS, dem SD und der Gestapo.«[13]

Sarkastisch meinte der CIA-Experte Rositzki: »Es war unbedingt notwendig, dass wir jeden Schweinehund verwendeten. Hauptsache er war Antikommunist.« Der damalige Präsident der USA, Truman, wusste von dieser Sache. Sein Kommentar zu Gehlen: »Mich interessiert nicht, ob er Ziegen fickt, wenn er uns hilft, benutzen wir ihn.«[14]

Es ist also festzustellen, dass der Anfang des Geheimdienstes der BRD gekennzeichnet war vom Wirken von Nazi-Verbrechern, die z. T. auf den Fahndungslisten der Alliierten standen. So konnte der Krieg gegen die Sowjetunion, was die Geheimdienste betrifft, nahezu nahtlos in den (vorerst) kalten Krieg gegen denselben Feind übergehen. Erst 2006 wurde aktenkundig – Timothy Naftali fand die Akten –, dass die CIA und der Gehlen-Geheimdienst jahrelang sogar Adolf Eichmann deckten. Dass der BND bei der Jagd auf faschistische Massenmörder behilflich war, konnte der Forscher in keinem Fall bestätigen.[15]

Wie die USA mit Akten des CIA umgehen, beweist u.a. die Tatsache, dass Papiere über Naziverbrecher, u.a. über Adolf Eichmann, partiell erst im Juni 2006 freigegeben wurden.[16]

Es bietet sich an, der Biographie Gehlens die Lebensgeschichte Markus Wolfs gegenüber zu stellen, der während fast der gesamten Geschichte der DDR die Auslandsaufklärung leitete.[17] Markus (Mischa) Wolf war der Sohn des berühmten jüdisch-kommunistischen Arztes und Dichters Friedrich Wolf, lebte mit seinem Bruder Konrad nach 1933 in der Moskauer Emigration und kehrte 1945 nach Berlin zurück (um zunächst als Journalist über den Nürnberger Kriegsverbrecherprozess zu berichten).

Warum er Chef der DDR-Aufklärung wurde und wie er seine Pflicht im Dienste der Friedenssicherung erfüllte, hat er selbst überzeugend beschrieben.

Im Unterschied zu Reinhard Gehlen, an dessen Händen viel Blut klebte, wurde Markus Wolf nach 1990 vor Gericht gezerrt. An die Adresse der Totalitarismusforscher schrieb er: »Im vereinigten Deutschland wurde und wird versucht, mit Hilfe der Justiz und auf anderen Wegen bei der Aufarbeitung der Geschichte Rechnungen zu begleichen, damit am Ende nur eine Sicht übrig bleibt. Ich meine aber, dass nach dem erklärten Ende des kalten Krieges Inventur auf beiden Seiten der ehemaligen Fronten zu machen ist und dass eine Geschichtsschreibung, die diesen Namen verdient, nicht nur von den Gewinnern verfasst werden darf.«[18]

Wie könnten Totalitarismusforscher rational erklären, dass Reinhard Gehlen nach 1945 der Mann Adenauers werden konnte, Markus Wolf dagegen nach 1990 vor dem bundesdeutschen Kadi landete? Es gibt eine plausible

Erklärung, die aber dem Totalitarismus-Schema wider-spricht: Gehlen diente vor und nach 1945 denselben impe-rialistischen antikommunistischen Kräften, die sowohl in Hitlers Diktatur als auch in der Bonner Demokratie das Sagen hatten. Wolf dagegen diente der friedliebenden DDR und war Kommunist. (Nach 1990 lernte ich ihn im Rat der Alten in der PDS kennen und schätzen.) Hier ist nicht der Platz, um die Bilanz – Erfolge wie Misserfolge – der Aus-landsaufklärung zu ziehen. Generell lässt sich verallgemei-nern: Rainer Rupp, der bis in die NATO-Spitze vordrang, und Günter Guillaume, der Vertrauter Willy Brandts war, haben viel zur Friedenssicherung und Entspannung bei-getragen. Ihre Aufgabe war nicht, einen Krieg möglich zu machen, sondern Kriegspläne der NATO zu enttarnen.[19]

Es darf verallgemeinert werden, was Klaus von Raussen-dorff, bis 1990 im Bonner Auswärtigen Amt tätig, dann zu sechs Jahren Haft verurteilt, über den Sinn seiner Arbeit sagte: »Die uns allen gemeinsame Motivation bestand ob-jektiv darin, einen Beitrag zum Schutz des ersten sozialis-tischen Staates in Deutschland zu leisten und damit dem Frieden zu dienen. Wir haben, glaube ich, auch durch un-sere Haltung nach der Niederlage zeigen können, dass die DDR-Auslandsaufklärung eine besondere moralische und politische Qualität hatte.«[20] Den Ehrentitel »Kundschafter des Friedens« gab es zu Recht.

Zu den Vorwürfen an die Adresse der Staatssicherheit gehört, sie habe die Nazi- und Kriegsverbrecher ungenü-gend verfolgt oder gar in ihren Dienst gestellt. Der Vor-wurf wirkt angesichts der Tatsache, dass der Gehlen-Ge-heimdienst und der Verfassungsschutz der BRD personell die Fortsetzung faschistischer Strukturen waren und Nazis und Kriegsverbrecher nie verfolgten, grotesk. Aber Henry

Leide erhob eben den Vorwurf der Begünstigung von Nazis durch das MfS.[21] Für sensationsgeile Medien war Leides Verleumdung wohlfeile Munition für eine neue Welle der Anti-DDR-Hetze. Die Verleumdungskampagne löste eine notwendige und berechtigte Polemik aus, an der sich angesehene Strafrechtler der DDR und »Insider« des MfS beteiligten.[22] Das Ergebnis: Leides Vorwürfe sind in der Sache unhaltbar.

Wenn über die Staatssicherheit gesprochen wird, dürfen ihre Aufgabe und der Vergleich mit dem Verfassungsschutz nicht ausgespart werden. Der Verfassungsschutz ist am 28. September 1951 nicht zufällig im Zusammenhang mit der Remilitarisierung und der Politik der Spaltung Deutschlands gegründet worden.[23]

Walter Menzel, einer der Mitbegründer erläuterte den Zweck der Behörde: »Zerstörerische Kräfte gegen die freiheitliche demokratische Grundordnung pflegen sich zu tarnen und in den Untergrund zu gehen. Daher muss sich die Methode ihrer Bekämpfung der gleichen Mittel bedienen.«[24]

Wolfgang Buschfort würdigte die »Geheimen Hüter der Verfassung«, weshalb der Interessierte auf diese Arbeit und ihre Literaturangaben verwiesen wird.[25]

Wie »gut« der Verfassungsschutz arbeitet, erwies sich bei dem Versuch der Regierung, die NPD verbieten zu lassen. Der Prozess platzte, weil die Richter nicht mehr erkennen konnten, was NPD-Politiker von eingeschleusten V-Leuten unterschied. De facto wird die NPD von V-Leuten (mit)gesteuert und mit staatlichen Finanzmitteln honoriert.

Wie umfassend die Bundesbürger überwacht und »bespitzelt« werden, ist nachgewiesen.[26] Entscheidend sind Ziel und Zweck.

Während die westdeutschen Geheimdienste einschließlich des Verfassungsschutzes die friedensfeindliche Politik der Bonner Regierungen abzusichern hatten, gehörte zu den Aufgaben des MfS, die konterrevolutionäre Tätigkeit auf dem Boden der DDR zu unterbinden, erst recht, weil sie überwiegend vom Boden der BRD aus gesteuert wurde.[27]

Es gehörte zu den Souveränitätsrechten der DDR, Sicherheitsstrukturen aufzubauen und entsprechende Gesetze zu beschließen, die ihre Existenz zuverlässig schützten (wie das auch das Recht jedes anderen Staates ist). Zweifellos gab es Besonderheiten in der Abwehr von Diversion und Sabotage, u. a. weil Westberlin Spionage- und Sabotagezentrum inmitten der DDR war, weil Menschenhandel und Bandenkriminalität von dort aus leichter zu organisieren waren, weil die Medienmacht der BRD im psychologischen Krieg gegen die DDR wirkungsvoll eingesetzt werden konnte usw.[28] Übrigens: Die Kooperation von Nachrichtendienst und Medienmachern endete nicht 1990.[29]

Der Vergleich der Geheimdienste lässt sich nicht abschließen, ohne die maßlose Verleumdung des MfS und seiner Mitarbeiter zu beleuchten, die in erheblichem Maße von der Gauck/Birthler-Behörde getragen und gespeist wird. Die Jagd auf die IM war nur ein Teil der Infamie, wenngleich für die Betroffenen von existentieller Bedeutung. Marianne Birthler verkündete: »Bei der Aufarbeitung einer Diktatur geht es um weit mehr als die Enttarnung Inoffizieller Mitarbeiter.«[30]

Totalitarismusforscher müssten zunächst feststellen: Ein Instrument wie die Gauck/Birthler-Behörde zur Abrechnung mit der DDR hielt die BRD nach 1945 zum Zwecke der Überwindung der Folgen der Nazi-Diktatur nicht für nötig, auch keine »Eppelmann-Kommission«. Im Gegenteil. Die Mitglieder des Hitlerschen Repressionsapparates waren spätestens mit dem Artikel 131 des Grundgesetzes wieder Teil des Machtapparates der Bundesrepublik. Diktatur ist also nicht gleich Diktatur.

Einige Aspekte des Wirkens der Gauck/Birthler-Behörde verdienen besondere Beachtung. Obwohl zur Sichtung und (welcher?) Nutzung der »Akten« geschaffen, beschäftigen sich Mitarbeiter auch mit Bildung und Forschung, veröffentlichen »Biographische Quellen«, geben »Analysen und Dokumente« heraus und bestimmen die Richtung der Erinnerungspolitik.

Seit 1990 lieferte die Gauck/Birthler-Behörde die Munition für das »Abschießen« unbequemer oder kritischer Bürger, meist unter dem Vorwand früherer IM-Tätigkeit: Ibrahim Böhme, Vorsitzender der SPD in der DDR, Professor Dr. Heinrich Fink, Professor Dr. Gerhard Riege (1990 Rektoren in Berlin und Jena) sind nur einige der Opfer, die für Tausende stehen.

Eine kleine Meldung aus Sachsen[31] steht für viele:

»297 Professoren mussten wegen Stasi-Mitarbeit gehen. Der Freistaat hat seit 1991 das Dienstverhältnis mit 297 Professorinnen und Professoren wegen Stasi-Mitarbeit beendet. Wie aus einer Antwort von Wissenschaftsministerin Eva-Maria Stange (SPD) auf eine SPD-Landtagsfrage hervorgeht, sei diese Entscheidung ›überwiegend aufgrund des festgestellten Ausmaßes einer Verstrickung‹ mit der Staatssicherheit erfolgt. Zudem habe der Freistaat in bislang 17 Fällen den Professorentitel entzogen, da ihre Träger der Wertschätzung eines solchen Titels ›nicht würdig‹ gewesen seien.«

»Der Spiegel« befand 2006: »Der Bundesnachrichtendienst hat über Jahre das Gesetz gebrochen: Er observierte kritische Journalisten und setzte andere als Spitzel in der Medienbranche ein. Es ist eine Affäre des BND – aber auch des Journalismus.«[32]

Das MfS hatte mit einigen solcher »Journalisten« zu tun, die sich bis heute als »Opfer« der Staatssicherheit drapieren. Einer von ihnen ist Karl Wilhelm Fricke. Er ist der wohl kenntnisreichste Journalist, der sich auf die Abrechnung mit der DDR und dem MfS spezialisiert hat. Er betrachtet sich als besonders prädestiniert dazu, weil er wegen Spionage eine Haftstrafe in der DDR abzubüßen hatte. Er hat in sein Literaturverzeichnis 16 Arbeiten zum Thema aufgenommen. Wie sehr seine Arbeitsergebnisse geschätzt werden, zeigt sich auch in der Tatsache, dass der Fachbereich Politische Wissenschaften der Freien Universität Berlin am 12. Juli 1996 Fricke die Würde eines Doktors der Philosophie ehrenhalber (Dr. phil. h. c.) verlieh. Der Geehrte hielt einen Vortrag, den das »Deutschland Archiv« dokumentierte.[33]

Darin verglich er das Schicksal Dietrich Bonhoeffers mit dem des Oberschülers Hermann Joseph Flade. Flade hatte vor der ersten Volkskammerwahl am 15. Oktober 1950 DDR-feindliche Flugblätter geklebt, war von einer Polizeistreife erwischt worden und hatte einen Polizisten »keineswegs lebensgefährlich« (Fricke) niedergestochen. Flade wurde im Januar 1951 wegen »Boykotthetze« in Tateinheit mit »militaristischer Propaganda, versuchten Mordes und Widerstand gegen Vollstreckungsbeamte« zunächst zum Tode verurteilt, dann in der Revision zu fünfzehn Jahren Zuchthaus begnadigt. Zehn Jahre der Haft verbüßte Flade in Bautzen, Torgau und Waldheim, siedelte 1960 legal in die BRD über, studierte, promovierte (»Politische Theorie in der abendländischen Kultur«). Er starb 1980.

Weil ein bundesdeutsches Gericht Flade 1992 nicht rehabilitierte, nahm Fricke die Justiz aufs Korn. Originalton Fricke: »Widerstand in der DDR gegen illegitime Staatsmacht wird also noch heute bestraft. Das mag dem Buchstaben des Gesetzes genügen, aber es ist ein Hohn auf den Geist der Gerechtigkeit.«

Fricke klagte den »realitätsblinden Rechtspositivismus« an, der die »Ahndung« von DDR-Regierungskriminalität »geradezu hilflos macht«. Dabei habe doch Roman Herzog die DDR auch einen »Unrechtsstaat« geheißen.

Wenn wir der Logik Frickes folgen, ergibt sich folgende »Botschaft des Widerstandes«: Da die DDR ein »Unrechtsstaat« war, was selbst der Bundespräsident bestätigt habe, sei jedes Mittel recht gewesen, das im »Widerstand« angewandt wurde – auch das Niederstechen eines Polizisten. Das (Menschen-)Recht des Polizisten auf Leben und Gesundheit wiegt also nichts gegen das »Recht auf Widerstand«. Fricke schlug vor, an die Stelle des »Rechtspositivismus« einen »Geist der Gerechtigkeit« zu setzen. Wer diesen »Geist« schafft, bleibt offen. Der Gesetzgeber könnte es jedenfalls nicht.

Am Beispiel Flades demonstrierte Fricke, dass eine Handlung, die jedes Strafgesetzbuch eines zivilisierten Landes verbietet, zum juristisch und moralisch legitimierten »politischen« Widerstand wurde, wenn sie in der DDR stattfand. Es ist bezeichnend, dass Fricke in den Chor derjenigen einstimmte, die das sachliche und keineswegs provozierende Auftreten von Mitarbeitern der Staatssicherheit in einigen öffentlichen Versammlungen geißelten.[34]

Er spricht unbescholtenen Bürgern ein verbrieftes Grundrecht ab. Darf gefragt werden, wohin dieser Rechtsnihilismus führen kann? Es muss darauf aufmerksam gemacht werden, dass »Stasi-Opfer« in Karl Wilhelm Fricke nicht nur einen Anwalt haben, sondern dass die Medien – Zeitungen, Fernsehen und Filme – »Opferschicksale« bevorzugt »dokumentieren«. Dafür nur ein Beispiel von hunderten: Unter Mithilfe von Christina Lange, die 1972 wegen versuchter Republikflucht bestraft worden war, sendete »Frontal 21« am 13.10.2006 den Beitrag »Bestrafung der Mutigen. Stasi-Opfer ohne Entschädigung«. Astrid Randerath begründete den Beitrag in einer Presseinformation: »Sie leisteten Widerstand, zeigten Zivilcourage, wurden politisch verfolgt. Dafür zahlten viele Opfer der SED-Diktatur einen hohen Preis: Sie kamen ins Gefängnis, mussten dort auch körperliche und seelische Gewalt erfahren. Nach der Haft gab es für viele nur Billigjobs oder es folgte gar die Invalidität wegen gesundheitlicher und seelischer Schäden aus der Gefängniszeit. Für tausende Stasi-Opfer bedeutet das heute eine sehr niedrige Rente und ein Leben am Existenzminimum. Deshalb kämpfen sie um Entschädigung – bislang vergeblich ... Christina Lange kann solche Ungerechtigkeit nicht fassen. So werden die Opfer der SED-Diktatur ein zweites Mal bestraft, Mitläufertum und Regimetreue scheint sich dagegen – auch nach dem Untergang der DDR – buchstäblich auszuzahlen.« Das ist eine erstaunliche Konstellation. Rechtsbruch avanciert zur »Zivilcourage«. Leute, die in der DDR bestraft wurden und heute dafür nicht honoriert werden, klagen – vor Millionenpublikum im ZDF – über »Ungerechtigkeit«. Eine bisher unbekannte Zahl von Selbstmorden waren eine der Folgen der staatlich installierten modernen Inquisition. Peter-Michael Diestel schrieb über »Birthlers

Totenjagd«, der Anfang der Würdigung solcher Opfer ist mit zehn Kurzbiographien gemacht.[35] Als »Stasi-Jäger« betätigen sich viele Publizisten und Journalisten, die – den Aktenverwaltern sei Dank – einen lukrativen und krisenfesten Job haben. Stellvertretend für viele werden hier Karl Wilhelm Fricke und Hubertus Knabe genannt – sie beschäftigen sich mit einem unglaublichen Aufwand mit den Sicherheits- und Repressionsorganen der DDR. Indessen bleibt ein Vergleich z. B. mit dem Einfluss der CIA auf die bundesdeutsche Politik[36] oder mit dem Wirken der Pullacher Geheimdienstleute[37] nahezu aus.

Wie die Tatsachen zeigen, haben imperialistische Geheimdienste nicht nur einen wichtigen Platz bei deren Begründung.[38] Der Überfall auf den Gleiwitzer Sender, die Tongking-Affäre und Scharpings Lügen über das KZ in Pristina sind Beispiele dafür. Scheinbar ist jedes Verbrechen noch zu übertreffen. »Der Spiegel« berichtete im März 2008 (13/2008, S. 28 f., von der Sendung »Frontal« in der folgenden Woche wiederholt), dass der BND Informationen des irakischen Agenten »Curveball« an den CIA übergeben habe. Der Inhalt: Saddam Hussein habe über bewegliche Biowaffen verfügt (die in Wirklichkeit nicht existierten). Just diese Information war für USA-Außenminister Colin Powell am 5. Februar 2003 das Hauptargument vor dem UNO-Sicherheitsrat, um die Notwendigkeit der Aggression gegen Irak zu begründen. Ist das ein Grund, den BND zu rühmen? Muss Bush für diesen Liebesdienst nicht danken?

Wer sich dem Thema widmet, wie beispielsweise Erich Schmidt-Eenboom, kann selbst schnell Objekt geheimdienstlicher Ermittlungen werden. Selbst dem »Spiegel« (46/2005, S. 40 f.) war das aufgefallen.

Selbstverständlich sind die Akten gesperrt, woran auch parlamentarische Untersuchungsausschüsse nichts ändern können. Seit am 14. November 1991 im Bundestag das »Stasi-Unterlagengesetz« verabschiedet wurde (was würde Wladimir Putin oder Lech Walesa nach diesem Gesetz blühen?), gibt es auch einen Wettlauf um den »Opfer«-Status und die Forderung nach einer »Ehrenpension« von Leuten, die in der DDR nach Recht und Gesetz inhaftiert waren.

Wie die Dinge wirklich liegen, untersuchen Marxen/Werte in zehn Bänden »Strafjustiz und DDR-Unrecht«, von denen sich der Band 6 mit »MfS-Straftaten« befasst. Dabei wird sich wohl manches zum Bumerang entwickeln. Da brüstet sich Wolfgang Welsch, Fluchthelfer gewesen zu sein, um die DDR zu schädigen.[39] Aber werden heute Fluchthelfer nicht bestraft, wenn sie Ausländer illegal nach Deutschland einschleusen?

Während ich das schreibe, stehen der Ex-Chef von Cap Anamur Elias Bierdel, Kapitän Stefan Schmidt und sein erster Offizier vor Gericht. Sie haben im Juni 2004 37 Schiffbrüchige gerettet und nach Italien gebracht. Der anklagende Oberstaatsanwalt erkennt zwar das »edle Motiv« an, verlangt aber eine abschreckende Strafe, die bis zu zwölf Jahren betragen kann.[40] (Am 27. November 2006 lief im ZDF ein Krimi, in dem Schleuser Opfer im Dutzend zu verantworten haben.)

Im September 2005 wurde durch Berliner Richter Johann Burianek rehabilitiert, der 1952 in Dresden zum Tode verurteilt und hingerichtet worden war. Er war er erste, der in der DDR als Terrorist angeklagt, überführt und geständig war. Werden nun alle Terroristen, die Ähnliches tun, straffrei ausgehen? Die »Opfer«-Literatur ist kaum übersehbar, ob es sich um Ex-Häftlinge in Bautzen, Hohenschönhausen oder andere Haftanstalten handelt. Meist wird über die Haftbedingungen fabuliert, selten oder gar nicht über die Haftursachen.

Geben wir einem Opfer das Wort, Timo Zilli. In seinem Vorwort zu dem Buch »Folterzelle 36« (Berlin 1993) berichtet Christian Pross vom Behandlungszentrum für Folteropfer über die Erlebnisse des Autors in einer Untersuchungshaftanstalt des MfS: »Bis zu drei Wochen Einzelhaft in einer kalten Dunkelzelle, Schläge, Fußtritte, Drohungen, Beschimpfungen, an Armen und Beiden zusammengebunden wie ein ›Schaukelpferd‹ Stunden auf einer Pritsche liegen, an Handschellen am Zellengitter aufgehängt werden, so dass nur die Zehenspitzen den Boden berühren, Hunde, die auf meuternde Gefangene gehetzt werden. Es sind Bilder, die wir aus Amnesty-Berichten über Uruguay oder die Türkei kennen.« Oder aus Abu Ghraib, oder aus Guantanamo. Wir setzen den Fall, dass daran etwas wahr wäre. Dürfen wir dann mit Friedrich Wolff fragen: Welches Ermittlungsverfahren wurde darauf mit welchem Ergebnis eingeleitet? Nach Ex-Generalstaatsanwalt Christoph Schaefgen: keines.[41]

Ähnlich liegen die Dinge, wenn Selbsttötungen in der DDR Thema werden. Udo Grashoff hat die Selbstmorde in der DDR untersucht. In seinem Buch veröffentlichte er einige interessante Ergebnisse: Die Selbsttötungen seien »im Großen und Ganzen nicht auf politische und ökonomische Rahmenbedingungen rückführbar«, d.h. nicht systembedingt.[42]

Für unser Thema »Diktaturenvergleich« sind die Selbsttötungen in Haftanstalten besonders aussagekräftig. In einer Rezension in »Das Parlament« wurde hervorgehoben:

»Was die Häftlinge angeht, liefert Grashoff eine interessante Begründung: Verzweiflung und Todessehnsucht hat es in den Gefängnissen der DDR sehr wohl gegeben, nur war ein Selbstmord so gut wie unmöglich: Die Zellen wurden ständig kontrolliert, das Licht blieb an, Kennzeichen der ›totalen Institution‹ Gefängnis, schreibt Grashoff, war ›der weitgehende Verlust der Verfügbarkeit über das eigene Leben‹. In der Bundesrepublik war die Zahl der Selbsttötungen in den Gefängnissen daher um ein Dreifaches höher – ein Beispiel dafür, dass die Suizidrate allein wenig aussagekräftig ist.«[43]

Warten wir ab, was ein umfassender Vergleich der Selbstmordrate in der DDR und der BRD bringen wird.

Es dürfte sich nicht empfehlen, die tragischen Opfer politisch zu instrumentalisieren. Die Bumerang-Wirkung ist vorhersehbar. In der Talkrunde bei Christiansen am 19. November 2006 erklärte der Experte Klaus Jäkel, dass im Laufe der letzten zehn Jahre allein in Nordrhein-Westfalen 200 Häftlinge Selbstmord verübt hatten. Wieviel sind es in der gesamten BRD? Und im »Spiegel« 8/2007 war zu lesen: »Es war eines der schlimmsten Verbrechen im deutschen Strafvollzug. Der Häftling, 20 Jahre jung, musste Urin trinken, wurde von drei Zellengenossen vergewaltigt und anschließend mit zusammengebundenen Bettlaken im Klo erhängt – nach diesem Mord, geschehen im November 2006, galt die Justizvollzugsanstalt Siegburg als Deutschlands Horrorknast. Dorthin zog es jetzt SPIEGEL-Redakteur Guido Kleinhubbert, 34: Er interviewte Vollzugsbeamte, Psychologen und Gefangene, er besuchte auch andere Anstalten, und er kam zu erschütternden Ergebnissen. Siegburg sei prototypisch für die Misere des Strafvollzugs. ›Die Inhaftierten sind oft drogenabhängig und

absolut brutal, die Kluft zwischen ihnen und den Vollzugs-
beamten wird immer größer.‹ Manchmal seien die Ein-
gelieferten derart verwahrlost, so Kleinhubbert, ›dass sie
nicht mit Messer und Gabel essen können‹.«

Auch hier hat die Bibel Recht: Wer suchet, der findet, zuerst und vor allem Verbrechen, die von der CIA verübt werden.

Dass es den Terror der Staatssicherheit nicht gab, wuss-
ten auch Diplomaten aus nichtsozialistischen Staaten, die
ihre Bürger in Haftanstalten der DDR zu betreuen hatten.
Mindestens 130 Diplomaten haben etwa 3.500 Besuche in
DDR-Gefängnissen absolviert. Keiner von ihnen hat sich
bis heute zu Wort gemeldet, ihre Mission findet in der Öffentlichkeit keine Erwähnung.[44]

Trotzdem – ein Thomas Kunze[45] wusste, was in der DDR
an Unrecht geschehen war. In seinem Buch charakteri-
sierte er das Amt für Nationale Sicherheit der DDR folgendermaßen: »Die Behörde, die sich aus der Stasi rekrutierte
und es vorher in ihren Gefängnissen für opportun betrachtete, Häftlinge in Eis- und Wasserzellen zu sperren, ihnen
Psychopharmaka zu verabreichen, sie mit Elektroschocks
zu foltern, sie zu schlagen und zu demütigen...«

Darf mit Dr. Günther Sarge verallgemeinert werden: Immer wenn es darum geht, die DDR als Diktatur zu verun-
glimpfen, wird die Opferkeule geschwungen. Mit dem Begriff »Opfer der DDR« wird eine unselige Politik betrieben.

Die BRD hat alles darangesetzt, anhand von tatsächlichen oder vermeintlichen Einzelschicksalen pauschalisie-
rend den Unrechtscharakter des Staates DDR zu beweisen.
Alle Register werden gezogen. Spezifische Gruppen (z. B.
»AG 13. August«, Stiftungen verschiedener Art, »Astak«,

Antistalinismusvereine, »unabhängige« Vereine zur Geschichtsaufarbeitung, »OFB« usw.) werden mit Steuermitteln gesponsert und mit gutem Timing als »Zeugen des Unrechts« aufgerufen.

Ein knappes Dutzend »Bürgerrechtler« wird immer dann ins Rampenlicht gerückt, wenn es opportun erscheint, mit der »authentischen« Opferdarstellung berechtigte Forderungen der Ostdeutschen zurückzudrängen und einen Vergleich der heutigen Realität mit den Erlebnissen, Erfahrungen und dem Leben in der DDR zu verhindern. Mit Hilfe des westdeutschen Gesetzgebers (1. SEDUnBerG vom 29.10.1992, BGBl. I 1992) hat die BRD etwas getan, was wohl internationalen Gepflogenheiten zuwiderläuft, aber dem grenzenlosen Hass auf die DDR entsprang. Sie hat Rechtsbrecher zu Helden erklärt. Das betraf z. B. Personen, die Terrorakte, Menschenhandel, Kriegsverbrechen, Geheimnisverrat u. a. begangen hatten. So wurde der Terrorist, der in Karl-Marx-Stadt (heute Chemnitz) ein Ehrenmal für die gefallenen Sowjetsoldaten in die Luft jagen wollte, ein Held. Man stelle sich vor, es würde jemand das Luftbrückendenkmal in Berlin sprengen! Was für ein Aufschrei ginge durch das Land. Wer vorgibt, ein konsequenter Terrorbekämpfer zu sein, darf Terrorhandlungen nicht tolerieren.

Der DDR-Marinemaat, der unter Anwendung der Schusswaffe ein Kriegsschiff entführte, um es einer fremden Macht zu übergeben, wurde zum Helden erklärt, der sich wehrende Kommandant verfolgt. Ich kann mir vorstellen, dass ein solcher Terrorist in der US-Marine kein langes Leben gehabt hätte.

Ein Staat, der überführte und verurteilte Verbrecher aus politischen Gründen nachträglich zu Helden umstilisiert, darf sich nicht wundern, wenn die Rechtswerte und die Achtung vor dem Gesetz immer tiefer sinken. Was als Zäsur für den Rechtsstaat propagiert wurde, hat sich als Aushöhlung und Niedergang des Rechtsstaates erwiesen.

»Opfer« im juristischen Sinne kann nicht sein, wer nachgewiesenermaßen eine Handlung begeht, die nach den geltenden Gesetzen strafbar ist und dessen Verfahren nach den Normen des Prozessrechts durchgeführt wurde oder wird. Anderenfalls würde das Strafrecht total ausgehebelt werden. Demnach ist der Begriff »Opfer« an objektive Kriterien und nicht an das subjektive Empfinden des Betreffenden gebunden oder gar nach dem Maß von Politikern zu messen.[46]

Was unschuldige Häftlinge betrifft: Gibt es eine Statistik, die nachweist, wie viele Unschuldige nach 1990 in bundesdeutschen Haftanstalten einsaßen?

Einer ist jedenfalls Oberst a.D. Erich Gaida, der 18 Monate in einer westdeutschen Haftanstalt saß, bis ihm ein Gericht bescheinigte, keine Straftat begangen zu haben. Andere Beispiele stellte der aus den alten Bundesländern nach Dresden übergesiedelte Rechtsanwalt Endrik Wilhelm dar.[47]

Solche erfundenen »Opfer«-Schicksale werden in der ehemaligen Untersuchungshaftanstalt Berlin-Hohenschönhausen zu einer Gedenkstätte verdichtet.

Hier ist nicht der Platz, um alle Lügen, Verleumdungen und Verfälschungen aufzulisten, die mit der Gedenkstätte verbunden sind. Auch in Hohenschönhausen herrschten, wie in anderen DDR-Haftanstalten, menschenwürdige Bedingungen.[48] Erst nach 1990 wurde die Untersuchungshaftanstalt zum »Gruselkabinett« umgestaltet und z.B. ein »Grotewohl-Express« hingestellt, der weder mit der Haftanstalt, noch mit Otto Grotewohl je zu tun hatte. Jene, die heute im Zusammenhang mit Hohenschönhausen von »Stasi-Mördern«, »Stasi-Schergen«, »Folterern« u. a. schreien und das selbst zum Wahlkampfthema hochspielen, müssen ein miserables Verhältnis zum Rechtsstaat BRD allgemein und zur BRD-Justiz im Besonderen haben.

Da ich Autor des Buches über das »Gruselkabinett«[49] bin, möchte ich eine persönliche Anmerkung wagen. »Der Spiegel« und das »Deutschland Archiv« tadelten das Buch, ohne den Autor zu nennen und fanden scheinbar keinen einzigen sachlichen Fehler. Wohl aber erbosten sich zahllose Medien, dass etwa dreihundert frühere Mitarbeiter der Staatssicherheit ihr Recht auf Meinungsfreiheit beanspruchten. Sie haben, wie Dr. Günther Sarge feststellte, an einer öffentlichen Veranstaltung teilgenommen, bei der es um Dinge ihres früheren Dienstes ging, und sie haben sich zu Wort gemeldet, um Aussagen gerade zu rücken, Wahrheiten aus eigenem Erleben kundzutun und Unwahrheiten zurückzuweisen.

Was für ein Verständnis von Demokratie und Meinungsfreiheit haben die aufschreienden Politiker eigentlich? Sind sie unwillens oder unfähig, Wahrheiten über historische Ereignisse und Zusammenhänge anzuerkennen oder zumindest in einen Disput einzutreten? Die schlechtesten Ratgeber für die Geschichtsaufklärung sind das Vorurteil und der blinde Hass. »Wir müssen deutlich dem Eindruck entgegentreten, die früheren Gefängniswärter und Stasi-Mitarbeiter könnten ihre eigene Geschichte unwidersprochen verfälschen und die Deutungshoheit bei der Aufarbeitung beanspruchen«, erklärte der Präsident des Berliner Abgeordnetenhauses, Walter Momper. Das heißt doch im Umkehrschluss, dass die Deutungshoheit der Geschichte der

DDR allein den westdeutschen Eliten zustehen soll, also jenen, die die DDR 40 Jahre verteufelt und bekämpft haben. Wie heißt es doch im »Sachsenspiegel«: »Eenes Mannes Rede ist keene Rede, man muss hören alle beede.«[50]

Versuchen wir ein Fazit: Ein »Diktaturenvergleich«, wie ihn Totalitarismusforscher betreiben, führt bei den Geheimdiensten zu der Erkenntnis, dass es zwischen denen der DDR und der Hitlerdiktatur weder in der Zielsetzung und den Aufgaben, noch im Personal und den Methoden Ähnlichkeiten oder Übereinstimmung gibt. Wenn es Kontinuität und Ähnlichkeiten bei Personal, Aufgaben und Tradition gibt, dann sind sie in der BRD nach 1945 zu finden. Machen wir am Ende noch auf ein Kuriosum aufmerksam. Wie schwach müssen sich Totalitarismusforscher wie Hubertus Knabe fühlen, wenn sie den Disput scheuen und unter Missachtung des Grundgesetzes den Medien-Knüppel schwingen?

Ich habe aus begreiflichen Gründen die Hasskampagne verfolgt, die dem bescheidenen, sachlichen und schüchternen Auftreten einiger Mitarbeiter der Staatssicherheit folgte. Ohne die mir bekannten Quellen[51] anzugeben, nenne ich Beschimpfungen: »Stasi-Killer«, »Mielkes dressierte Männer«, »Schergen des Regimes«, »Kerkermeister von Schönhausen«, »Mielkes Untote«.

Es dürfte für Totalitarismusforscher schwer zu beweisen sein, dass die Verleumdungen des MfS und seiner Mitarbeiter, die zahllosen »Opfer«-Berichte, die Präparierung von Gedenkstätten wie die in Berlin-Hohenschönhausen, Filme wie »Das Leben der Anderen«, etwas mit Wahrheitsfindung zu tun haben. Ein zentrales Anliegen der zentral verordneten Verleumdung der Staatssicherheit ist es, den Bürger noch nachträglich das Gruseln zu lehren, um auch auf diesem Weg zur »Delegitimierung« der DDR beizutragen.

Das Film-Drama »Das Leben der Anderen« ist ein Musterbeispiel für Ziel und Methode der Manipulierung, Ulrich Mühe als Offizier der Staatssicherheit der Prototyp des Fieslings. Der Film erhielt den deutschen und europäischen Filmpreis, endlich am 26. Februar 2007 auch den Oscar. Von Donnersmarck, der Schöpfer des Films, tourte davor wochenlang durch die USA. Ironie der Geschichte: Er wurde schlimmeren Sicherheitschecks unterworfen als seine Mutter bei Besuchen in der DDR und er wurde von einem Filmbesucher belehrt: »Der Überwachungsstaat, den Sie in Ihrem Film beschreiben, mag für Sie Vergangenheit sein, bei uns ist er Gegenwart.«[52]

WAS WAR DIE KAMPFGRUPPE GEGEN UNMENSCHLICHKEIT?

Gegründet wurde die Kampfgruppe gegen Unmenschlichkeit (KgU) 1948 in Westberlin von dem Historiker und Publizisten Rainer Hildebrand. Ihr Hauptanliegen war zunächst der Aufbau eines Dienstes zur Suche nach in der sowjetischen Besatzungszone und der späteren DDR verschwundenen, verschleppten und vermissten Personen. Die sowjetische Geheimpolizei hatte nach 1945 – auch in den ehemaligen Konzentrationslagern Buchenwald und Sachsenhausen – sogenannte Speziallager errichtet. In ihnen wurden nicht nur ehemalige Nationalsozialisten inhaftiert, sondern auch viele Gegner der Besatzungsmacht und der sich installierenden SED-Herrschaft. Als im Sommer 1949 die ersten Entlassungen erfolgten, gingen viele der Freigelassenen nach Westberlin. Die KgU ließ sie im Rias (Rundfunk im amerikani-

So aggressiv waren bei weitem nicht alle Flugblätter der Kampfgruppe.

Der sowjetische Geheimdienst NKWD war ein Hauptfeind.

schen Sektor) über die Lager, die Haftbedingungen und Mithäftlinge sprechen und nach anderen Verschwundenen fragen. So wuchs rasch der Kreis der Personen, die von Ostdeutschland aus Kontakt zur KgU herstellten.
In den Anfangsjahren gehörten zum hauptamtlichen Personal der KgU in Westberlin 20 Mitarbeiter, sechs Jahre später waren es 80.

Das Netz der Vertrauensleute in der DDR wurde ab 1949 aufgebaut. Zu ihm gehörten Menschen aller Altersgruppen, Studenten und Schüler, Sozialdemokraten und andere an einer demokratischen Entwicklung interessierte Personen. In Einzelfällen waren es aber auch einstige aktive Nationalsozialisten, recherchierte der Historiker Enrico Heitzer vom Zentrum für Zeitge-

Aber von Donnersmarck wusste sich Rat. Er erzählte US-Bürgern, worin die Infamie der Staatssicherheit bestand: Sie stahl Untertassen, um einen Regimegegner um den Verstand zu bringen. Bei manchem scheint ein solcher Diebstahl gar nicht notwendig gewesen zu sein, um in der Hoffnung auf Millionen Dollar Profit das Thema Staatssicherheit zu vermarkten.

Am 30. September und 1. Oktober 2007 wurde, als Wiederholung Ostern 2008, der Fernsehfilm »Die Frau vom Checkpoint Charlie« gesendet, ergänzt durch eine Dokumentation, auf der die »Heldin von Dresden« und ihre Töchter ihre Rolle spielten. Selbst Anne Will, die gerade Sabine Christiansen abgelöst hatte, war sich nicht zu schade, ihre Talkrunde für die Verbreitung von Unwahrheiten einzusetzen. Aus Platzgründen verweise ich hier lediglich auf die nötig gewordene Polemik gegen die Anti-DDR-Sudeleien.[53]

Vielleicht lässt sich die Funktion der Anti-Stasi-Kampagne am besten mit einer Satire erfassen, wie sie Mathias Wedel versuchte: »Das Böse ist natürlich – seitdem es die Gestapo nicht mehr gibt und weil die Existenz Satans nicht zweifelsfrei bewiesen ist – die Staatssicherheit. Sie hat in den letzten 16 Jahren so viele Verbrechen begangen, wie in all den Jahren zuvor nicht. Dutzende Auftragsmorde, ein bis zwei Morde durch radioaktive Bestrahlung, Entführungen, Zwangsadoptionen, Folterungen in Jugendwerkhöfen und Missbrauch von Babypuppen waren dem Publikum nicht nur völlig neu, sondern sind auch neu dazugekommen. Auch zahlreiche psychische Zerrüttungen seit Einführung des Euro und der letzten Umstellung auf die Winterzeit – früher für normale Herbstdepressionen gehalten – gehen aufs Stasikonto. Die Stasi selber hat dazu keinen wesentlichen Beitrag mehr leisten können, dafür aber die Organe, die sie offenbar fest im Griff hat – *Spiegel*, *Bild*, *Focus* und *Superillu*. Auf diese Weise konnte das MfS nicht nur glauben machen, dass es weiter existiert, sondern fortgesetzt Angst und Schrecken säen.«[54]

War es das, was die »friedlichen Revolutionäre« Ende 1989 wollten?

Friedrich Schorlemmer, eine der Ikonen der »Wende«, erklärte in seiner Rede am 4. November 1989 auf dem Berliner Alexanderplatz: »Aber bitte – keine Rachegedanken. Wo persönliche Verantwortung oder Schuld vorliegt, ist strikte Gesetzlichkeit einzuhalten. Tolerieren wir nirgendwo Stimmen und Stimmungen der Vergeltung.«[55]

In jener Zeit entstand auch der Slogan: »Stasi in die Produktion«.

Die Erfinder jener Losung müssen angenommen haben, das sei eine Strafe. Heute wären viele der damaligen Schreier – ich kenne welche – froh, wenn sie Arbeit in der Produktion hätten. Die Hasstiraden mancher »Abrechner« ersetzen nicht Arbeit und Brot.

Als ich dieses Kapitel beendet hatte, erschien ein Buch, das mich ermuntert und zugleich beglückt. Klaus Eichner und Gotthold Schramm, die bereits andere Studien auf dem Gebiet der Sicherheitspolitik vorgelegt hatten, gaben »Angriff und Abwehr«[56] heraus, in dem der Vergleich der Geheimdienste der DDR und der BRD im Detail und mit akribischer Genauigkeit erfolgt. Ich fühle mich durch ihre Aussagen bestätigt und wünsche dem Buch, dessen Autoren mir manche Hilfe geleistet haben, eine weite Verbreitung.

10. Kirche

»Es gibt keine Religion, die ohne Konsequenzen
für die Lebensführung bleibt. Insofern hat jede
Religion auch eine politische Dimension.«[1]
(Bischof Wolfgang Huber)

»An ihren Früchten sollt ihr sie erkennen.«
(Matthäus 7.20)

Wenn Totalitarismusforscher ihr Handwerk ernsthaft
betreiben würden, müssten sie auch untersuchen: Wie verhielten sich die beiden Großkirchen, die katholische und
die protestantische, gegenüber den »zwei Diktaturen in
Deutschland«? Vielleicht könnte der Vergleich zu wichtigen aktuellen politischen Schlussfolgerungen führen. Es
müsste auch erlaubt sein, z. B. die katholische Kirche als
politische Kraft an den Kriterien zu messen, die in Totali-
tarismus-Definitionen formuliert sind: Die zentralistische
Führung durch einen (unfehlbaren?) Führer, die Existenz
einer einheitlichen Ideologie, das Fehlen bzw. Unterbinden jeder Opposition usw. Zweifellos ist die stärkste Form
der Ideologie der Glaube, und der religiöse Glaube ist eine
Form der Ideologie.[2]

Die Beziehungen zwischen deutschem Staat und Kirche
haben, wie »Der Spiegel« seine Leser belehrte, eine tausendjährige Tradition.[3] Als Axiom wird formuliert: »Ohne
die Reichskirche war Deutschland nicht zu beherrschen.«
Das Spannungsverhältnis zwischen Papst und Kaiser war –
nicht nur in Canossa – eine Grundkomponente in der Geschichte des früheren Mittelalters.

Die Goldene Bulle von 1356, das Grundgesetz des Reiches, legte die Prozedur für die Wahl des Kaisers fest:

Den Zeitpunkt, den Ort (die Bartholomäuskirche in Frankfurt a. M.), den Wahlmodus für die sieben Kurfürsten, also die Erzbischöfe von Mainz, Trier und Köln, den König von Böhmen, den Herzog von Sachsen, den Markgrafen von Brandenburg und den Pfalzgrafen am Rhein. Später änderte sich die Zusammensetzung. Die Kaiserkrönung, bis 1530 durch den Papst, fand zumeist in Rom statt.

Als der »Spiegel« im August 2006 die Bedeutung des »Heiligen Römischen Reiches Deutscher Nation« würdigte, wurde auch der Berliner Historiker Heinrich August Winkler über den »Reichsmythos« befragt, der von Hitler und den Seinen in besonderem Maße missbraucht worden ist. Nach Winkler war der »Reichsmythos« die Brücke zwischen Hitler und dem gebildeten Deutschland. Dem frühchristlichen Mythos zufolge saß der »Antichrist« in Moskau und war Jude.

Sicher ist, dass die Legitimierung »des Krieges gegen die Sowjetunion durch maßgebliche Vertreter der Kirchen bis hin zum Bischof von Münster, Graf von Galen, etwas zu tun hat mit der Überzeugung, dass der atheistische Bolschewismus der Hauptfeind des Christentums ist.«[4]

»Von evangelischen und katholischen Bischöfen erfuhr Hitler Lob und Anerkennung für seinen Kampf gegen den atheistischen Bolschewismus. Der Bischof von Münster, Clemens August Graf von Galen, der mutige Kritiker der Tötung von Geisteskranken, zitierte in seinem Hirtenbrief vom 14. September 1941 sogar zustimmend Hitlers Wort von der ›jüdisch-bolschewistischen Machthaberschaft‹ in Moskau.«[5]

So führte die »Reichsidee« mittelalterlicher Kaiser und Päpste zum »modernen« Kreuzzug gegen die Sowjetunion.

Mit der Reformation Martin Luthers entstand die protestantische Kirche. »Der Spiegel« beschrieb die entstandene Situation so:

»Kaiser Karl V., ein Überzeugungstäter wie sein Gegenüber Luther, war und blieb katholisch. Doch manche Landesfürsten nutzten die Chance, die ihnen Luthers Lehre bot. Dem Mönch zufolge hatte die Kirche in der Politik nichts zu suchen. Da lag es nahe, sich das Hab und Gut der vielen kleinen Kirchenstaaten anzueignen. Bald standen sich beide Seiten feindlich gegenüber.«[6]

Lehrreich wäre also, die Bezüge des Hitlerfaschismus auf die »Reichsidee« und auf das Christentum zu untersuchen.

Ein Bezug ist offenkundig: Luthers fanatischer Feldzug gegen die Juden. Er projizierte die Auswüchse des sich durchsetzenden Kapitalismus auf die Juden. Seine Kritik des Geldes, des Wuchers und Handels entbehrte jeder Herrschafts- und Ausbeutungsreflektion und führte schnurstracks in den Antisemitismus. Die Juden, »diese Taugenichtse und Ausplünderer«, seien keiner Gnade und keines Mitleids wert. So feierten die Nazis 1933 Luthers 450. Geburtstag. Julius Streicher, der Herausgeber des antisemitischen Hetzblattes »Der Stürmer« erklärte vor dem Nürnberger Tribunal, dass Luther an seiner Stelle auf der Anklagebank sitzen würde, wenn man dessen Buch »Die Juden und ihre Lügen« von 1543 in Betracht zöge: »In dem Buch schreibt Dr. Martin Luther, die Juden seien ein Schlangengezüchte, man solle ihre Synagogen niederbrennen, man solle sie vernichten ... Genau das haben wir getan!«[7]

Mit seiner Obrigkeitshörigkeit begründet der Reformator eine unheilige Allianz zwischen Thron und Altar und führt die Kirche in eine neue Gefangenschaft, die bis zum

Ende des zweiten Kaiserreichs 1918 und darüber hinaus andauerte.[8]

(Die Trennung von Staat und Kirche ist zwar seit 1919 verfassungsrechtlich festgeschrieben, aber bis heute nicht verwirklicht.)

Hitler selbst gefiel sich in der Pose des Messias: »So glaube ich heute im Sinne des allmächtigen Schöpfers zu handeln: indem ich mich des Juden erwehre, kämpfe ich für das Werk des Herrn«, hatte er in seinem Buch »Mein Kampf« verkündet. »Die Aufgabe, mit der Christus begann, die er aber nicht zu Ende führte, werde ich vollenden«, so empfahl er sich, stärker noch als der Sohn Gottes, dem deutschen Volk. Er, »der Führer«, war das jeder Religion unabdingbar Absolute, und wer in Frage stellte, dass Hitler samt seinen Gehilfen die gottgegebene Ordnung sei, bekam nicht erst im Jenseits die Krallen der Racheengel zu spüren. Die liturgischen Ausdrucksformen waren dann auch das erste, was kritische Historiker bewogen hat, den Nationalsozialismus mit den Kategorien der Religionswissenschaft zu beschreiben. Eine aufdringliche Ikonographie – Hakenkreuz, SS-Runen, Nazi-Adler, Standarten, Lichtsäulen, Pylonen und Flammenschalen – verwandelte die Feierräume der Nazis in geheiligtes Terrain. Trommelwirbel und Fanfarenklänge sorgten für die weihevolle Einstimmung. Die Magistralen zu den monumentalen Kultstätten und Hallen erinnerten während propagandistischer Großveranstaltungen an Prozessionsstraßen. Die Gestaltung der Podien war der Zentralität eines Altars angeglichen. Es gab Gemeinschaftserlebnisse in der Art einer Kommunion, zum Beispiel die Aufnahmeriten in die Hitlerjugend, Beitrittsmodi mit mythischem Glaubensbekenntnis, so bei der SA, SS, der »Leibstandarte Adolf Hitler«. Die Architektur wird gebauter Glaube.

Die faschistische Ideologie und Praxis hat sich zu einer eigenen weltlichen Sakralität verselbständigt.[9]

Die Stellung der katholischen Kirche gegenüber dem Faschismus lässt sich auch am Index des Vatikans prüfen. Während z. B. Heinrich Heine auf dem Index steht, ist das bei Hitler und Mussolini nicht der Fall. Der Kirchenhistoriker Hubert Wolf verweist darauf, dass nach katholischer Staatsauffassung (Römer 13.1-2) jede Obrigkeit von Gott ist und die Kurie davon überzeugt ist, dass sie ein Staatsoberhaupt nicht verurteilen kann. Zudem war Hitler Katholik und in seinem Antikommunismus/Antisowjetismus traf er sich mit Grundauffassungen des Vatikans.[10]

Hier wird weder untersucht, inwieweit Strukturen der katholischen Kirche den gängigen Definitionen totalitärer Diktaturen entsprechen, noch, wie der Faschismus religiöse Traditionen und Riten missbrauchte. Hier soll lediglich mit Hilfe vorhandener Literatur geprüft werden, ob und wie die beiden Volkskirchen Hitlerdeutschland und die DDR als wesensgleiche totalitäre Diktaturen betrachteten und behandelten oder nicht.

Die protestantische Kirche stand seit Luther in der Tradition, Stütze und Instrument der Fürsten und der Feudalklasse zu sein. Luthers Stellung zum Bauernaufstand 1525 war wegweisend.[11]

In gewisser Weise gehörten »Schwert, Talar und Kutte« zu den Wesensmerkmalen des preußisch-deutschen Staates, dessen letzter Kaiser in Personalunion an der Spitze der protestantischen Kirche und anderer Kirchen stand. Das Bündnis von »Thron und Altar« war und ist (in England noch heute) eine Grundlage der imperialistisch-militärischen Herrschaft.

Als 1918 die Hohenzollerndynastie abdanken musste, ergab sich für die protestantische Kirche eine neue Situation, nicht zuletzt, weil im Artikel 137 der Weimarer Verfassung das Prinzip der Trennung von Staat und Kirche festgelegt worden war.[12]

Die protestantische Kirche betrachtete die Weimarer Republik als ungewolltes und ungeliebtes Kind und behandelte sie entsprechend.[13]

Die protestantische und andere Kirchen waren eine der Kräfte, die den Boden für Hitlers »Machtergreifung« düngen half. Hitler hat in »Mein Kampf« dann auch triumphierend erklären dürfen: »Es konnte in den Reihen unserer Bewegung der gläubigste Protestant neben dem gläubigsten Katholiken sitzen, ohne je in den geringsten Gewissenskonflikt mit seiner religiösen Überzeugung geraten zu müssen. Der gemeinsame gewaltige Kampf, den die beiden gegen die Zerstörer der arischen Menschheit führten, hatte sie im Gegenteil gelehrt, sich gegenseitig zu achten und zu schätzen.«[14] Hitler sah also im Antikommunismus die ideologische Klammer zwischen dem Faschismus, Protestantismus und Katholizismus. So betonte Hitler auch in seiner Regierungserklärung vom 23. März 1933: »Die nationale Regierung sieht in den beiden christlichen Kirchen wichtigste Faktoren zur Erhaltung unseres Volkstums.«[15]

Es war deshalb nicht nur ein symbolischer Akt, als Otto Dibelius am 21. März 1933 am »Tag von Potsdam« die Begegnung des greisen Feldmarschalls von Hindenburg mit dem Gefreiten des ersten Weltkrieges zelebrierte. Der Feldmarschall beschwor in seiner Rede die Gottesfurcht als preußische Tradition.[16]

Und es war derselbe Dibelius, der als Bischof am 22. Februar 1957 mit Konrad Adenauer den Militärseelsorgevertrag unterzeichnete.

Es gab in der protestantischen Kirche Theologen wie Martin Niemöller oder Dietrich Bonhoeffer, die gegen die Nazidiktatur Widerstand leisteten.

Im Nazi-Kerker schrieb Dietrich Bonhoeffer 1944: »Die Kirche ist nur Kirche, wenn sie für andere da ist. Sie muss an den weltlichen Aufgaben des menschlichen Gemeinschaftslebens teilnehmen, nicht herrschend, sondern helfend und dienend.«[17]

Martin Niemöller hatte erkannt: Wir leben »in einem *Staat des Unrechts...*, in dem kein Mensch mehr vom Staat Wahrheit und Ehrlichkeit erwarten kann.«[18]

Aber diese Theologen der »Bekennenden Kirche«, denen Respekt gebührt, sprachen nicht für die protestantische Kirche. Wie feindlich Pfarrerkollegen Martin Niemöller noch nach 1945 behandelten, ist bei Walter Feurich nachzulesen: Im Zusammenhang mit der Gründung der »Kirchlichen Bruderschaft Sachsens« (KBS) lud diese Martin Niemöller für den 20. Juli 1961 nach Dresden ein. Wie angespannt das politische Klima war, beschreibt Pfarrer Walter Feurich in seinem Lebensbericht. Die Einladung löste böswillige Verdächtigungen durch die mehrheitlich reaktionäre Pfarrerschaft in Dresden gegenüber der Bruderschaft aus. Niemöller stand diesen Leuten zu weit links, er hatte sich mehrfach gegen jede Form des Antikommunismus ausgesprochen. Superintendent Gerhard Wendelin, ein alter Nazi, war nicht bereit, für Niemöllers Vortrag eine Kirche zur Verfügung zu stellen. Er fuhr ihm sogar entgegen, um ihn von einem öffentlichen Auftritt in Dresden abzuhalten. Der Staatsapparat half und stellte den Steinsaal des Hygiene-Museums zur Verfügung, der dann bei Niemöllers Vortrag »Kirche und Gesellschaft an der Schwelle einer neuen Zeit« bis auf den letzten Platz gefüllt war.[19]

Die Tatsachen beweisen, dass Bischöfe beider Kirchen – der katholische Kardinal Bertram in Breslau noch, als die Rote Armee vor der Stadt stand – den faschistischen Krieg bis fünf Minuten vor Zwölf unterstützt und befürwortet haben. »Gott mit uns« stand nicht nur auf dem Koppelschloss der Wehrmachtssoldaten, sondern war auch der Segen, den tausende Pastoren im Dienste der Kriegsverlängerung spendeten.[20]

Die Haltung der katholischen Kirche gegenüber dem Faschismus unterscheidet sich im Hinblick auf die Unterstützung der Politik Hitlers und des Krieges nicht prinzipiell von der der protestantischen Kirche, weist aber dennoch spezifische Züge auf. Die katholische Kirche hat in Gestalt des Papstes eine Autorität, die weltweit totalitäre Diktaturen unterstützt und sich als Bollwerk gegen den Bolschewismus betrachtet. Die Kollaboration mit Hitler ist z. B. in Hochhuths »Der Stellvertreter« enthüllt worden und durch zahlreiche Dokumente belegt (wenngleich das Archiv des Vatikans noch manches Geheimnis bergen dürfte).[21]

Der Vatikan ermöglichte Hitler seinen ersten großen außenpolitischen Erfolg. Er

DER REICHSBISCHOF RICHTET DAS CHRISTENTUM AUS

„He, der Mann da, das Kruzifix etwas weiter nach rechts!"

schloss am 20. Juli 1933 das Konkordat ab: »Dadurch erhält die deutsche Regierung der Machthaber erste internationale Anerkennung. Durch die katholische Kirche geht nach dem Abschluss des Konkordats eine Welle der Begeisterung für den Nationalsozialismus.«[22]

Obwohl der Vatikan über die Terrorakte und die Verbrechen der Nazis gut informiert war, auch über die Judenverfolgung und Auschwitz, tat der Papst nichts. Hitler war Katholik. Wurde er exkommuniziert? »Der Spiegel« (41/2006, S. 57) warf die Frage auf, was Papst Pius XII. veranlasst haben könnte, selbst dann noch über den Holocaust zu schweigen, als im Oktober 1943 die Juden Roms unter den Augen des Vatikans (und unter Mitwirkung des deutschen Botschafters Ernst von Weizsäcker) zur »Endlösung« abtransportiert wurden. Saul Friedländer, Holocaustforscher, beantwortet die Frage so: »Pius XII. habe nicht seine Bemühungen gefährden wollen, zwischen den Westmächten und Deutschland eine antisowjetische Allianz zu schmieden.« Mit anderen Worten: Dem Heiligen Vater war die heilige »antibolschewistische Allianz« wichtiger als das Leben von Millionen Juden und anderer »Europäer«. Und da wagt es jemand, von »christlichen Werten« zu schwätzen? Ein besonderes Kapitel ist das Verhalten des Vatikans gegenüber der Aggression Hitlerdeutschlands gegen die Sowjetunion. Der Vatikan kannte nicht nur die Ziele und Pläne der faschistischen Aggressoren, er beteiligte sich auf seine Weise an den Verschwörungen.[23] Motiv war nicht nur der Antibolschewismus, sondern auch die Annahme, dass der Vormarsch der Wehrmacht »die Verbreitung des Katholizismus in den besetzten Gebieten erleichtern würde.«[24]

»Der Spiegel« vom 8. Oktober 2007 (S. 162) berichtete unter Berufung auf ein Buch von Horacio Verbitzky, wie der katholische Klerus bis 1983 mit der Militärjunta in Argentinien kollaborierte: »Der Klerus hat nicht nur von den Verbrechen gewusst, sondern die Repression unterstützt ... Die Kirche war die ideologische Schule der Diktatur.«

Würden Totalitarismusforscher ihren Wertungen Fakten zugrunde legen, könnten sie nicht bestreiten: Die katholische und protestantische Kirche haben die faschistische Diktatur nicht nur duldend hingenommen, sondern deren Entstehung und ihren Ausbau unterstützt, partiell mit ihr kollaboriert.

Es ist kein Wunder, dass die Kleriker beider Konfessionen bei der »Aufarbeitung« dieses dunklen Abschnitts ihrer Vergangenheit keinen besonderen Eifer an den Tag legten, ausgenommen die Gruppe um Martin Niemöller, die am 19. Oktober 1945 das »Stuttgarter Schuldbekenntnis« durchsetzte[25] wie auch die Fuldaer Bischofskonferenz ein ähnliches Bekenntnis abgab.

Es mutet wie ein Scherz an, dass selbst Konrad Adenauer das Verhalten der Bischöfe in einem Brief am 23. Februar 1946 an Pastor Custodis tadelte: »Das deutsche Volk, auch Bischöfe und Klerus zum großen Teil, sind auf nationalsozialistische Agitation eingegangen. Es hat sich fast widerstandslos, ja zum Teil mit Begeisterung auf all den in dem Aufsatz gekennzeichneten Gebieten gleichschalten lassen. Darin liegt seine Schuld ... Ich glaube, dass, wenn die Bischöfe alle miteinander an einem bestimmten Tage öffentlich von den Kanzeln aus dagegen Stellung genommen hätten, sie vieles hätten verhüten können. Das ist nicht geschehen und dafür gibt es keine Entschuldigung. Wenn die Bischöfe dadurch ins Gefängnis oder in Konzentrationslager gekommen wären, so wäre das keine Schande, im Gegenteil. Alles das ist nicht geschehen und darum schweigt man am besten. Ich weiß bestimmt, dass der verstorbene Papst mit meinem Urteil genau übereinstimmte. Wie der jetzige Papst denkt, weiß ich nicht.«[26]

Wie verhielten sich der »jetzige Papst« nach 1945 und seine Nachfolger (für die »Ostpolitik« war Kardinal Wojtyla, als Papst Johannes Paul II., besonders wichtig) gegenüber der DDR, der »zweiten deutschen Diktatur«? Was die Rolle Wojtylas bei der »Überwindung« des Sozialismus betrifft, gibt es ausreichend Quellen und Literatur, auch Zeitzeugenaussagen wie die von Lech Walesa.[27]

Die katholische Kirche war »eine Speerspitze des Wandels im Ostblock«, titelte der »Spiegel« ungeniert.[28]

Die Doppelzüngigkeit von Papst Johannes Paul II. kannte kaum Grenzen, so wenn er 1982 USA-Bischöfe zurückpfiff, die die Erstschlagsdoktrin Reagans ablehnten, so wenn er Lech Walesa schon 1981 wie einen Staatsgast empfing und zum Arbeiter- und Streikführer beförderte, während er bei seinen Reden in Lateinamerika nie das Wort Streik in den Mund nahm, so wenn er zwei polnische Geistliche selig sprach, die mit der Waffe in der Hand gegen Russland gekämpft hatten.[29]

Die katholische Kirche in der DDR spielte aus objektiven Gründen nie eine ähnliche Rolle wie die in Polen.[30]

Die Wertung ihrer Rolle ist bis heute erschwert, weil die Archive der Kirche nicht oder kaum zugänglich sind, weil in der katholischen Kirche vieles unter innerkirchlicher Geheimhaltung entschieden wird und weil die Aktivitäten der katholischen Kirche geplant und diszipliniert erfolgten. Beobachter stellten fest: Die Bischöfe in der DDR verordneten der Kirche strengste politische Abstinenz, strebten einen »modus vivendi« zwischen Staat und Kirche an, »alle waren sie sich einig in der grundsätzlichen Opposition zum

DDR-Staat und in dem Streben, Eigenart, Geschlossenheit und Eigenständigkeit der Kirche zu bewahren, niemals ›Kirche im Sozialismus‹ zu werden.«[31]

Spektakuläre Aktionen hat der katholische Klerus nicht organisiert. Eine Untersuchung des Verhaltens der katholischen Kirche zum »Volksaufstand« am 17. Juni 1953 z. B. ergab: »Die Kirchen, so muss man in der Rückschau konstatieren, ließen die Streikenden im Juni 1953 allein.«[32]

Wer beobachtet hat, wie 1989/90, exemplarisch sei hier Professor Dr. Meyer genannt, Katholiken in politische Spitzenämter gelangten, kann der katholischen Kirche den Erfolg ihrer Taktik nicht abstreiten.

Das letzte Wort zum »totalitären Sozialismus« sei Kardinal Ratzinger, dem jetzigen Papst, überlassen. »Hier erfolgt die vollkommene Umkehrung der Werte, die die Eckpfeiler Europas bilden. Und mehr noch findet hier ein Bruch der gesamten moralisch-ethischen Tradition der Menschheit statt: ... Nicht der Einzelne zählt, sondern nunmehr die Zukunft, die zur schrecklichen Gottheit wird, die über alle und alles verfügt.«[33]

Das Wirken der protestantischen Kirche in und gegen die DDR war ein widersprüchlicher Prozess, und der Rückblick mancher erschwert die Wertung zusätzlich. Wenn den Joachim Gauck, Rainer Eppelmann, Heinz Eggert und anderen zu glauben wäre, hätten sie in einem fürchterlichen Konzentrationslager gelebt und permanent unter Einsatz ihres Lebens Widerstand geleistet. Auf der Tagung der Evangelischen Akademie Berlin-Brandenburg vom 10.–12. November 1995 zum Thema »Lässt sich Unrecht bereinigen?« erklärte der Historiker Jörg Friedrich (der durch die Vermarktung eines Buches über die Zerstörung Dresdens bekannt wurde): »... die DDR war ein KZ und die Grenzsoldaten lebende Schießautomaten und SS-Schützen.« Immer wieder der Vergleich mit dem Hitler-staat – nur ein Vergleich, keine Gleichsetzung, kein Feindbild, keine Ideologie, keine Indoktrination?[34]

Wie die Tragik im Schicksal einiger politisch missbraucht und journalistisch vermarktet wird, zeigt u. a. das Erinnern an Pfarrer Oskar Brüsewitz, der sich am 18. August 1976 in Zeitz unter spektakulären Umständen selbst verbrannt hatte.[35] Oskar Brüsewitz soll zum Symbol des unerträglichen Totalitarismus einerseits, des »christlichen« Widerstandes andererseits mutieren. Dass das Ereignis sowohl damals als auch heute mit Religion wenig, mit politischer Demagogie viel zu tun hat, kann jeder bei einigem Nachdenken selbst erkennen. An der Darstellung des »Widerstandes« einiger Pastoren der protestantischen Kirche haben auch Totalitarismusforscher mitgewirkt, von denen ich Gerhard Besier und Pfarrer Ehrhart Neubert nennen möchte.[36]

Gerhard Besier warf evangelischen Bischöfen in der DDR »Kumpanei« mit dem »SED-Regime« vor und kritisierte, dass sie zu wenig »Widerstand« geleistet hätten. Hier wird nicht auf die folgenden Auseinandersetzungen eingegangen, bei denen der britische Theologe Paul Oestreicher Besier Fälschung und Lüge vorwarf.[37]

Da sächsische CDU-Politiker in Kenntnis dieser Bücher Gerhard Besier zum Direktor des Hannah-Arendt-Institutes für Totalitarismusforschung in Dresden ernannt haben, darf gefolgert werden, dass dessen Verdikt gegen protestantische Bischöfe offiziell gebilligt wurde.

Auf die Querelen um die Ablösung Besiers als Direktor des Hannah-Arendt-Instituts wird hier nicht eingegangen.

Es bleibt die Frage: Aus welchen Gründen und mit welcher Absicht sind einige Vertreter der protestantischen

Kirche, stellvertretend sei Manfred Stolpe genannt, von ihren Glaubensbrüdern wie Gauck mit Hilfe von »Akten« gejagt worden? Diese Frage beantwortet auch Altbischof Albrecht Schönherr nicht, der die »Gratwanderung« der protestantischen Kirche in der DDR beschrieb.[38]

Wegen der Aktualität der Aussagen über die unheilvolle Wirkung der Arbeit der »Gauck-Behörde« zitiere ich Schönherr ausführlich: »Der Prozess der Selbstklärung wird noch lange dauern. Die heutige Beschränkung auf Stasi-Akten und Beziehungen zur SED ist ein Unding. Diejenigen, über die nichts in den Akten zu finden ist, sind fein heraus. Und das sind weithin gerade die, die in den Betrieben und Schulen andere gequält haben. Über sie wird in den Stasi-Akten nicht viel stehen. Die eigentlichen Täter werden zu erwünschten Zeugen. Die Stasi feiert späte Triumphe. Um wenigstens Annäherungen an die geschichtliche Realität zu gewinnen, muss das Ganze, das Umfeld, die Interessenlage, die Machtstruktur ins Blickfeld gerückt werden. Es bleibt dann noch immer genug, was sich der historischen Forschung entzieht. Wir haben einen Richter, der in die Herzen schaut. Darum haben wir Mut auch zu Unvollkommenem. Eins aber wollen wir nicht zugeben: Dass wir, die wir in der DDR gelebt haben und aus guten Gründen dort geblieben sind, an den Pranger gestellt werden; jeder Passant nimmt sich das Recht, uns zu beschimpfen. Die Kirche, seinerzeit hoch angesehen, wird heute mit Hohn und Spott begossen. Den Kommunisten ist es nicht gelungen, das tiefgehende Vertrauen der Bevölkerung in die Kirche und ihre Vertreter zu zerstören. Das geschieht heute in großem Maße, systematisch und mit schlimmer Leichtfertigkeit.«[39]

Einige der Wortführer der kirchlichen Opposition haben zweifellos nicht geringen Anteil an der Destabilisierung der DDR, aber müssen heute mit dem Vorwurf leben, die Bibel missbraucht zu haben und Heuchler gewesen zu sein. Dabei ist es nicht wichtig, in wessen »Dienst« jemand gestanden hat.

Pfarrer Rainer Eppelmann hat unter diesen »Oppositionellen« einen besonderen Platz.

Als Pastor an einer Berliner Kirche propagierte er am 25. Januar 1982 den Aufruf »Schwerter zu Pflugscharen«, in dem er unter Berufung auf Bibelsprüche die völlige Entwaffnung der DDR forderte. Inhalt und Symbol »Schwerter zu Pflugscharen« waren auf der ersten Friedensdekade christlicher Jugend in der DDR vom Dresdner Jugendpfarrer Harald Bretschneider festgelegt worden. Mit dem Aufruf »Berliner Appell – Frieden schaffen ohne Waffen« trat Eppelmann in die Öffentlichkeit. Zu den Erstunterzeichnern am 25. Januar 1982 gehörten auch: Katja Havemann, Robert Havemann, Ralf Hirsch, Lutz Rathenow, Hans-Jochen Tschiche. Dieser Aufruf führte zu zahlreichen oppositionellen Aktivitäten, u. a. am 13. Februar 1982 an der Ruine der Dresdner Frauenkirche. »Die Welt« hielt sie für so bedeutsam, dass sie in ihrer Kolumne vom 15. Februar 1982 unter dem Titel »Dresden« den Anfang vom Ende

der DDR prophezeite. Ehrhart Neubert wertete die Bewegung »Schwerter zu Pflugscharen« als wichtigste und wirksamste Form des Widerstands gegen die Politik der DDR.[40]

Eppelmann wurde 1990 letzter Verteidigungs- und Abrüstungsminister der DDR und wickelte die NVA ab. Danach wurde er Bundestagsabgeordneter und leitete acht Jahre die beiden Kommissionen, die Deutschland ein antitotalitäres Geschichtsbild über die DDR verordneten. Als CDU-Abgeordneter schaffte er sich mglw. eine neue Bibelübersetzung an, in dem die Sätze »Frieden schaffen ohne Waffen« und »Schwerter zu Pflugscharen« nicht mehr vorkamen. Aus dem Pazifisten Eppelmann ist der Bellizist Eppelmann in der BRD geworden. Er setzt damit die unselige Tradition jener Pfarrer fort, die die imperialistischen Kriege des kaiserlichen und faschistischen Deutschland segneten.

Es ist bemerkenswert und bedarf weiterer Untersuchungen und Überlegungen zur Frage, warum protestantische Theologen – Joachim Gauck, Rainer Eppelmann, Heinz Eggert, Marianne Birthler, Richard Schröder und andere – eine höchst unchristliche Hauptrolle bei der Abrechnung mit der »totalitären Diktatur« übernommen haben, während ihre geistigen Väter und Lehrer wie Bischof Dibelius auch nach 1945 die faschistische Diktatur nicht ernsthaft kritisierten. Wie erklärt sich dieser einseitige Umgang mit dem »Diktaturenvergleich«?

Wenn Totalitarismusforscher den »Diktaturenvergleich« aus der Perspektive von führenden Kirchenvertretern versuchen würden, ergäbe sich: Mit der faschistischen Diktatur, selbst mit ihrem Antisemitismus und ihren Aggressionen, konnten sich beide Kirchen gut arrangieren. »Christlicher Widerstand« stand nicht auf der Tagesordnung, und selbst am späten »Aufstand des Gewissens« am 20. Juli 1944 ist das christliche Element kaum wahrnehmbar. Gegenüber der »zweiten« Diktatur, der DDR, auf deren Banner Frieden und soziale Gerechtigkeit stand, praktizieren die meisten Bischöfe keineswegs dieselbe Unterstützung, wenigstens die gebotene Loyalität gegenüber der Obrigkeit, die unter dem Kreuz und faschistischen Diktaturen (bis hin zu Papst Johannes Paul II.) selbstverständlich ist. Warum mag das so gewesen sein?

In der BRD dagegen fand die Regierungspolitik stets die Unterstützung der Kirchen bis hin zum Seelsorgevertrag, der die erneute Militarisierung ideologisch absichert, und die Zustimmung der jüngsten Aggressionskriege durch Vertreter beider »Volkskirchen« rechtfertigt. Von einer Gleichheit oder Ähnlichkeit der beiden Diktaturen kann aus der Sicht der Kirchenführer keine Rede sein.[41]

Die Fortsetzung des Bündnisses zwischen Thron und Altar auch unter den Bedingungen eines möglichen atomaren Infernos beweist am klarsten der Militärsorgevertrag von 1957, den es in der DDR nicht gab.[42]

Das führt u. a. dazu, dass der Militärbischof Walter Mixa den völkerrechtswidrigen Einsatz von Bundeswehrsoldaten ausdrücklich gut hieß: »Die Soldatinnen und Soldaten antworten positiv. Das finde ich ermutigend.«[43]

Der Leser stelle sich Jesus in der NATO-Montur in Afghanistan vor. Ermutigend?

Dass für Kirchenobere in der Regel Kommunisten und Nazis keineswegs in gleicher Weise behandelt werden, zeigt sich auch in individuellen Schicksalen.

Im »Düsseldorfer Prozess« 1962, einem der spektakulärsten Strafverfahren in der Bundesrepublik, waren sieben Mitglieder des Friedenskomitees der BRD angeklagt, unter ihnen Nichtkommunisten, Christen und vier Kommunisten.

Einer der Kommunisten war der ehemalige Pfarrer Erwin Eckert. Eckert war 1931 aus der SPD aus- und in die KPD eingetreten. Die Kirchenleitung entfernte ihn daraufhin fristlos und unehrenhaft aus dem Dienst. Im »Dritten Reich« erlitt er Gefängnis- und Zuchthaushaft. Nach 1945 wurde er Staatsrat im südbadischen Kabinett, von 1947 bis 1956 war er Landtagsabgeordneter, zunächst in Baden, ab 1952 in Baden-Württemberg.[44]

Andere Angeklagte waren Pfarrer Johannes Oberhof und die frühere Münchner SPD-Stadträtin Edith Hoereth-Menge.

Pfarrer Eckert wurde wie seine Gefährten wegen seines Einsatzes für Frieden, Abrüstung und Völkerverständigung angeklagt, aber er fand auch Sympathie und Solidarität. Einer von denen, die ihn unterstützten, war Martin Niemöller, der Erwin Eckert schrieb: »Ich bin mit Ihnen und den mit Ihnen verurteilten Freunden der Meinung, dass wir in einem Staat des Unrechts leben, in dem kein Mensch mehr vom Staat Wahrheit und Ehrlichkeit erwarten kann. Für sie und die mit Ihnen verurteilten Freunde wie für unser ganzes Volk warte ich auf den Tag und bete zu Gott darum, dass er rechtzeitig noch kommt, an dem unser Volk zwar nicht eine andere Verfassung bekommt, wohl aber von den Menschen befreit wird, die unter dem Schutz dieser Verfassung ihre alten nazistischen und militaristischen Sonderziele zum Verderben unseres Volkes ungehindert verfolgen können. Darum bin ich froh, dass jetzt vor der ganzen Welt offenbar wird, wie unsere Polizei und auch unsere Justiz nazistisch verseucht und beherrscht werden.«[45]

Übrigens: Manfred Weißbecker erhielt bei seiner Recherche aus Düsseldorf am 10.9.1992 die Auskunft, die Akten seien »nach Ablauf der Aufbewahrungsfrist vernichtet worden«.[46] Warum diese Eile?

Seit dem 18. September 2006 hat sich die Situation für die Erforschung der Beziehungen zwischen dem Vatikan und Hitlerdeutschland verbessert. Vorausgesetzt, die Akten wurden nicht »gereinigt«, können Archivalien zum Thema eingesehen werden. Hubert Wolf hat diese Chance genutzt[47] und sich zu seinen ersten Entdeckungen geäußert. Einige Kostproben aus seinen Erkenntnissen: »Eine Organisation mit absolutem Wahrheitsanspruch, die katholische Kirche, trifft auf Ideologien mit totalitärem Anspruch.« »Die beiden Autokraten Pius XI. und sein Kardinalstaatssekretär Eugenio Pacelli haben quasi alle wichtigen Fragen unter vier Augen entschieden.« (Pacelli wurde 1939 unter dem Namen Pius XII. Papst.)

Die Spitze des Vatikans habe den Aufstieg der Nazis »mit Naivität, Ratlosigkeit, bisweilen Wohlwollen beobachtet. Gegenüber dem Kommunismus erschien ihr Hitler als das kleinere Übel.« Nach einer Audienz beim Papst am 4. März 1933 schrieb Pacelli in »offensichtlich gehobener Stimmung«: »Adolf Hitler ist der erste und einzige Staatsmann, der sich offensichtlich gegen die Bolschewisten stellt. Bis jetzt hat das nur der Heilige Vater getan.« Pacellis Freude galt also der Tatsache, dass der Papst in Hitler einen Komplizen beim Kreuzzug gegen den Bolschewismus sah. Kann deutlicher bewiesen werden, dass es für ihn keine Gleichheit der »totalitären Diktaturen« gab?

Inzwischen gibt es auch die Studie Gerhard Besiers »Der heilige Stuhl und Hitlerdeutschland.«[48] Auch ein Laie kann dort lesen, wie stark der Vatikan jenem Gebilde gleicht, das Totalitarismusforscher zu bekämpfen vorgeben. Wir lesen von der »Totalität des göttlichen Gehorsamsanspruchs«, vom »autoritären katholischen Staatsideal«, von der Wechselbeziehung zwischen der Macht Christi und starken Staaten, von der katholischen Kirche als der »Alleininhaberin der christlichen Wahrheit«, die ihren Platz in der Gesellschaft bestimmt. Gerhard Besier: Es kam zu einer »Christianisierung des Faschismus«.[49]

Wie könnte das Resümee unseres Vergleiches des Verhaltens der Kirchen gegenüber den »zwei Diktaturen« lauten?

Papst Johannes Paul II. wurde zwar nachgerühmt, dass er den Hauptanteil beim Sturz des Kommunismus habe[50], aber welcher Papst hat je einen Finger gerührt, um eine faschistische Diktatur stürzen zu helfen?

Was haben Päpste getan, um die Entstehung und Entwicklung eines neuen Antsemitismus zu verhindern oder wenigstens einzudämmen?[51]

Inzwischen gibt es den neuen Papst und die Verwandlung Joseph Ratzingers in Benedikts XVI. hat den Schrei ermöglicht: »Wir sind der Papst.« Wer nicht nationalistischem Taumel unterliegt, prüft genau, welchen Kurs der Vatikan steuert. Inzwischen gibt es Zeugnisse aus der Feder des einstigen Weggefährten als Theologe Hans Küng, als auch Recherchen wie »Benedikt XVI. und das Bündnis der Kurie mit Reaktion und Faschismus.«[52]

Zu den Handlungen Benedikts XVI. mit Signalwirkung gehört die Seligsprechung von 438 »Kreuzrittern Francos« – Katholiken, die als Anhänger Francos bei dessen Putsch und Krieg ums Leben gekommen sind.[53]

Hans Heinz Holz analysierte die »generalstabsmäßig geplante Offensive gegen jede Modernisierung der alleinseligmachenden Kirche«: »Ratzinger liefert die dogmengeschichtliche Munition, mit der die Bataillonskommandeure in die Schützengräben gehen.«[54]

Nicht wenige protestantische Pfarrer wetteifern darin, ihren Anteil am Untergang der DDR in die Welt zu posaunen, aber wer hat Ähnliches nach 1945 bei der Abrechnung mit der Hitlerdiktatur erlebt? (Das Stuttgarter Schuldbekenntnis der Männer um Niemöller war eine ehrenwerte Ausnahme.)

Rainer Eppelmann gab 2007 eine zweite Fassung seiner Memoiren unter dem Titel »Gottes doppelte Spur. Vom Staatsfeind zum Parlamentarier« heraus. Es handelt sich dabei um den Versuch, für seinen merkwürdigen Lebenslauf Gott verantwortlich zu machen: »Er hat mich getragen und gefordert.« Dabei erklärt sich Eppelmanns Weg nicht zwangsläufig aus der Tatsache, dass sein Vater SS-Unterscharführer in der Wachmannschaft in Buchenwald und Sachsenhausen war, auch nicht aus seinem Beruf als Pfarrer, der selten »Staatsfeind« ist, möglicherweise als Unikat »Verteidigungsminister« und historischer Chefankläger für die »Bewältigung« der DDR-Geschichte bleibt.

Einem ist wohl kaum zu widersprechen: Wer vor 1989 als Pfarrer »Schwerter zu Pflugscharen« in der Bibel »entdeckt« hat, um nach 1990 als Parlamentarier auf die Macht des (deutschen) Schwertes zu schwören, ist ein Heuchler.

Und Heuchler dieses Typs lassen sich als Helden der »friedlichen Revolution« feiern![55]

Wie Christus mit Heuchlern verfahren ist, kann in der Bibel nachgelesen werden.

Auch Eppelmann bestätigt uns:

Für die Kirchen – anders als für manchen Pfarrer und Christen – ist die eine – faschistische – Diktatur Partner und Verbündeter, die andere – Diktatur des Proletariats – unverzeihlich und vernichtenswert. Der »Totalitarismusvergleich« führt zu erstaunlichen und bedenkenswerten Erkenntnissen.

11. Erinnerungspolitik

»...der Erinnerung kann man nicht befehlen,
man kann sie nicht her- und wegzaubern.«[1]

»In meines Vaters Haus sind viele Wohnungen«
(Johannes 14.2)

Auf wohl keinem anderen Gebiet zeigen sich das strategische Ziel, die trickreichen Methoden und die verhängnisvollen Ergebnisse des Wirkens der Totalitarismusforscher so stark wie in der staatlich verordneten Erinnerungspolitik. Ihre führenden Köpfe sind Lieblinge der tonangebenden Medien. Wenn es einen Oberbefehlshaber auf dem Gebiet der Geschichtsklitterung (»Aufarbeitung«) gibt, dann heißt er Joachim Gauck, und der Grundkanon des neudeutschen Geschichtsbildes ist unter Leitung seines Amtsbruders Eppelmann in den Enquete-Kommissionen des Bundestages entstanden.[2]

Wann und wo hat es so viel staatliche »Sorge« um das Geschichtsbild der Bürger gegeben? Welche Ursachen mag das haben?

Zunächst: Da Totalitarismusforscher den »Diktaturenvergleich« üben, ist zu prüfen, wie sie mit den *beiden* Diktaturen umgehen, die einen völlig gegensätzlichen Charakter haben. Was wollen sie erreichen?

Vor der Enquete-Kommission erklärte Roman Herzog 1996: »Die DDR war ein Unrechtsstaat. Der Versuch ihrer früheren politischen Elite, heute die DDR-Realität zum international Üblichen umzuinterpretieren, dürfen wir nicht zulassen.«[3]

Der Professor für Philosophie an der theologischen Fakultät der Humboldt-Universität Berlin, Richard Schröder

(1990 einer der Führer der Ost-SPD), interpretierte das Gebot so: »Wir müssen schon deshalb von den beiden deutschen Diktaturen sprechen, damit wir nicht noch einmal das Falsche aus der Geschichte lernen... Die Kontinuitäten der beiden Diktaturen sprangen uns in der DDR unvermeidlich ins Auge. In meinem Heimatort wurde das HJ-Heim in FDJ-Heim umbenannt. Mit denselben Landsknechtstrommeln und Fanfaren, nur neu beschriftet, führte wieder eine Jugendkapelle die obligaten Massenaufmärsche an. Da gab es noch mehr Gemeinsamkeiten: die Ablehnung der Gewaltenteilung zugunsten eines Führerprinzips, die Ablehnung einer unabhängigen Justiz, die völlige Instrumentalisierung der Medien, der Kultur, des gesamten geistigen Lebens, der Missbrauch der Sozialpolitik zum Ersatz für die Bürgerfreiheit, die Installation einer allmächtigen Geheimpolizei, den Fanatismus.«[4]

Richard Schröder fordert also, »das Falsche« zu überwinden, das »wir« aus der Geschichte lernen. Wer ist »wir«, was ist das »Falsche«? Fragen zu den übrigen Behauptungen kann sich jeder selber stellen, z.B.: Was ist »Missbrauch der Sozialpolitik zum Ersatz für die Bürgerfreiheit«?

Auch Joachim Gauck, immer noch Hassprediger ohne Amt und Auftrag (?), meldete sich im »Spiegel«[5] und zahlreichen anderen Medien zu Wort: Wir benötigen eine zweite Phase der Aufarbeitung. In Kurzfassung: Es reicht nicht, die Staatssicherheit zu verleumden, der gesamte Alltag der DDR müsse den Nachgeborenen als diktatorisch fremdbestimmt, trist und traurig dargestellt werden. Warum?

Marianne Birthler geriet zeitweilig nicht nur in Bedrängnis wegen der 52 Mitarbeiter der Staatssicherheit, die jetzt in der Gauck-Birthler-Behörde »treue Dienste« bei der Inquisition gegen ihre früheren Genossen leisten[6], sie sorgt sich auch rührend um die Bildungsinhalte in den Schulbüchern, ganz anders, als das von den Bildungsministern bekannt wurde.[7]

Sie wurde im Interview gefragt: »Haben Sie ein unglückliches Leben in der DDR geführt?« Ihre Antwort ist erstaunlich: »Aber nein, schon gar nicht als Privatperson, beruflich oder als Mutter.«[8] Ich wüsste nicht wenige, die heute Opfer gnadenloser Abrechnung (durch »Christen«?) sind.

Einzufügen ist: Die Verfälschung der Geschichte im Geiste der Totalitarismus-Doktrin findet in den Medien viele Interpreten, von denen nicht wenige ihren Antikommunismus von ihren Lehrmeistern aus der Goebbels-Propaganda übernahmen.[9] Vielleicht meinte das Joachim Gauck, als er erklärte: »Wir müssen ganz nüchtern sehen, dass es nicht immer nur ein Fortschritt ist, wenn es eine Leitkultur des Erinnerns gibt.«[10]

Der Konservatismusforscher Ludwig Elm stellte also zu Recht fest: »Die Selbstverständlichkeit, mit der die inzwischen die Formel von den zwei Diktaturen in Deutschland um sich gegriffen hat und ebenso unablässig wie leichtfertig fragwürdige Parallelisierungen der DDR mit der Nazibarbarei verbreitet werden, gehört zu den auffälligsten Äußerungen der geschichtsideologischen und politischen Grundtendenzen seit den 90er Jahren. In der Gedenk- und Erinnerungspolitik wurde dies inzwischen in die Formel von den zwei Diktaturen und ihren Opfern übersetzt.«[11]

Professor Dr. Hermann Schäfer, Experte auf dem Gebiet der Erinnerungspolitik, erläuterte in seinem (verunglückten) Vortrag in Weimar am 26. August 2006 das Wesen der

Erinnerungspolitik und die Rolle des Staates dabei: »Erinnerungen sind für den Menschen so wichtig wie die Luft zum Atmen. Und ohne Erinnerung an die eigene Geschichte gibt es für ein Volk weder Gegenwart noch Zukunft... Wir wollten, dass die Besucher (bei der Ausstellung ›Flucht. Vertreibung. Integration‹, H. Sch.) mitleiden, weil die Deutschen, die aus ihrer Heimat fliehen mussten oder vertrieben wurden, Opfer waren.« (Meine Familie und ich gehören als Schlesier in diese Kategorie, sind aber »Opfer« der faschistischen Kriegspolitik und wünschen nicht, dass jemand heute deshalb leidet.)

»Historische Erinnerung ist ... niemals gleichförmig und konstant. Zu jeder Zeit gibt es bestimmte Themen, die die Erinnerungskultur einer Gesellschaft prägen.«[12]

Nach dem Anhören dieses Vortrages forderte der Zuhörer Volkhard Knigge, Direktor der Gedenkstätte Buchenwald, die Bundesregierung zu einer Klarstellung ihres Geschichtsbildes auf. Sie hat also eines. Wir dürfen jetzt schon feststellen, die Erinnerungspolitik hat viele Facetten und hat sich inzwischen nach einem Wort von Norbert Frei zu einer »Erinnerungsschlacht« entwickelt.[13]

Der Historiker Dieter Langewiesche hat erklärt, warum der Geschichte (d. h. dem Geschichtsbild, H. S.) eine zentrale Aufgabe zukommt: »Die Nation ist eine Erinnerungsgemeinschaft, man kann aus ihr daher auch nicht einfach austreten. Ohne eine solche historische Grundlage kann die Nation nicht entstehen.«[14]

Die von konservativen Politikern angefachte Diskussion über Nation und Vaterland findet so ihre Erklärung.

Die Organisatoren der »Erinnerungsschlacht« wissen natürlich genau, was sie tun. In einer Arbeit der Adenauer-Stiftung darf jeder lesen: »Mit Geschichte lassen sich

Skandale kreieren, die Welt in ›anständig‹ und ›unanständig‹ aufteilen, in ›gut‹ und ›böse‹, lassen sich Debatten inszenieren, die über Wochen die Feuilletons beschäftigen und mediale Präsenz ermöglichen. Mit Geschichte lässt sich von den ›harten‹ Problemen, die Detail und Umsetzung erfordern, ablenken zugunsten geistesgeschichtlicher Großwetterlage, in die man Zeitdiagnostisches nach Belieben einspeisen kann. Denn ihr Potential ist für alles gut: für das falsche Zitat, die unzutreffende Parallele, für das gewollte Missverstehen, den übertriebenen Vergleich, für vermeidliche Ursache und unterstellte Wirkung, für Ästhetik und Moral, für Vorbild, negativ oder positiv, für die Sehnsucht nach historischer ›Verortung‹ angesichts zunehmender Innovationsdynamik, gar nach ›Identität‹... Nicht der Vergleich selbst ist bedeutsam, bedeutsam ist die bildungsbürgerliche Pose, noch vergleichen zu können. Politische Wirkung gewinnen Vergleiche, Akzente, Bewertung von Abläufen oder Beurteilungen von Personen erst wirklich, wenn sie sich zu zeithistorischen Geschichtsbildern verdichten.«[15]

Von Wahrheit und Wahrheitssuche im Geschichtsbild ist keine Rede (mehr). Der Geschichtsrevisionismus hat viele Akteure, die sich ansonsten mit Geschichte nicht beschäftigen. Wolfgang Schäuble verfügte als Innenminister im Oktober 1990 die Abwicklung des Antifaschismus, wobei er sich der Mithilfe einiger williger Professoren bediente. Professor Dr. Wilke, nun an der Humboldt-Universität lehrend, schrieb wegweisend über »Antifaschismus als Legitimation staatlicher Herrschaft in der DDR«.[16]

Welche Welle der verordneten Bilderstürmerei löste die Order Schäubles aus? Sie ist 2006 noch nicht beendet, wie Tatsachen zeigen. Sogar die bildende Kunst ist betroffen[17], wenn sie einer »Stasi«-Jägerin nicht gefällt wie Tübkes Gemälde über Budapest 1956.

Wie Victor Klemperer in »LTI« die Sprache des »Dritten Reiches« analysierte, kann heute jeder Typisches beobachten. Die Alltagssprache (die Sprache des vierten Reiches?) ist durchsetzt mit Begriffen wie Stasi-Terror, SED-Diktatur, DDR-Unrecht, Spitzelstaat, Überwachung, Verfolgung, Täter–Opfer und andere, wenn die Sprache auf die DDR kommt. Wo kommt dieser Stil her? Fernseh-»Dokumentationen« (vor allem des MDR) bedienen ständig diese Klischees. Gedenkrituale werden entsprechend gestaltet.

Helmut Kohl und andere haben vorgegeben, welche Gedenktage auf welche Weise zur Verteufelung der DDR beitragen sollen. Helmut Kohl hat am 10. Geburtstag des Hannah-Arendt-Instituts den Totalitarismusforschern drei Gedenktage ans Herz gelegt, den 20. Juli 1944, den 17. Juni 1953 und die »Wende«, in der aus seiner Sicht er der wichtigste Akteur gewesen sei.[18]

Der gescheiterte Putsch von Offizieren, der zu einem Zeitpunkt stattfand, als die Niederlage Deutschlands feststand, soll also zum Symbol des »Widerstandes« schlechthin werden, womit unter anderem der Widerstand gegen die Hitlerdiktatur schon vor 1933 und danach völlig ausgeblendet wird. Damit wird auch die Traditionspflege in der DDR grundsätzlich in Frage gestellt.

Hans-Jochen Vogel, zeitweise SPD-Vorsitzender, behauptete auf dem X. Bautzen-Forum im Mai 1999 wahrheitswidrig von der DDR: »Bewusst sei der Eindruck erweckt worden, im Grunde hätten nur die Kommunisten gegen den Nationalsozialismus gekämpft und sie allein hätten ihn schließlich überwunden. Natürlich dürften die Opfer, die

Kommunisten im Kampf gegen den Nationalsozialismus gebracht haben, nicht verschwiegen werden. Ebenso wenig dürfe aber nicht unerwähnt bleiben, dass die Kommunisten auf ihre Weise zum Scheitern der Weimarer Republik beigetragen haben.«[19]

Zu keinem Zeitpunkt und in keiner Gedenkstätte ist in der DDR behauptet worden, nur die Kommunisten hätten Widerstand geleistet. Selbstverständlich gehören die Männer des 20. Juli wegen ihres Widerstandes und ihres Martyriums in das »Ehrenbuch der deutschen Geschichte«[20], aber ihre Würdigung kann nicht auf Kosten des Widerstandes der Arbeiterbewegung erfolgen.

Über den 17. Juni 1953 gibt es eine unübersehbare Literatur und Urteile zahlloser Politiker und Publizisten von Arnulf Baring bis Gerhard Zwerenz, Romane von Stefan Heym wie von Erich Loest (»Sommergewitter«). Dr. Hubertus Knabe monierte in »Verfehlte Vergangenheitsvermittlung« (S. 22) an der Birthler-Behörde: »Zum Volksaufstand am 17. Juni veröffentlichte die Behörde gleich vier Monografien[21], obwohl das Thema seit Jahrzehnten von vielen Historikern bearbeitet wird.« Dr. Knabe schrieb noch eine dazu[22], und auch das Hannah-Arendt-Institut bediente den Zeitgeist[23]. Ungeachtet dieser Literaturflut von Historikern und Zeitzeugen sind weitere vier Arbeiten auf Steuerkosten in der Gauck-Behörde entstanden. Selbstverständlich mussten Dr. Hubertus Knabe und das Dresdner Hannah-Arendt-Institut ihre spezifischen Beiträge vorstellen.

Zunächst muss mit der Legende aufgeräumt werden, der 17. Juni 1953 sei in der DDR ein Tabu gewesen. In welchem Geschichtsbuch ist er verschwiegen worden? Immerhin war es Margot Honecker, die 1966 auf dem Pädagogischen

Kongress erklärte: »Und schließlich soll man im Geschichtsunterricht keinen Bogen um Probleme machen; auch über konterrevolutionäre Ereignisse, über den 17. Juni beispielsweise ... muss die Jugend etwas wissen. Denn unsere Partei geht davon aus, dass man die Geschichte schreiben und lehren muss, wie sie tatsächlich verlaufen ist.«[24]

Wenn »Zeitzeugen« sich erinnern, geschieht das in höchst differenzierter Weise. Einige von ihnen haben sich auch schriftlich geäußert, so Christa Nikusch, Annemarie Walther, Eva Starke, Dieter Lämpe, Wolfgang Heinig, Günther Brückner, Lilo Tulatz und Heinz Möbius.[25] Selbstverständlich ist, dass sie Unterschiedliches erlebt haben und sich an Unterschiedliches erinnern. Sie haben auch keinen Grund, sich in *bestimmter* Weise zu erinnern. Selbst wenn sie damals wie Günther Brückner (den ich aus seiner Studienzeit kenne) »staatsnah« Pädagogik studierten, könnten sie sich auf Ministerin Margot Honecker und die Lehrbücher berufen.

Heidi Roth, die Kronzeugin des Hannah-Arendt-Instituts, hat ihre Forschungen zum 17. Juni 1953 *vor* der »Wende« begonnen. An den Fakten von 1953 hat sich nichts geändert, nur das Vorzeichen wurde geändert. Aus dem konterrevolutionären gescheiterten Versuch, die DDR zu beseitigen, wurde der »Volksaufstand« als »Generalprobe« für 1989. Fricke schrieb ihr das Vorwort und moderierte die Buchvorstellung in Dresden.

Die verordnete verbindliche Begrifflichkeit für die Ereignisse des 17. Juni 1953 lautet »gescheiterte Revolution«[26], wodurch der »Volksaufstand« von 1953 zur »Generalprobe« für 1989 mutiert.

Die Soldschreiber des Kapitals lieben neuerdings Revolutionen – wenn sie nicht zu Hause stattfinden. In der BRD war der 17.Juni Gedenktag – bis 1990. Sie feierte einen »Volksaufstand« – in einem anderen Staat.

Ich habe den 17.Juni 1953 als Direktor der Grundschule 2 in Niesky erlebt. In der Nachbarschaft unserer Schule befand sich die Villa, in der die Kreisdienststelle des MfS untergebracht war. Das Gebäude wurde gestürmt, deren (anwesende) Mitarbeiter wurden misshandelt und in Hundehütten gesperrt. Die Fakten, die Heidi Roth aus den Quellen erschließt, habe ich erlebt, aber ich sah die Fratze des Faschismus (und kannte einige Anführer), nicht einen Volksaufstand.[27] Natürlich weiß ich: Der 17.Juni 1953 ist ein besonderes Lieblingskind aller DDR-Feinde bis heute. Das zeigte sich auch 2003, als unter der Regie Rainer Eppelmanns eine geschichtspropagandistische Großaktion stattfand. 45 Publikationen, 51 Vorträge bzw. Diskussionsforen, 63 Ausstellungen bzw. Stationen von Wanderausstellungen, 44 Tagungen und Konferenzen, 35 Gedenkveranstaltungen, 33 Schülerprojekte, 18 öffentliche Filmveranstaltungen, 13 Lehrerfortbildungsmaßnahmen und dergleichen mehr.[28]

Die Liebe zum aufständischen Volk – in einem anderen souveränen Staat – ging so weit, dass die BRD den 17.Juni bis 1990 als Feiertag beging (letzter Redner war Manfred Stolpe).[29] Das sagt mehr, als Hunderte Historiker beschreiben und bewerten können.[30]

Die offizielle BRD bezeugte ihre »Solidarität« mit dem Volk der DDR und streikenden Arbeitern, die für soziale Verbesserungen eintraten. Könnte dieses »Gedenken« nicht zum Bumerang werden? Was demonstrierenden Arbeitern von 1953 als Ruhm nachgesagt wird, kann doch heute in der Bundesrepublik nicht Schande und Katastrophe sein. Und Bundeswehroffiziere, die am 20.Juli ihren

Zapfenstreich veranstalten, können doch ihre Pflicht nicht nur darin sehen, Kämpfer gegen einen verlorenen Krieg zu würdigen, sondern müssten sich gegen völkerrechtswidrige Aggressionen bis zum »Hindukusch« wenden, nicht nur weil die Keitel und Jodl am Strick in Nürnberg endeten. Recht, Vernunft und Gewissen verlangen Widerstand. Das Beispiel eines solchen Widerstands gibt es. Am 17. Dezember 2006 verlieh die Internationale Liga für Menschenrechte Major Florian Pfaff die Carl von Ossietzky Medaille für seinen Widerstand gegen die Beteiligung an der Irak-Aggression.

Die staatlich verordnete Erinnerungsschlacht tritt in eine neue Phase und wird generalstabsmäßig organisiert. Das widerspiegelt sich u. a. im erbitterten Streit um die »Empfehlungen« der Sabrow-Kommission.[31]

Martin Sabrow, Direktor des Zentrums für zeithistorische Forschung in Potsdam, hatte am 9. Mai 2006 Empfehlungen einer Expertenkommission vorgelegt, die folgendermaßen zusammengesetzt war:

Prof. Dr. Martin Sabrow (Potsdam) als Vorsitzender
Prof. Dr. Rainer Eckert (Leipzig)
Dr. Monika Flacke (Berlin)
Prof. Dr. Klaus-Dietmar Henke (Dresden)
Roland Jahn (Berlin)
Freya Klier (Berlin)
Tina Krone (Berlin)
Prof. Dr. Peter Maser (Münster)
Ulrike Poppe (Berlin)
Dr. Hermann Rudolph (Berlin)

Die Expertenkommission registrierte als »Defizite« der bisherigen Phase der »Aufarbeitung« von DDR-Geschichte

- die »geteilte Wahrnehmung der DDR-Geschichte«,
- die »Trivialisierung der DDR« als politisches System,
- die unzureichende »Vermittlung der DDR-Geschichte in Schulen und Hochschulen«,
- die »unzureichende Vernetzung und mangelnde Professionalität« einiger Einrichtungen,
- »das Fehlen einer Gesamtplanungsstrategie« (!),
- die Vernachlässigung des »Alltags in der Diktatur«.

Insbesondere die Auflistung der »Defizite« zeigt, dass es den Verantwortlichen in der »zweiten Phase« der »Aufarbeitung« vor allem um eine »Gesamtplanungsstrategie« geht, in der auch Inhalte und Begrifflichkeit einheitlich und zentral bestimmt werden, für die Ereignisse 1989 in der DDR gilt der Begriff »friedliche Revolution«, für den sich Steffen Heitmann vehement eingesetzt hatte, für den 17. Juni 1953 bestimmte Karl Wilhelm Fricke die Begriffe »Volksaufstand« und »gescheiterte Revolution«.[32]

Die Expertenkommission hat »Leitlinien für die zukünftige Entwicklung der DDR-bezogenen Diktaturaufarbeitung definiert«, die in vier Punkten verkürzt lauten:

Erstens wird *Offenheit und Pluralität* gefordert, was die Möglichkeit schafft, »unterschiedlichen Gesichtspunkten Raum (zu) geben«. Offensichtlich haben die Experten erkannt, dass ein zu schnell erkennbares Meinungsdiktat dem Anliegen der »Aufarbeitung« schadet.

Zweitens wird eine *dezentrale Struktur* empfohlen, weil es nie einen »abgeschlossenen Prozess« bei der Darstellung der Vergangenheit geben kann. Zweifellos wird damit der Alleinvertretungsanspruch der Knabe und Fricke bei der

Wertung der DDR-Geschichte in Frage gestellt, zugleich aber die Möglichkeit geschaffen, hinter der Nebelwand des »Pluralismus« neue ideologische Geschütze aufzufahren.

Drittens spricht sich die Expertenkommission für *Vernetzung und Effizienz* aus. Wenn damit »öffentliche Gelder«, also Steuergelder der betroffenen Bürger, »eingespart« werden, wird kaum jemand Einwände haben. Aber »Effizienz« hat als Synonym für Wirksamkeit natürlich auch eine andere Bedeutung. Die »Effizienz« der »Gehirnwäsche« bei der ideologischen Kriegführung kann ein wichtiger politischer Faktor sein.[33]

Viertens schließlich wird die *Professionalisierung und Perspektivenerweiterung* vorgeschlagen, wobei deren Notwendigkeit auch mit den Vorgängen an der Gedenkstätte Hohenschönhausen begründet wird.

Die Expertenkommission schlägt strukturelle Veränderungen bei der »Aufarbeitung der DDR-Diktatur« vor. Künftig sollen drei inhaltliche Themenbereiche einerseits relativ selbständig forschen und arbeiten, andererseits kooperieren.

Die drei »Kerninstitutionen« sollen sein
 – »Herrschaft – Gesellschaft – Widerstand«,
 – »Überwachung und Verfolgung« und
 – »Teilung und Grenze.

Es ist offensichtlich, dass mit den vorgeschlagenen Strukturveränderungen auch der »Abwicklung« überflüssiger Institutionen und Job-Verlusten entgegengewirkt werden soll.[34]

Die genannten Empfehlungen lösten einen heftigen Streit aus, der sich in vielen Medien widerspiegelte und an dem sich sogar Mathias Döpfner von der Axel Springer AG beteiligte.[35]

Martin Sabrow nahm im Neuen Deutschland dazu Stellung: »Vermutlich erleben wir gerade das Wetterleuchten eines abziehenden politisch-moralischen Reinigungsgewitters, das noch einmal die unterschiedlichen Bilder der DDR in grelles Licht taucht, bevor sie vom kollektiven in das kulturelle Gedächtnis wechseln.«[36]

Aus meiner Sicht zielen die Empfehlungen an einigen Grundproblemen vorbei:

- Die DDR-Geschichte kann nur im Wechselspiel mit der BRD-Geschichte und als Teil des sozialistischen Lagers begriffen und geschrieben werden, im »europäischen« Kontext.
- Die Orientierung auf die »Delegitimierung« der Diktatur ist nicht der Blickwinkel von Historikern, sondern der von Staatsanwälten und Richtern (die damit gescheitert sind).
- Bei der Nutzung der Quellen muss Waffengleichheit hergestellt werden. Wenn die bundesdeutschen Archive geschlossen bleiben, ist eine annähernd objektive Geschichtsschreibung unmöglich. (Handlungen der DDR waren häufig oder sogar meist Reaktionen auf die BRD-Politik, angefangen bei der Gründung der DDR.)[37]

Angesichts der Bedeutung der Erinnerungspolitik für die Zukunft der Deutschen soll im Folgenden skizzenartig auf drei Tendenzen aufmerksam gemacht werden:

- die Eck- und Knackpunkte des zentral verordneten Geschichtsbildes,

– der Platz und die Funktion der Gedenkstättenpolitik,
– der Einfluss der Totalitarismusforscher auf die Schule.

Seit Jahren wird im Bundestag um ein Gedenkstättenge-
setz gerungen, dessen Modell in Sachsen bereits existiert
und zu verheerenden Folgen geführt hat.[38]

Der Zweck »antitotalitärer« Gedenkstättenpolitik wird
bei vielen Gelegenheiten sichtbar. Anfang 2005 erschien
das Übersichtswerk »Orte des Erinnerns. Gedenkzeichen, Gedenkstätten und Museen zur Diktatur in SBZ und
DDR«. Namens der auftraggebenden Institutionen beginnen Rainer Eppelmann, Thomas Krüger und Markus
Meckel das Geleit mit den Worten: »Die Aufarbeitung beider Diktaturen des 20. Jahrhunderts ist Teil des demokratischen Selbstverständnisses im vereinten Deutschland.«
Noch mehr: »Aufklärung über die beiden Diktaturen, die
Feindschaft gegen Demokratie und Rechtsstaat gemeinsam
hatten, sind der Kern des demokratischen Konsenses sowie
der Erinnerungskultur.«[39]

Behauptet wird, dass Gedenkstätten mit »doppelter Vergangenheit« Opfer »beider Diktaturen« ehren würden,
aber schon diese Gleichsetzung der Opfer – Widerstandskämpfer gegen die Hitlerdiktatur = Oppositionelle in der
DDR – ist historisch falsch und unmoralisch. Das zeigt
schon der Vergleich, wie sowjetische und westliche »Lager«
von 1945 beschrieben werden. In den Jahren nach 1990 ist
unschwer zu beobachten, dass sowjetische Internierungslager aus der Zeit nach 1945 sich bei Totalitarismusforschern
besonderer Beliebtheit erfreuen.[40]

Beim Stichwort »sowjetische Speziallager« bot google
(am 22. 6. 2006) 14.800 Einträge. Das XV. Bautzen-Forum
stellte im Mai 2004 die ganze Konferenz unter das Motto

»Verfolgung unter dem Sowjetstern. Stalins Lager in der SBZ/DDR«. Der Totalitarismusforscher vom Hannah-Arendt-Institut Mike Schmeitzner sprach über Militärtribunale in der SBZ/DDR 1945–1950 »Deutsche vor Gericht«.[41]

Historiker, die sich dem Vergleich als Methode verschreiben, würden sich wundern, wenn sie Tribunale der westlichen Alliierten analysieren würden, wozu hier kein Platz ist.[42] Wer aber nach den Lagern nach 1945 auf deutschem Boden sucht, in denen die Todesrate am größten war, findet sie in den Rheinlagern der USA. In den Erdlöchern auf den Rheinwiesen starben Hunderttausende kriegsgefangene Deutsche, ohne Anklage und Urteil. Den »geplanten Tod« hatte General Eisenhower befohlen.[43]

Obwohl ich zwei der Lager – Sinzig und Remagen – glücklich überlebte, also »Zeitzeuge« und »Opfer« bin, beteilige ich mich nicht mit »Erinnerungen« und Anklagen. Wem sollte das etwas bringen? In den letzten Monaten ist die Gedenkstätte Hohenschönhausen, die ehemalige Untersuchungshaftanstalt des Ministeriums für Staatssicherheit, in den Blickpunkt der Öffentlichkeit gerückt.

Erstens trug dazu Dr. Hubertus Knabe bei, der Direktor der Gedenkstätte, der bei der Werbung für sein »Gruselkabinett« in den Medien Narrenfreiheit zu haben scheint, zweitens war das verschiedentliche Auftreten von Mitarbeitern der Staatssicherheit in öffentlichen Veranstaltungen (willkommener?) Anlass für viele Medien, eine neue Anti-»Stasi«-Welle einzuleiten.

An der Kampagne gegen das Auftreten von Mitarbeitern der Staatssicherheit hat sich Walter Momper beteiligt, der am 4. April 2006 als Präsident des Berliner Abgeordnetenhauses erklärte: »Bei der Gelegenheit will ich auch hinzu-

Stasi-Forscher Hubertus Knabe

SED-Funktionäre machen wieder ungeniert mobil

„Die Mörder sind unter uns" hieß 1946 der erste berühmte Defa-Film von Regisseur Wolfgang Staudte († 77). Der Historiker Hubertus Knabe (48), Direktor der Stasi-Gedenkstätte Berlin-Hohenschönhausen, nennt sein neues Buch „Die Täter sind unter uns". Es wurde gestern Abend in Berlin vorgestellt.

Hubertus Knabe zu BILD: „Ich meine damit die einstigen Funktionäre des SED-Regimes, die heute wieder ungeniert mobil machen."

Ihre Verbrechen scheinen inzwischen dem kollektiven Vergessen anheim zu fallen. Die bittere Bilanz des Wissenschaftlers:

► SED: Bei ihrem Sturz besaß die Diktaturpartei rund 6 Milliarden DDR-Mark. Gregor Gysi setzte die „Arbeitsgruppe zum Schutz des Vermögens der SED-PDS" ein, die Millionen-Beträge ins Ausland verschob – viel Geld ist bis heute verschwunden.

► Politbüro: Im SED-Auftrag wurden mindestens 52 politische Häftlinge hingerichtet, 270 Menschen an der Grenze erschossen und 200 000 unschuldig eingekerkert. Seit 1990 mussten nur 19 Funktionäre ins Gefängnis, von den Politbüro-Mitgliedern sogar nur vier – und alle waren schnell wieder draußen.

► Stasi: Sie stand für Mordanschläge, Entführungen, Folter, Verhaftungen und Bespitzelung. Von 91 000 hauptamtlichen Mitarbeitern kam gerade einer ins Gefängnis. Er hatte 1984 in Güstrow im Suff zwei Menschen erschossen.

► Renten: 4,1 Milliarden Euro Steuermittel fließen zurzeit in die Sonder- und Zusatzrenten der Ex-DDR-Elite. Für die geplante Rente bedürftiger SED-Opfer sollen hingegen nur 48 Millionen Euro ausgegeben werden.

► DDR-Verklärung: Rund 25 000 alte Funktionäre sind in Vereinen wie Isor und GRH organisiert. Sie treffen sich in 200 Ortsgruppen, haben über 20 Bücher herausgegeben und betreiben vier Websites. Dort hetzen sie gegen die SED-Opfer und ihre Gedenkstätten.

Hubertus Knabe: „Während die Opfer des SED-Regimes bis heute benachteiligt werden, lachen sich die Täter ins Fäustchen. Das darf so nicht weitergehen!"

(Hubertus Knabe: „Die Täter sind unter uns – Über das Schönreden der SED-Diktatur", Propyläen, 19,95 Euro)

Historiker Hubertus Knabe: „Die Täter lachen sich ins Fäustchen"

Fotos: ULLSTEIN

fügen: Wir werden es auch *nicht* hinnehmen, dass frei gewählte Abgeordnete bedroht oder beschimpft werden, weil sie in einer Debatte im Abgeordnetenhaus oder in der Öffentlichkeit die Wahrheit sagen oder gesagt haben. Das sind Einschüchterungsversuche, die Angst schüren sollen. Das *sind* Stasi-Methoden! Im demokratischen Rechtsstaat ist die Nötigung von Verfassungsorganen strafbar und wir werden nicht zögern, diese Straftäter vor Gericht zu bringen.«[44]

Als Verfasser des Textes »Das Gruselkabinett des Dr. Hubertus Knabe(lari)«[45], der ihn auch in Berlin vorgestellt hat, versichere ich, dass ich von einer

»Nötigung« nichts gemerkt habe und nichts dagegen habe, wenn ich Behauptungen, die sich als nicht richtig erweisen, korrigieren müsste.

Aus Platzgründen kann ich hier nicht wiederholen, was ich in der Gedenkstätte Hohenschönhausen als unrichtig festgestellt habe. Aber vielleicht ist Walter Momper in der Lage, folgende Fragen zu beantworten, was allerdings etwas Logik erfordert: Warum sind denn die »Verbrechen« von Mitarbeitern der Staatssicherheit, die, wie behauptet, in der Untersuchungshaftanstalt begangen wurden, nicht bestraft worden? (Am mangelnden Eifer der Justiz kann es nicht gelegen haben.)

Warum hat sich (bisher) kein einziger der – meist bundesdeutschen – Diplomaten gemeldet, die etwa 3.500 Besuche in der Untersuchungshaftanstalt durchführten?[46]

Warum werden Exhäftlinge wie Hannes Sieberer verleumdet und beschimpft (ich habe das bei einer Buchvorstellung in Dresden erlebt), die ihre Sicht auf die Haftbedingungen darlegen?[47]

Warum werden Haftanstalten der DDR und der BRD nicht nach einheitlichen Kriterien verglichen? (Könnte es sein, dass auch hier die »totalitäre« DDR humaner war als die BRD?)

Gilt auch für Walter Momper der Rat Angela Merkels in der Bundestagssitzung vom 21. Juni 2006: Wir werden »die Schwierigkeiten in der Innenpolitik meistern können, wenn wir eine Politik des Dialogs auf die Beine bringen, die vom Vertrauen in die Bürger geprägt ist«?[48]

Parallel zu den Vorgängen an der Gedenkstätte Hohenschönhausen wurde unter Verantwortung des Senators Dr. Thomas Flierl (Linksfraktion) ein »Gesamtkonzept zur Erinnerung an die Berliner Mauer:

Dokumentation, Information und Gedenken« beschlossen. Zur Begründung heißt es: »Dieses Gesamtkonzept zur Erinnerung an die Berliner Mauer ist all denen gewidmet, die wegen ihres Wunsches, von einem Berliner Stadtbezirk zum anderen, von Deutschland nach Deutschland, aus einem diktatorischen System in den demokratisch verfassten Teil ihres Landes zu gelangen, Gesundheit oder Leben verloren, denen, die für ihren gescheiterten oder verratenen Versuch, dieses zu wagen, in der zentralen Stasihaftanstalt Hohenschönhausen oder in anderen Gefängnissen ihrer Menschenrechte beraubt wurden sowie den Menschen, denen durch die Teilung Berlins, Deutschlands und der Welt ihre Lebenspläne und -perspektiven zerstört wurden.«

Das ist der Plan, mit Hilfe der Gedenkstättenpolitik das Grenzregime der DDR zu verteufeln, das dem Schutz der Bürger der DDR und dem Frieden in Europa diente.[49]

Wie viele Menschen sind nach 1990 umgekommen, wenn sie nach Deutschland wollten? Wann und wo wird ihrer gedacht?

Pünktlich zum 13. August 2007

Eine besonders raffinierte und häufig wirksame Methode in der »antitotalitären« Gedenkstättenpolitik ist es, Plätze zu missbrauchen, in denen Häftlinge vor und nach 1945 untergebracht waren, in Sachsen z. B. in Bautzen, Torgau, Waldheim und am Münchner Platz in Dresden.[50]

In der Regel erfolgt an diesen Gedenkstätten eine Würdigung nach der Waagen-Mentalität, Opfer sei gleich Opfer (der jeweiligen Diktatur). Obwohl, wie schon zitiert, Roman Herzog die »Saldierung der Opfer« als makaber brandmarkte, findet sie dennoch statt. Anhand des »Leitsystems« am Münchner Platz in Dresden kann jeder besichtigen, dass dort Opfer des Faschismus und Kriegsverbrecher und Terroristen, die zu DDR-Zeiten verurteilt wurden, den gleichen Rang haben. Die Verfechter der Totalitarismus-Doktrin können zufrieden sein, aber sie sind es nicht immer.

Zu den Sorgen, die Totalitarismusforscher haben, gehört, dass das »ostalgische« DDR-Bild, das Eltern und Großeltern in ihrer großen Mehrheit haben, auf Kinder und Enkel übertragen wird. Deshalb geben sie sich alle Mühe, in alter antikommunistischer Tradition, die Lehrer (wider deren besseres Wissen, also heuchlerisch) und die Geschichtsbücher im Sinne der Totalitarismus-Doktrin zu beeinflussen. Bei einem Vortrag am 20. Juli 2004 nannte Joachim Gauck das »Geschichtslernfeld« eine Säule der Demokratie. Es sei nun »geschichtspolitische Aufgabe«, die Jugend die »Maske des Bösen« durchschauen zu lassen.[51]

Da Totalitarismusforscher den Medien täglich Munition liefern, will ich mich auf ein Beispiel beschränken: Die »Initiative 11 Kinder« – gemeint sind Kinder, die von der Reichsbahn in Viehwaggons in die faschistischen Vernichtungslager und damit in den Tod transportiert worden waren – versuchte, in Bahnhöfen mit einer Wanderausstellung daran zu erinnern. Die Bahnchefs verhinderten das. Auch am 27. Januar 2007, dem regierungsoffiziellen »Auschwitz«-Tag, ging die Polizei gegen entsprechende Aktivitäten vor.[52]

Dagegen steht in Hohenschönhausen als »authentisches Zeugnis« des »Stasi-Terrors« ein »Grotewohl-Express«, mit dem Grotewohl nie etwas zu tun gehabt hatte, ein Zug, der erst in den 80er Jahren gebaut worden ist und in dem DDR-Häftlinge transportiert worden sind. Hat Dr. Knabe gegen das herzlose Verhalten der Bahn-Oberen protestiert?[53]

Marianne Birthler hat sich wiederholt zum Bildungsauftrag geäußert. Nahezu ungeniert maßt sie sich eine Rolle an, die Margot Honecker als Bildungsministerin einer »Diktatur« nie in Anspruch nahm. Wählen wir als eines von vielen Beispielen das Interview unter dem Titel »Die Stasi kommt zu kurz«.[54] Sie behauptet, dass Jahr für Jahr in allen Bundesländern Schüler die Schule verlassen, die keine oder keine genügenden Informationen über die DDR im Allgemeinen und die Stasi im Besonderen vermittelt bekommen haben. Das gleiche Bild ergäbe sich mit Blick auf die Hochschulen. Da seien DDR-Themen bundesweit absolut unterrepräsentiert. Mir ist schleierhaft, wie Marianne Birthler zu solchen pauschalisierenden Urteilen kommen kann, und mir ist noch schleierhafter, mit welchem Recht sie »Vertragspartner« des sächsischen Kultusministeriums sein kann. Sind die sächsischen Lehrer nicht selber in der Lage, ihren Bildungsinhalt zu bestimmen? Bedürfen sie einer »Order« Birthlers? Obwohl das Thema DDR/Staatssicherheit im Unterricht wichtig und brisant ist, kann hier nur ein kurzer Blick auf das Thema gestattet sein. Es gibt nunmehr eine Analyse von Schulbüchern, die in Gebrauch sind. Sie wurde von Mitarbeitern der Stiftung »Aufarbeitung der SED-Diktatur« erarbeitet.[55]

Es darf davon ausgegangen werden, dass die Autoren, die die Wirksamkeit der »antitotalitären« Bildung analysieren wollten, insofern mit dem Anliegen Birthlers übereinstimmen. Zu bedenken ist, dass nahezu 80 % der Gymnasiasten von der 9. Klasse an aufwärts ihr DDR-Bild vorwiegend oder ganz aus Filmen beziehen, aber es sehen doch 60 % ihre Vorstellung wesentlich auch durch den Schulunterricht geprägt.

Die Autoren der Analyse untersuchten 64 Schulbücher aus zehn Verlagen. Um tragfähige Ergebnisse für die Einschätzung der Bewusstseinsentwicklung zu erhalten, wurden 5.616 Schüler aus 68 Gymnasien befragt. Die 41 Fragen, die jeder Schüler beantwortet hat, zielten darauf ab, herauszufinden, inwieweit das »antitotalitäre« Geschichtsbild – die Verteufelung der DDR – in Schülerhirnen verwurzelt ist. Hier wird nur am Beispiel der Frage 16 gezeigt, welche Absicht der Befragung mit welchem Ergebnis »belohnt« wurde.[56]

Frage 16: Wie beurteilen Sie das sowjetische Modell des Sozialismus, das in der DDR vollzogen wurde?

Die Antworten: 36,2 % meinten, es sei »eigentlich nur für Russland geeignet«, 59,5 % glaubten, es »war eine Verfälschung der Ideen von Marx und Engels«, 62,8 % nahmen an, »es war von Anfang an zum Scheitern verurteilt«, 37,7 % vermuteten, »es war ein gutes Konzept, das schlecht ausgeführt wurde«. (Doppelantworten waren erlaubt gewesen.)

Aufmerksame Leser werden gemerkt haben, dass schon in der Frage die These vom »Export der Revolution« enthalten war samt der Behauptung, die DDR habe das sowjetische Modell verwirklicht. Immerhin dürfte Totalitarismusforscher erschrecken, dass knapp 40 % der befragten (nicht nur ostdeutschen) Schüler den Sozialismus für ein gutes Konzept halten. Die Befragung brachte auch Ergebnisse, die unsereins schmunzeln lassen. 20 % der Befragten hielten Robert Havemann, Ludwig Erhard oder Wolf

Biermann für den letzten SED-Generalsekretär. Nahezu jeder fünfte Befragte erkannte in Walter Ulbricht entweder einen Liedermacher, einen ostdeutschen Oppositionspolitiker oder den zweiten Kanzler der Bundesrepublik.

Offen bleibt die Frage, warum Schüler nur über das DDR-Geschichtsbild befragt wurden, nicht ein Vergleich über das Bild von beiden Staaten versucht wurde.

Offen bleibt auch, welche Schlüsse diejenigen ziehen, die das staatlich verordnete »antitotalitäre« Geschichtsbild durchzusetzen haben.

Darüber wurde im Laufe des Jahres 2007 unter den Zuständigen heftig gestritten. Der Streit spiegelt sich u. a. in dem Gutachten wider, die der 43. Sitzung des Bundestagsausschusses für Kultur und Medien am 7. November 2007 vorlagen. »Sachverständige«, die an der Sitzung teilnahmen, waren u. a. Marianne Birthler, Rainer Eppelmann, Dr. Hubertus Knabe und Prof. Dr. Volkhard Knigge. DDR-Sachverständige scheint es nicht zu geben.

Gutachten lagen von 9 Experten vor, so von Prof. Dr. Bernd Faulenbach, Vorsitzender der Geschichtskommission der SPD, Prof. Dr. Klaus-Dietmar Henke, langjähriger (abgelöster) Direktor des Hannah-Arendt-Instituts Dresden, Prof. Dr. Manfred Wilke von der Humboldt-Universität und Prof. Dr. Martin Sabrow, der das Zentrum für zeithistorische Forschung leitet und der Kommission seinen Namen gibt. Die Kardinalfrage der vorgelegten Dokumente, Gutachten und Redebeiträge lautet: Welchen Platz nimmt die eine und die andere Diktatur im Selbstverständnis unserer Nation ein?

Über den Inhalt des Streits, der zentrale Fragen der Erinnerungspolitik und des Inhalts dieses Buches berührt, kann sich der Leser informieren.[57]

Für den 20. Jahrestag der »friedlichen Revolution« ist eine Steigerung der Anti-DDR-Aktivitäten geplant, für die es in Sachsen (von den Grünen eingebracht) sogar schon ein Gesetz gibt. Es lautet: »Die Gemeinden können einen örtlichen Gedenktag zur Erinnerung an die friedliche Revolution des Jahres 1989 durch Satzung bestimmen.«

Um diesen Satz zum Gesetz zu erheben, gab es Ausschusssitzungen, Änderungsanträge und Landtagsreden. Darf da gelacht werden? Auch noch im November 2009?

Schließen wir das Kapitel über die Erinnerungspolitik mit einer Episode: Im März 1987 fand in Bonn das erste offizielle Treffen zwischen SPD- und SED-Historikern statt. Willy Brandt begrüßte die Anwesenden und begann mit folgenden Worten: »Selbstverständlich kann die Sozialdemokratie nicht von den einmal gewonnenen und in vielen Gedächtnissen gespeicherten Erfahrungen aus den vergangenen Jahren völlig absehen. Aber wir werden nicht Gefangene gelernter und eingeschliffener Verhaltensmuster und Denkschemata sein, wenn die Welt vor unseren Augen sich wandelt und die alte Betrachtungsweise sich überlebt. Nichts wäre erfreulicher, als wenn auch hier nicht alle Schlachten immer neu geschlagen werden müssten.«[58]

Es darf daran erinnert werden: Willy Brandt war nicht Anhänger der Totalitarismus-Doktrin.

12. Fazit

»Es ist unmöglich, die Fackel der Wahrheit
durch das Gedränge zu tragen, ohne
jemandem den Bart zu verbrennen.«
(Georg Christoph Lichtenberg)

»Eine richtige Antwort ist wie ein lieblicher Kuss.«
(Salomon 24.26)

»Wem gehört die Geschichte?«

Die Frage leihe ich mir von Michael Braun, der sie als Titel eines Artikels verwendete.[1] Die Frage führt zu der Annahme, »die Geschichte« habe einen Eigentümer und einen Preis und sei käuflich oder verkäuflich. Aber Michael
Braun meint überhaupt nicht »die Geschichte«, sondern
das Geschichtsbild.

Und seine Erkenntnis lautet: »Der Konsens einer ›Erbengemeinschaft‹, die zu wissen glaubte, welche Lektionen ihr
von der Geschichte aufgetragen wurden, ist zerbrochen.«

Auch in dem Satz stecken Irrtümer. Erteilt »die Geschichte« Lektionen? Wann und wo hat es einen Konsens
der »Erbengemeinschaft« beim Geschichtsbild gegeben?
Auch beim Geschichtsbild, das staatlich verordnet Totalitarismusforscher und DDRologen den Bürgern aufoktroy-
ieren wollen, gibt es keinen Konsens und wird es keinen
Konsens geben. Dafür gibt es vor allem zwei Gründe:

– Die Totalitarismus-Doktrin klittert grundlegende
  Tatsachen und presst den tatsächlichen Verlauf der
  widersprüchlichen Geschichte in ein Schema. Sie ist
  keine Wissenschaft, sondern Apologie.

– Die Totalitarismus-Doktrin bedient die Interessen einer herrschenden Minderheit, die das Geschichtsbild über die DDR manipuliert und instrumentalisiert.

Im Verlauf dieser Arbeit wurde nachgewiesen:

Die Eigentumsverhältnisse, die ökonomische Grundlage jeder Gesellschaft, waren in den »zwei Diktaturen in Deutschland« keineswegs identisch oder ähnlich, wohl aber zwischen der Nazidiktatur und der Bundesrepublik.

Die Machtverhältnisse, die aus den Eigentumsverhältnissen hervorgehen und sie schützen, weisen zwischen der DDR und dem »Dritten Reich« einen radikalen Bruch auf, während die Bundesrepublik die juristische Kontinuität zum Nazistaat im Grundgesetz und zahllosen Dokumenten verankerte.

Auch im Bereich der Ideologie, die mit dem Untergang eines Staates keineswegs in allen Köpfen ausgetauscht wird, verhält es sich ähnlich. Die reaktionären und konservativen Strömungen, die die Hitler und Goebbels nutzten, überdauerten mit Modifikationen in der BRD das Jahr 1945. Die DDR fühlte sich der Aufklärung und dem Humanismus verpflichtet und machte Friedenspflicht und Antifaschismus zur Staatsdoktrin.

Wo Kontinuität oder Differenz in der Außen- und Sicherheitspolitik zu finden sind, ist heute von einem der Vernunft Mächtigen nicht zu übersehen: Imperialistische Expansion und Aggression sind Wesenszüge der Politik des »Dritten Reiches« und der BRD (jetzt als »humanitäre Intervention« getarnt), nicht aber der DDR. Die DDR war der erste deutsche Staat, der Frieden und sozialen Fortschritt verkörperte. Diese Aussage wird nicht mit dem Hinweis auf die Repressionsapparate der DDR, Polizei,

Sicherheitsorgane, Haftanstalten usw. relativiert, sondern bestätigt. Sie existieren in jedem Staat.

Weder Hitlerdeutschland, noch die DDR, noch die Bundesrepublik kamen ohne Strafgesetze und Haftanstalten aus, von der Singularität des Holocaust gar nicht zu reden. Der Vergleich zwischen Häftlingszahlen und Haftbedingungen ist nicht die wichtigste Vergleichsebene. Entscheidend ist, mit welchem Ziel und in wessen Interesse die Justiz Normen mit Sanktionen durchsetzt. Täter und Opfer stehen in einem gesellschaftlichen Kontext. Die politische Justiz in der DDR und der BRD beweist das überzeugend.

Aus den Tatsachen ergibt sich, dass die Totalitarismus-Doktrin zur Erklärung von Ursachen und Folgen der jüngsten geschichtlichen Abläufe untauglich ist.

Die Untauglichkeit der Totalitarismus-Doktrin für eine wissenschaftliche Erklärung historischer Prozesse beweist nicht deren Ungefährlichkeit. Auch Pseudotheorien – Überlegenheit der arischen Rasse, Lebensraum – bewegen Menschen und sollen sie bewegen.

Wem und wozu dient die Totalitarismus-Doktrin? Dazu ist eine umfangreiche Literatur entstanden, auf die ich im zweiten Kapitel eingegangen bin.

Gesellschaftliche Theorien/Ideologien entstehen als Reflexe der Wirklichkeit und politischer Bedürfnisse der Herrschenden.[2]

Den Apologeten des Kapitals mangelt es an menschenfreundlichen Zukunftsvisionen. Sie bieten weder Theorien noch Utopien für eine Welt des Friedens und der sozialen Gerechtigkeit an. Sie können das auch nicht, weil sie damit das bestehende System in Frage stellen würden. In diesem Sinne verkündeten sie nach 1990 das »Ende der Geschichte«. Das ist ein wichtiger Grund dafür, dass sie

Feindbilder benötigen, ob für die Vergangenheit oder die Gegenwart. DDR- und Totalitarismusforscher sahen und sehen im Sozialismus, so unvollkommen er auch war, ihren Hauptfeind. Und nichts fürchten sie mehr als sozialistische Ideen, die zur materiellen Gewalt werden könnten.

Achtzehn Jahre nach dem Sieg der Konterrevolution darf und muss gefragt werden:

Hat es eine »friedliche Wiedervereinigung« gegeben, wie offiziell landauf, landab verkündet und gefeiert wird, oder hat die BRD über die DDR gesiegt? Aus der offiziellen Behauptung ließe sich Brandts These erklären, wonach »zusammenwächst, was zusammen gehört«. Aus der fixen Idee vom Sieg der BRD folgt die Vorstellung, die Sieger könnten jetzt in Ostdeutschland schalten und walten, wie sie wollen, d. h. wie die »Krupps« wollen. Sie finden ihre »Wilkes«, die den Ostdeutschen eintrichtern wollen, wie sie gelebt haben sollen.[3]

Sie jubeln »Marx ist tot«, und zugleich kämpfen sie gegen das »Gespenst des Kommunismus« wie anno 1848.

Unsereins darf daraus den optimistischen Schluss ziehen: Wenn bürgerliche Ideologen trotz des riesigen Aufwandes an Geld, Institutionen, Forschern und ihrer monopolistischen Stellung in den Medien bei der bescheidensten Gegenwehr Alarm schreien, können sie sich ihrer Macht nicht sicher sein. Das würde den Satz Abraham Lincolns bestätigen: »Man kann alle Leute einige Zeit zum Narren halten und einige Leute allezeit, aber alle Leute allezeit zum Narren halten kann man nicht.«

Was können Linke tun? Vielleicht zuerst sich an das revolutionäre Vermächtnis Ernst Thälmanns erinnern, der die These begründete: »Die entscheidende Frage für die internationale Arbeiterbewegung ist die Stellung zur proletarischen Diktatur in der Sowjetunion. Hier scheiden sich die Geister, und sie müssen sich scheiden. Die Stellung zur Sowjetunion entscheidet auch über die Frage, zu welchem Lager man in den Fragen der deutschen Politik gehört, zum Lager der Reaktion oder zum Lager der Sowjetunion...«[4]

Wir können diese bestätigte Erfahrung modifizieren. Wäre es Frucht historischer Erfahrung und nützlich für den täglichen Kampf, wenn als Bewertungsprinzip angenommen würde: »Sage mir, wie Du zur DDR stehst – damit sind natürlich nicht nur ihre Erfolge gemeint – und ich sage Dir, wer Du bist!« Dürfen »Verlierer der Geschichte« so etwas sagen? Immerhin. Im »Lesebuch«, einer Sammlung von Episoden aus dem Jahre 1989, erklären der Direktor der Sächsischen Landeszentrale für politische Bildung, Dr. Wolf-Dieter Legall, und seine Referatsleiterin Dr. Eva-Maria Zehrer: »Jedes politische System hat seine Schwachstellen, auch die Demokratie. Aber jeder hat das Recht, die Möglichkeit und die Pflicht, solche Schwachstellen überwinden zu helfen.«[5] Das klingt wie die DDR-Losung: Arbeit mit, plane mit, regiere mit! Dass das, was in der DDR »Recht, Möglichkeit und Pflicht« war, heute so einfach nicht zu machen ist, wissen die Leser ebenso gut wie ich.

Aber immerhin: Ein Versuch ist erlaubt. Der Versuch kann sogar reizvoll sein, wenn wir die heutige miserable Lage Deutschlands mit den Versprechungen und Verheißungen der Kohl, Weizsäcker, Bahr, Brandt und anderer 1990 vergleichen.

Ich wähle zum Abschluss Helmut Schmidts Bilanz nach einem Jahr »Wiedervereinigung« aus: »Die Anmaßung der Wessis stempelt die Ossis vielfach zu Bürgern zweiter Klasse. Die Lehrmeister sind höchst ungeduldig und

arrogant, und sie treten mit vielerlei Gaunern und fragwürdigen Existenzen gemeinsam auf (Christian Meier).
Wir dürfen den falschen Eindruck nicht zulassen, an die
Stelle der Diktatur einer Partei trete nunmehr eine Diktatur des Geldes. Unsere Gerichte dürfen sich nicht zur Siegerjustiz verleiten lassen. Manche westdeutsche Heuchelei
ist ekelhaft. Klaus von Dohnanyi hat recht. Wir sollten unseren Hochmut abtun gegenüber früheren Nazis wie Kommunisten, wir sollten den Blick nach vorne richten.«[6]
Ist das immer noch möglich?

Wohl nur dann, wenn diejenigen, die den Sozialismus der
imperialistischen Barbarei vorziehen, aus dem Sozialismus-
versuch jene positiven Ansätze bewahren, aus denen eine
Welt des Friedens, der Menschlichkeit und der Vernunft
entwickelt werden kann. »Es rettet uns kein höh'res Wesen.«

Quellen und Anmerkungen

Vorwort

1 »Siegerjustiz? Die politische Strafverfolgung infolge der
   Deutschen Einheit«. (Hrsg.): Gesellschaft zur rechtlichen und
   humanitären Unterstützung e. V. (GRH) mit einem Vorwort von
   Hans Modrow. Berlin 2003
   Erich Buchholz: Unrechtsstaat DDR? Rechtsstaat BRD? Ein Jurist
   antwortet, Berlin 2006, S. 99 f.;
   Friedrich Wolff: Einigkeit und Recht. Die DDR und die deutsche
   Justiz. Berlin 2005, S. 73 f.
2 Die Urteile von 1952 und 2005 sind in meinem Besitz
3 Eckhard Jesse: »›Entnazifizierung‹ und ›Entstasifizierung‹ als
   politisches Problem. Die doppelte Vergangenheitsbewältigung«,
   in: Josef Isensee (Hrsg.), Vergangenheitsbewältigung durch Recht,
   Berlin 1992, S. 9 ff.
   Vgl. Friedrich Wolff: Unsere Feindbilder, ihre Feindbilder,
   junge Welt 17. Juli 2006
4 Zitiert nach dem Redemanuskript Kurt Biedenkopfs, S. 20
5 »Alles beginnt mit einem Traum«, Der Spiegel 29/2006, S. 105
6 Blätter für internationale Politik und Geschichte 10/2006, S. 1264
7 Der Spiegel 5/1997, S. 6
8 Grundlagen des historischen Materialismus, Berlin 1976, S. 253 f.
9 Uwe-Jens Heuer: Marxismus und Glauben, Hamburg 2006
10 Stichwort Geschichtsbewusstsein, in: Sachwörterbuch der
   Geschichte Band 1, Berlin 1969, S. 676
11 Die Zeit 7. Oktober 1988
12 Richard von Weizsäcker: Die deutsche Geschichte geht weiter,
   Berlin 1983, S. 263
13 Richard von Weizsäcker: Brücken der Verständigung,
   Berlin 1990, S. 36
14 Bulletin der Bundesregierung 97/1995, S. 941
15 Werner Weidenfeld/Karl Rudolf Korte: Handwörterbuch der
   deutschen Einheit, Bonn 1992, S. 348 f.
16 Hans Henning Jahn: Stereotype Geschichtsbilder im deutsch-
   tschechischen Dialog - Herkunft und Funktion, Deutsch-
   tschechische Nachrichten. Dossier Nr. 6, Januar 2007, S. 7

17 Michael Richter/Mike Schmeitzner: »Einer von beiden muss
    so bald wie möglich entfernt werden.« Der Tod des sächsischen
    Ministerpräsidenten ..., Leipzig 1998;
    Horst Schneider: Lügenbarone in Sachsen? Gegen den Zeitgeist,
    Schkeuditz o. J., S. 157 f.

18 Horst Schneider: Das Hannah-Arendt-Institut im Widerstreit
    politischer Interessen, Berlin 2004, S. 71

19 Angela Merkel: Die DDR im Geschichtsbewusstsein der
    Deutschen, Konrad-Adenauer-Stiftung 2003, S. 14

20 Ebenda S. 10

21 Marianne Birthler: Menschen, die ehrlich zu sich selbst sind, finde
    ich lebendig, Berliner Zeitung 17./18. Juni 2006

22 Rede Hermann Schäfers in Blätter für deutsche und internationale
    Politik 10/2006, S. 1269 f.

23 Martin Sabrow: Historisierung der Zweistaatlichkeit, in: Aus
    Politik und Zeitgeschichte 3/2007, S. 19

24 Heinrich Hannover: Verschwiegene Geschichte, in: Tabus der
    bundesdeutschen Geschichte, Hannover 2006, S. 9

25 Peter Bender: Hamburger »ZEIT«-Geist. Blätter für deutsche und
    internationale Politik 10/2006, S. 1057

26 Martin Sabrow: Die Zukunft der Aufarbeitung und die Argumente
    der Vergangenheit, Deutschland Archiv 5/2006, S. 906

27 Günther Heydemann: Der Alltag der Menschen in der DDR,
    FAZ 31. Juli 2006

28 Heinrich Heine: Vorrede zu Atta Troll

29 Michael Stürmer: Geschichte im geschichtslosen Land,
    FAZ 25. April 1986

30 Jörg-Dieter Gauger: Vom öffentlichen Gebrauch der Geschichte,
    in: Geschichtsbilder. Weichenstellungen deutscher Geschichte
    nach 1945, herausgegeben im Auftrag der Konrad-Adenauer-
    Stiftung, Freiburg, Basel, Wien 2003, S. 14 f.

31 Deutschland Archiv 5/2006, S. 912

32 Ebenda S. 913

33 Der Spiegel 39/2006, S. 150

34 Sven Dorlach: Der Fall Gauck, Berlin 1996

35 Horst Schneider: Erinnerungsschlacht ohne Ende,
    Berlin 2005, S. 23f.

36 Roman Herzog: Wahrheit und Klarheit. Reden zur deutschen
    Geschichte, Hamburg 1995, S. 122

37 Willy Brandt: Zur Sache Deutschland: Dresdner Reden ,92', S. 3

1. Totalitäre Diktatur

1 Josef Isensee (Hrsg.): Vergangenheitsbewältigung durch Recht, Berlin 1992, S. 9

2 Totalitarismustheorien nach dem Ende des Kommunismus, Schriften des Hannah-Arendt-Instituts für Totalitarismusforschung, hrsg. von Achim Siegel, Köln/Weimar 1998, S. 106

3 Wolfgang Wippermann: Totalitarismustheorien, Darmstadt 1997, S. 104
   Ich bevorzuge den Begriff Totalitarismus-Doktrin. Eine Theorie müsste Gesetzmäßigkeiten begründen, die eine wissenschaftlich begründete Politik ermöglichen.

4 Eckhard Jesse (Hrsg.): Totalitarismus im 20. Jahrhundert. Eine Bilanz der internationalen Forschung, Bundeszentrale für politische Bildung, 2. Aufl. Bonn 1999

5 Horst Schneider: Das Hannah-Arendt-Institut im Widerstreit politischer Interessen, Berlin 2004

6 Entschließung zur »internationalen Verurteilung von Verbrechen totalitärer kommunistischer Regime« vom 25. Januar 2006, Text in junge Welt 30. Januar 2006

7 Karl Marx/Friedrich Engels: Zirkularbrief an Bebel, Liebknecht, Bracke u. a., In: Werke Bd. 19, S. 160 f.

8 Ludwig Elm: Das verordnete Feindbild. Neue deutsche Geschichtsideologie und »antitotalitärer Konsens«, Köln 2001;
   Michael Schöngarth: Die Totalitarismusdiskussion in der neuen Bundesrepublik 1990 bis 1995, Köln 1996;
   Friedrich Pohlmann: Deutschland im Zeitalter des Totalitarismus, Augsburg 2001

9 Rosa Luxemburg: Gesammelte Werke, Bd. 1 1893 bis 1905, Erster Halbband, Berlin 1970, S. 373

10 Konrad Adenauer: Erinnerungen 1945 - 1949, Gütersloh 1965, S. 49

11 Karl-Heinz Roth: Geschichtsrevisionismus. Die Wiedergeburt der Totalitarismustheorie, Hamburg 1999, S. 126

12 Hans Joachim Lieber: Politische Theorien von der Antike bis zur Gegenwart, Bundeszentrale für politische Bildung, Band 299, Bonn 1993, S. 883 f.

13 Ernst Nolte: Die drei Versionen der Totalitarismustheorie, in: Totalitarismustheorien nach dem Ende des Kommunismus, Köln/Weimar 1998, S. 7 f.

14 Armin Pfahl-Tranghber: Klassische Totalitarismuskonzepte auf dem Prüfstand – Darstellung und Kritik der Ansätze von Arendt, Friedrich, Popper und Voegelin, in: Jahrbuch für Extremismus und Demokratie, 16. Jg. 2004, S. 31 f.

15 Ernst Nolte: Die drei Versionen der Totalitarismustheorien, in: Totalitarismustheorien a. a. O., S. 7

16 Ebenda S. 9

17 Gerhard Lozek: Die antikommunistische »Totalitarismus«-Doktrin, in: Unbewältigte Vergangenheit, Berlin 1977, S. 38 f.

18 Franz Josef Strauß: Entwurf für Europa, Stuttgart 1966, S. 149 *und* Herausforderung und Antwort. Ein Programm für Europa, Stuttgart 1968

19 Alfons Söllner: Von der Faschismustheorie zur Totalitarismustheorie? Zeitschrift des Forschungs-Verbandes SED-Staat 8/2000, S. 41

20 Bundesministerium des Innern (Hrsg.): Bedeutung und Funktion des Antifaschismus, Berlin 1990

21 Jahrbuch Extremismus und Demokratie, 14. Jg. 2002

22 Materialien der Enquete-Kommission »Aufarbeitung von Geschichte und Folgen der SED-Diktatur in Deutschland« (12. Wahlperiode des Deutschen Bundestages), Hrsg. Deutscher Bundestag, Baden-Baden, 1995, Bd. IX, S. 575–777

23 Gerhard Besier: Der Heilige Stuhl und Hitlerdeutschland. Die Faszination des Totalitären, München 2004, S. 305 f.

24 Wolfgang Wippermann: Totalitarismustheorien, Darmstadt 1997

25 Clemens Vollnhals: Der Totalitarismusbegriff im Wandel, in: Aus Politik und Zeitgeschichte 39/2006, S. 21
Siehe auch: Über den Totalitarismus. Texte Hannah-Arendts aus den Jahren 1951 und 1953, Dresden 1998

26 Vollnhals a. a. O., S. 27

27 Frankfurter Allgemeine Zeitung, 31. Juli 2006

28 Gerhard Besier: Das Europa der Diktaturen. Eine neue Geschichte des 20. Jahrhunderts, München 2006.
Eine Neue Geschichte ist das nicht. Geschichte ist Vergangenes. Was neu an Besiers Geschichtsbild ist, bedarf der Prüfung.

29 Martin Sabrow: Historisierung der Zweistaatlichkeit, in: Aus Politik und Zeitgeschichte 3/2007, S. 22

30 Prof. Dr. Hermann Schäfer am 26. 8. 2006 in Weimar, Blätter für deutsche und internationale Politik 10/2006, S. 1279

2. Vergleich

1 Deutschland Archiv 4/2006, S. 665

2 Das Regensburger Manifest, FAZ 14. September 2006

3 Gegen eine neue Art der Auschwitz-Lüge, Dokumentation hrsg. von Peter Gingold und Ulrich Sander, Frankfurt a. M. 1999

4 Henryk M. Broder: Hurra, wir kapitulieren! Berlin 2006, S. 124

5 Der Spiegel 44/2006, S. 70

6 Karim Aga Khan: »Islam heißt Vernunft«, Der Spiegel 41/2006, S. 168

7 Die Herrschaft der Zwillinge, Der Spiegel 29/2006, S. 102

8 Wolfgang Schivelbusch: Entfernte Verwandtschaft – Faschismus, Nationalsozialismus, New Deal 1933–1939, München 2005

9 Der Spiegel 46/2006, S. 129

10 Der Spiegel Titelgeschichte: Zurück können und dürfen wir nicht 9/1987, S. 126 f.

11 zitiert nach Georg Grasnick: Hartes Brot für DDR-hasserischen Entschuldigungsflügel, RotFuchs, September 2006, S. 6

12 Joachim Gauck: Der lange Schatten der Diktatur. Gegen das Vergessen - Für Demokratie, 28. Juni 2006

13 Einführung in das Studium der Geschichte, Berlin 1979, S. 233

14 Ebenda

15 Gerhard Besier: Das Europa der Diktaturen. Eine neue Geschichte des 20. Jahrhunderts, München 2006, S. 693/94

16 Horst Möller: Demokratie und Diktatur, in: Aus Politik und Zeitgeschichte 3/2007, S. 6

17 Ebenda, S. 5

18 Geschichte der deutschen Arbeiterbewegung Bd. 6, Berlin 1966, S. 25 f.

19 Klaus Blessing/Eckart Dimm/Matthias Werner: Die Schulden des Westens. Wie der Osten ausgeplündert wird, Berlin 2006

20 Bernd Faulenbach: Totalitärer Terror. Die gegenwärtige Bedeutung von geschichtlichen Erfahrungen, Bautzen-Forum Nr. 5, S. 28 f.

21 Gemeinsame Vergangenheit - gemeinsame Geschichte. Loccumer Protokolle 65/1991, S. 245

22 Gerhard Lozek im Neuen Deutschland, 2. Sept. 1998; *die unseriöse Polemik Jesses gegen Lozek* in: Totalitarismus im 20. Jahrhundert, Bonn 1999, S. 458 f.; *Eine bilanzierende Arbeit Lozeks:* Totalitarismus - (k)ein Thema für Linke? Berlin 1995

23 Kurt Pätzold: Über die Produktion von Geschichtsbildern, in: Tabus der bundesdeutschen Geschichte, Hannover 2006, S. 225

24 Joachim Gauck: Der sozialistische Gang, Der Spiegel 25/2006, S. 38 f.

25 DDR-Geschichte im Unterricht. Schulbuchanalyse – Schülerbefragung – Modellcurriculum, Herausgegeben von Ulrich Arnswald, Ulrich Bongertmann und Ulrich Mählert, Berlin 2006

26 Ebenda, S. 16

27 Der Spiegel 25/2006, S. 38/39

28 Manfred Weißbecker: Die Faschimustheorie gestern und heute, Icarus 27/2007, S. 3 f.

3. Eigentumsverhältnisse

1 Vladimiro Giacche: Welche »Demokratie«?, Marxistische Blätter 5/06, S. 19 f.

2 Wolfgang J. Mommsen: 1848. Die ungewollte Revolution, Frankfurt a. M. 1998

3 Sebastian Haffner: Von Bismarck zu Hitler. Ein Rückblick, München 1989

4 Auswahl:
Karl Dietrich Bracher: Die deutsche Diktatur. Entstehung, Struktur und Folgen des Nationalsozialismus, Köln 1993;
Emil Carlebach: Hitler war kein Betriebsunfall. Hinter den Kulissen der Weimarer Republik: Die programmierte Diktatur, 6. Auflage, Köln 1994;
Christopher Kopper: Bankiers unterm Hakenkreuz, München/Wien 2005
Die Dresdner Bank im Dritten Reich. Herausgegeben von Klaus-Dietmar Henke, 4 Bände, München 2006;
Reinhard Kühnl: Der deutsche Faschismus in Quellen und Dokumenten, Köln 2000;
Eberhard Czichon: Deutsche Bank - Macht - Politik, Faschismus, Krieg und Bundesrepublik; Köln 2001
George W.F. Hallgarten / Joachim Radkau: Deutsche Industrie und Politik von Bismarck bis in die Gegenwart, Frankfurt a. M. 1986
Rüdiger Jungbluth: Die Quandts. Ihr leiser Aufstieg zur mächtigsten Wirtschaftsdynastie Deutschlands, Frankfurt a.M. 2002

5 Telford Taylor: Die Nürnberger Prozesse. Hintergründe,
Analysen und Erkenntnisse aus heutiger Sicht, München 1994

6 Rolf Badstübner: Die blutige Mitschuld des Kapitals,
junge Welt 27./28. Mai 2006

7 Emil Carlebach: Hitler ... a. a. O., S. 92/93

8 Janis Schmelzer: IG Farben. Vom Rat der Götter. Aufstieg und
Fall, Stuttgart 2006

9 Gerd Bedszent: Auftraggeber der Nazis,
junge Welt 2./3. Oktober 2006

10 George W. F. Hallgarten/Joachim Radken: Deutsche Industrie
und Politik von Bismarck bis in die Gegenwart,
Frankfurt a. M. 1986;
Edwin Black: IBM und der Holocaust;
Johannes Bähr: Der Goldhandel der Dresdner Bank im Zweiten
Weltkrieg. Ein Bericht des Hannah-Arendt-Instituts,
Leipzig 1999;
Dieter Ziegler: Die Verdrängung der Juden aus der Dresdner Bank
1933-1938. Sonderdruck der Vierteljahreshefte für Zeitgeschichte,
April 1999;
Faschismus-Forschung. Positionen. Probleme. Polemik, (Hrsg.):
Dietrich Eichholtz, Berlin 1980

11 Allgemeine Zeitung, hrsg. von der amerikanischen Armee,
1. Jahrgang, Nr. 29 vom 12. Okt. 1945
Horst Schneider: Was des Volkes Hände schaffen, soll des Volkes
eigen sein. Schkeuditz 2006, S. 103 f.

12 Telford Taylor: Die Nürnberger Prozesse ... a. a. O.

13 Dokumente der deutschen Politik und Geschichte von 1848 bis zur
Gegenwart. VI. Band, Deutschland nach dem Zusammenbruch,
Berlin und München o. J.

14 Der Brief Adenauers wurde in der Jubiläumsausgabe des
Neuen Deutschland vom 15./16. Juni 1995 wieder abgedruckt.

15 Kleine Geschichte der SPD. 7. Auflage, Bonn 1991, S. 379

16 Johannes Frackowiak: Verfassungsdiskussion in Sachsen nach 1918
und 1945, Köln 2005;
Volksentscheide in Sachsen und Hessen 1946. Schriftenreihe der
Marx-Engels-Stiftung 28, Bonn 1997

17 Rüdiger Liedtke: Wem gehört die Republik 2003? Die Konzerne
und ihre Verflechtungen, Namen, Zahlen, Fakten.
Frankfurt a. M. 2002

18 Der Spiegel 41/2006, S. 230

19 Beschluss in: Horst Schneider: Was des Volkes ... a. a. O., S. 107

20 Diktaturdurchsetzung in Sachsen. Studien zur Genese der
   kommunistischen Herrschaft 1945–1952,
   Köln, Weimar, Wien 2003
   Mike Schmeitzner/Stefan Donth: Die Partei der
   Diktaturdurchsetzung in Sachsen 1945–1952,
   Köln, Weimar, Wien 2002
21 Siegfried Wenzel: Was war die DDR wert? Und wo ist dieser Wert
   geblieben? Berlin 2000
22 Matthäus 6.24 und Lukas 16.13

4. Machtverhältnisse

1 Conrad Taler: Der braune Faden. Zur verdrängten Geschichte der
   Bundesrepublik, Köln 2005
2 W. I. Lenin: Staat und Revolution, Werke Bd. 25, S. 416/417
3 Robert Allertz: Im Visier die DDR. Eine Chronik, Berlin 2002
4 Auswahl:
   Norbert Frei (Hrsg.): Karrieren im Zwielicht. Hitlers Eliten nach
   1945, Frankfurt a. M./New York 2001;
   Peter Hübner (Hrsg.): Eliten im Sozialismus. Beiträge zu einer
   Sozialgeschichte der DDR, Köln/Weimar/Wien 1999;
   Stefan Bollinger/Ulrich von der Heyden (Hrsg.): Deutsche
   Einheit und Elitenwechsel in Ostdeutschland, Berlin 2002;
   Arno Hecht: Die Wissenschaftselite Ostdeutschlands. Feindliche
   Übernahme oder Integration, Leipzig 2002
5 Horst Schneider: Landesvater Biedenkopf,
   Schkeuditz 1993, S. 25 f.;
   Thomas Leif/Hans-Georg Legrand/Ansgar Klein: Die politische
   Klasse in Deutschland. Eliten auf dem Prüfstand,
   Bonn/Berlin 1992;
   Jürgen Roth: Der Deutschland-Clan. Das skrupellose Netzwerk
   aus Politikern, Top-Managern und Justiz, Frankfurt a. M. 2006;
   Wilhelm Bürklin und Hilde Rebenstorf (Hrsg.): Eliten in
   Deutschland. Rekrutierung und Integration, Opladen 1997, S. 16
6 Sebastian Haffner: Der Verrat. 1918/1919 - als Deutschland wurde,
   wie es ist, Berlin 1990
7 Emil Carlebach: Hitler war kein Betriebsunfall. Hinter den
   Kulissen der Weimarer Republik: Die vorprogrammierte Diktatur,
   6. Auflage Bonn 1993

8 Reinhard Kühnl: Der deutsche Faschismus in Quellen und
   Dokumenten, Köln 2000, S. 202
9 Rüdiger Hachtmann: Wissenschaftsmanagement im »Dritten
   Reich«, Göttingen 2006;
   Rüdiger Hachtmann: Wie die deutsche Wissenschaftselite
   ihre Vergangenheit bearbeitete, in: Tabus der bundesdeutschen
   Geschichte, a. a. O., S. 73 f.
10 Rüdiger Hachtmann: Wie die deutsche ... a. a. O., S. 76
11 Rüdiger Hachtmann: Wie die deutsche ... a. a. O., S. 79
   vgl. Edgar Wolfrum: Geschichtspolitik in der Bundesrepublik
   Deutschland. Der Weg zur bundesrepublikanischen Erinnerung
   1948–1990, Darmstadt 1999, S. 78 f.
12 Ludwig Elm: Geschichtsvergessene Staatsgründer, in: Tabus der
   bundesdeutschen Geschichte, a. a. O., S. 69;
   vgl. Kurt Pätzold: Der Führer ging, die Kopflanger blieben,
   Köln 2005
13 Braunbuch. Kriegs- u. Naziverbrecher in der BRD, Berlin 1965.
   Das Buch wurde 2005 neu aufgelegt.
14 Graubuch. Expansionspolitik und Neonazismus in
   Westdeutschland. Hintergründe. Ziele. Methoden, Berlin 1967
15 Wolfram Wette (Hrsg.): Filbinger - eine deutsche Karriere,
   Springer 2006;
   Norbert Frei (Hrsg.): Karrieren im Zwielicht. Hitlers Eliten nach
   1945, Frankfurt a. M./New York 2001
16 Phillipp Gassert: Kurt Georg Kiesinger 1904 - 1998,
   München 2006
17 Graubuch a. a. O., S. 44 f.
18 zitiert in Wolfgang Beutin: »Frieden ist der Ernstfall«,
   junge Welt 23./24. Jul 2006
19 Karl Jaspers: Wohin treibt die Bundesrepublik? Tatsachen.
   Gefahren. Chancen, München 1966
20 Ebenda, S. 222
21 Fritz Fischer: Griff nach der Weltmacht. Die Kriegszielpolitik des
   kaiserlichen Deutschland, Düsseldorf 1964
22 Alexander Bahar: Vom »Griff nach der Weltmacht«,
   junge Welt 11. Oktober 2006
23 Franz Josef Strauß: Herausforderung und Antwort. Ein Programm
   für Europa, Stuttgart 1968

24 Stefan Bollinger/Ulrich von der Heyden (Hrsg.): Deutsche Einheit
   und Elitenwechsel in Ostdeutschland, Berlin 2002;
   Arno Hecht: Die Wissenschaftselite Ostdeutschlands. Feindliche
   Übernahme oder Integration?, Leipzig 2002;
   Vgl. auch die Weißbücher »Unfrieden in Deutschland«,
   Schkeuditz
25 Marianne Birthler: Noch sehr lebendig, Der Spiegel 46/2006, S. 21
26 Arno Hecht (Hg.): Enttäuschte Hoffnungen. Autobiographische
   Berichte abgewickelter Wissenschaftler aus dem Osten
   Deutschlands, Berlin 2007
27 Kopie in meinem Besitz

5. Außenpolitik

1 Joachim Fest: Hitler. Eine Biographie, Frankfurt a. M., Berlin
   (West), Wien 1973
2 Karl Dietrich Bracher: Die deutsche Diktatur. Entstehung,
   Struktur, Folgen des Nationalsozialismus, Köln 1993
3 Hans Mommsen: Haupttendenzen nach 1945 und in der Ära des
   Kalten Krieges, München 1974;
   Entteufelung des Dritten Reiches?, Der Spiegel 6. 3. 1967
4 Wolfgang Schieder: Faschismus und kein Ende, in: Neue
   politische Literatur 2/1970
5 Kurt Pätzold und Manfred Weißbäcker: Adolf Hitler. Eine
   politische Biographie, Leipzig 1999
6 Hannes Heer: »Die Aufklärungsverweigerer«. Das Parlament,
   11. September 2006,
   vgl. Hannes Heer: »Hitler war's.« Die Befreiung der Deutschen
   von ihrer Vergangenheit, Berlin 2005
7 Joachim Fest: Hitler ... a. a. O., S. 18
8 Wilhelm Pieck/Georgi Dimitroff/Palmiro Togliatti: Die
   Offensive des Faschismus und Aufgaben der Kommunisten im
   Kampf für die Volksfront gegen Krieg und Faschismus,
   Berlin 1960, S. 18
9 Telford Taylor: Die Nürnberger Prozesse. Hintergründe,
   Analysen und Erkenntnisse aus heutiger Sicht, München 1994

10 Abgedruckt in Horst Schneider: Was des Volkes Hände schaffen, soll des Volkes eigen sein, Schkeuditz 2006, S. 103 f. und in der vorliegenden Publikation, S. 65 ff.

11 Fritz Fischer: Hitler war kein Betriebsunfall, München 1992, S. 239 f.

12 Bernd-Jürgen Wendt: Deutschland 1933–1945. Das »Dritte Reich«. Handbuch zur Geschichte, Hannover 1995

13 Reinhold Billstein: Neubeginn ohne Neuordnung. Dokumente und Materialien zur politischen Weichenstellung in den Westzonen nach 1945, Köln 1984
Reinhard Kühnl/Eckart Spoo (Hrsg.): Was aus Deutschland werden sollte. Konzepte des Widerstands, des Exils und der Alliierten, Heilbronn 1995

14 Ernst Deuerlein: Deutschland nach dem zweiten Weltkrieg 1945 – 1955, Konstanz 1964, S. 28

15 W. Ulbricht: »Die gesellschaftliche Entwicklung in der Deutschen Demokratischen Republik bis zur Vollendung des Sozialismus«, Neues Deutschland, Berlin, vom 18. April 1967, S. 4

16 Für Entspannung und dauerhaften Frieden in Europa, Dokumente, Berlin 1976

17 Helmut Wagner: Die »deutsche Ostpolitik«. Ihre Genese und spätere Interpretation, Deutschland Archiv 1/2006, S. 85 f.

18 Willy Brandt, Koexistenz - Zwang zum Wagnis, Stuttgart 1963

19 Ebenda, S. 20

20 Horst Schneider: Der Streit der Ideologien und die gemeinsame Sicherheit, Dresden 1997, S. 6

21 Helmut Kohl: Bilanzen und Perspektiven Bd. 1, Bonn 1992, S. 361

22 Klaus Hüfner (Hrsg.): Die Reform der Vereinten Nationen. Die Weltorganisation zwischen Krise und Erneuerung, Opladen 1994.
Wolfgang Spröte / Harry Wünsche: Die UNO und ihre Spezialorganisationen, Berlin 1975

23 Handbuch der Verträge 1871 - 1964, Berlin 1968, S. 509 f.

24 Ebenda, S. 507 f.

25 Klaus Blessing/Eckart Damm/Matthias Werner: Die Schulden des Westens. Wie der Osten Deutschlands ausgeplündert wird, 3. Auflage, Berlin 2006

26 Ebenda, S. 156

27 Geschichte der Außenpolitik der Deutschen Demokratischen Republik. Abriss, Berlin 1968, S. 141 f.
Geschichte der Außenpolitik der DDR. Abriss, Berlin 1984, S. 31

28 Zitiert nach der FAZ 3. August 2006

29 Graubuch. Expansionspolitik ..., S. 44/45

30 Franz Josef Strauß: Die Erinnerungen, Berlin 1989, S. 380 f.

31 Willy Brandt: Erinnerungen, Berlin/Frankfurt a. M. 1990

32 Gerhard Zwazorka: Psychologische Kriegsführung. Eine
Darlegung ihrer Organisation, ihrer Mittel und Methoden, Berlin
1962

33 Franz Josef Strauß: Entwurf für Europa, Stuttgart 1966
derselbe: Herausforderung und Antwort. Ein Programm für
Europa, Stuttgart 1968

34 Graubuch. Expansionspolitik und Neonazismus in
Westdeutschland, Berlin 1967, S. 114 f.

35 Ebenda, S. 116

36 Antwort der Bundesregierung vom 9. Januar 2007, in:
junge Welt 18. Januar 2007

37 Hans Daniel: »Ein vornehmer Mann.« Vergangenheitsbewältigung im Auswärtigen Amt, junge Welt 13. Juli 2006

38 Hans-Jürgen Döscher: Seilschaften. Die verdrängte Vergangenheit
des Auswärtigen Amtes, Berlin 2005
derselbe: Verschworene Gesellschaft. Das Auswärtige Amt unter
Adenauer zwischen Neubeginn und Kontinuität, Berlin 1995
und Das Auswärtige Amt im Dritten Reich. Diplomatie im
Schatten der »Endlösung««, Berlin 1987

39 Wigbert Benz: Paul Carell – Ribbentrops Pressechef Paul Karl
Schmidt vor und nach 1945, Berlin 2005

40 Graubuch, Expansionspolitik, a. a. O., S. 49 f.

41 Die Schulden des Westens, a. a. O., S. 133

42 Hans-Jürgen Döscher: Die verdrängte Vergangenheit des
Auswärtigen Amtes, Berlin 2005, S. 103f.;103 f.
vgl. Kurt Pätzold: Der Führer ging, die Kopflanger blieben,
Köln 2005

43 Ernst Heinrich von Weizsäcker: Wer ist ein Kriegsverbrecher?
In: Martin Wein: Die Weizsäckers. Geschichte einer deutschen
Familie, Stuttgart 1990, S. 336 f.

44 Egon Krenz: Herbst 89, Berlin 1999

45 Handbuch der Verträge 1871 - 1964, Berlin 1967, S. 508 f.

46 Außenpolitik der Bundesrepublik Deutschland. Dokumente von
1949 bis 1994, herausgegeben aus Anlass des 125. Jubiläums des
Auswärtigen Amtes, Köln 1995, S. 746 f.;
Horst Teltschik: 329 Tage. Innenansichten der Einigung,
Berlin 1991, S. 147;
Helmut Kohl: Ich wollte Deutschlands Einheit, Berlin 1996, S. 125

47 Horst Teltschik, a. a. O., S. 147 f.

48 Der deutsche Imperialismus und der zweite Weltkrieg, Heft 4., ...
Die Bilanz, Berlin 1960

49 Geschichte der Außenpolitik der DDR, Berlin 1984, S. 285 f.

50 *Zur Prozedur in New York am 27. September besitze ich Briefe von Bernhard Neugebauer, dem DDR-Botschafter, Prof. Dr. Meyer und Prof. Dr. Hüfners, stellv. Vorsitzender der Gesellschaft für die Vereinten Nationen der BRD*

51 Deutsche Einheit. Sonderedition aus den Akten des Bundeskanzleramtes 1989/90, Sachregister S. 1666 1667f
Dokumente zur Deutschlandpolitik, München 1998, S. 1396f.

52 Horst Schneider: Der Krieg ist kein Gesetz der Natur und der Frieden ist kein Geschenk. Kritische Anmerkungen zur NATO-Aggression gegen Jugoslawien, Stuttgart 1999

53 Philip Zelikow/Condoleezza Rice, Sternstunde der Diplomatie. Die deutsche Einheit und das Ende der Spaltung Europas, Berlin 1997

54 Janusz Piekalkiewicz: Rommel ... in Nordafrika 1941–1943, Augsburg 1998

55 Geschichte der Außenpolitik, a. a. O., S. 391 f.

56 Siehe UNO-Bilanz, Berlin, jeweiliges Jahr

57 Der Spiegel 1995/51, S. 49

58 Siegfried Bock u. a. (Hrsg.): DDR-Außenpolitik im Rückspiegel. Diplomaten im Gespräch, München 2004;
Siegfried Bock/Ingrid Muth/Hermann Schwiesen
Alternative Deutsche Außenpolitik? - DDR- Außenpolitik im Rückspiegel (II), Berlin 2006

59 zitiert nach junge Welt 13. Juli 2006

60 Deutschland Archiv 6/2005, S. 1118

61 Hans-Jürgen Döscher: Seilschaften. Die verdrängte Vergangenheit des Auswärtigen Amtes, Berlin 2005 S. 92f.

62 Edward Lucas: Der kalte Krieg des Kreml. Wie das Putin-System Russland und den Westen bedroht, München 2008

6. Ideologie

1 Karl Marx/Friedrich Engels: Die Deutsche Ideologie,
  Werke Bd. 3, S. 46
2 Wolfgang Huber: Die Religionen und der Staat, Friedrich-Ebert-
  Stiftung Bonn 2005, S. 7
3 Das Parlament, 2./9. Oktober 2006, S. 3
4 Uwe Backes (Hrsg.): Rechtsextremistische Ideologien in
  Geschichte und Gegenwart, Köln/Weimar 2003;
  Uwe Backes/Eckhard Jesse (Hrsg.): Gefährdungen der Freiheit.
  Extremistische Ideologien im Vergleich, Göttingen 2006
5 Arnold Schölzel: Der Anspruch auf Vernunft.
  In: Robert Allertz (Hrsg.): Sänger und Souffleur. Biermann,
  Havemann und die DDR, Berlin 2006, S. 91
6 Reinhard Kühnl: Der deutsche Faschismus in Quellen und
  Dokumenten, Köln 2000, S. 182
7 Die Ideologie des Verbrechens und des Untergangs. Der deutsche
  Imperialismus und der zweite Weltkrieg. Band 7, Berlin 1960
  Ludwig Elm: Der deutsche Konservatismus nach Auschwitz. Von
  Adenauer und Strauß bis Merkel und Stoiber, Köln 2007
8 Kurt Pätzold: Der Führer ging, die Kopflanger blieben, a. a. O.,
  S. 40
9 Karl Otto Hondrich: Geteilte Gefühle, FAZ 29. Juli 2006, S. 8
10 Karl Marx / Friedrich Engels: Zirkularbrief an Bebel, Liebknecht,
   Brack u. a., in: Werke Bd. 19, S. 164 f.
11 Werner Pirker: Feindbildpflege, junge Welt 12./13. August 2006
12 Geschichtsmythen. Legenden über den Nationalsozialismus, hsrg.
   von Wolfgang Benz und Peter Reif-Spirek, Berlin 2003, S. 69.
   vgl. Joachim Petzold: Die Demagogie des Hitlerfaschismus
   Die politische Funktion der Naziideologie
   auf dem Wege zur faschistischen Diktatur, Berlin 1982.
   Frank Deppe: Politisches Denken im 20. Jahrhundert.
     Band 1: Die Anfänge
     Band 2: Politisches Denken zwischen den Weltkriegen
     Band 3: Politisches Denken im Kalten Krieg
13 Revolutionäre deutsche Parteiprogramme, Berlin 1964, S. 194
14 Verfassungen deutscher Länder und Staaten ..., Berlin 1989, S. 521
15 Ernst Richert: Macht ohne Mandat, Köln/Opladen 1958
16 Hans Teller: Der kalte Krieg gegen die DDR, Berlin 1979

17 Der Spiegel 3/2007, S. 15
   Thomas Lindenberger (Hg.): Massenmedien im kalten Krieg.
   Akteure, Bilder und Resonanzen, Köln 2006;
   Otto Köhler: Unheimliche Publizisten. Die verdrängte
   Vergangenheit der Medienmacher, München 1995
   Erich Schmidt-Eenboom: Geheimdienst, Politik und Medien.
   Meinungsmache Undercover, Berlin 2004
18 Verfassungen..., a. a. O., S. 521
19 Bedeutung und Funktion des Antifaschismus. Texte zur inneren
   Sicherheit, Bonn Oktober 1990
20 Katrin Hammerstein: Deutsche Geschichtsbilder vom
   Nationalsozialismus, in: Aus Politik und Zeitgeschichte 3/2007,
   S. 29
21 Mitscherlich: Die Unfähigkeit zu trauern, Leipzig 1990, S. 43
22 Vgl. Tabus der bundesdeutschen Geschichte, a. a. O.
23 KPD-Verbot oder mit Kommunisten leben? Das KPD-
   Verbotsurteil des Bundesverfassungsgerichtes vom 17. August 1956
   nach 40 Jahren im Spiegel der Kritik, Berlin 1996
24 Heinrich Hannover: Die Republik vor Gericht 1954 - 1974,
   Berlin 1998;
   Klaus Körner: »Die rote Gefahr.« Antikommunistische
   Propaganda in der Bundesrepublik 1950 - 2000, Hamburg 2003
25 junge Welt 19./20. August 2006
26 zitiert nach Klaus Körner: »Die rote Gefahr«.
   Antikommunistische Propaganda in der Bundesrepublik 1950 -
   2000, Hamburg 2003, S. 103
27 Conrad Taler: Verfolgte abermals verfolgt,
   antifa Juli/August 2006, S. 22
28 Wolfgang Wippermann: Feindbild Osten, in: Tabus der
   bundesdeutschen Geschichte, a.a. O., S.198 f.
29 Horst Schneider: Das Hannah-Arendt-Institut im Widerstreit
   politischer Interessen, Berlin 2004, S. 16 f.
30 Deutschland Archiv 2/2003, S. 301
31 Wolfgang Ruge: Stalinismus. Eine Sackgasse im Labyrinth der
   Geschichte, Berlin 1991
32 *In den »programmatischen Eckpunkten« für die neue Linkspartei
   heißt es: »Wir lehnen jede Form der Diktatur ab und verurteilen den
   Stalinismus als verbrecherischen Missbrauch des Sozialismus.« Und was
   ist, wenn Diktatur des Proletariats nichts anderes ist als die politische
   Herrschaft der Arbeiterklasse und Stalinismus eine Leerformel, die
   beliebig gefüllt werden kann?*

33 Jürgen Schuster: Gruselkabinett. Immer wieder Debatten um den
   Stalinismus, Neues Deutschland 18./19. November 2006
34 Mary Fulbrook: »Entstalinisierung« in der DDR,
   Deutschland Archiv 1/2006, S. 35 f.
35 Hermann Weber: Stalinismus und KPD. Der Stalinismus in der
   KPD und SED. Wurzeln. Wirkungen. Folgen. (Hrsg.) Historische
   Kommission beim Parteivorstand der PDS, Berlin 1991, S. 31;
   Vgl. Wolfgang Ruge: Stalinismus. Eine Sackgasse im Labyrinth
   der Geschichte, Berlin 1991
36 Horst Schneider: »Erinnerungsschlacht« ohne Ende.
   Anmerkungen zum Streit um die aktuelle Gedenkstättenpolitik,
   Berlin 2006
37 Michael Schwarz und Hermann Wentker: Erinnerungspolitik auf
   dem Holzweg, Vierteljahreshefte für Zeitgeschichte 3/2006, S. 17 f.
38 *Die Umstände zwangen mich zu Untersuchungen.*
   Horst Schneider: Todesurteile am Münchner Platz. Fakten, Folgen
   und Fragen zum Dresdner Landgericht, Berlin 1997;
   Horst Schneider: Bautzens »Gelbes Elend«. Lager, Leiden,
   Legenden, Lehren, Berlin 1999;
   vgl. auch Gerhard Lehmann: Was war und was ist. Die Mahn- und
   Gedenkstätten am Münchner Platz in Dresden: der Umgang mit
   einem Erbe, Berlin 2004
39 Karl Wilhelm Fricke: Medium der DDR-Forschung. Zur
   Geschichte des »Deutschland Archiv«, in: 15 Jahre deutsche
   Einheit, herausgegeben von Günther Heydemann und Eckhard
   Jesse, Berlin 2006, S. 345 f.
40 Fricke, a.a.O., S. 348
   vgl. auch Karl Wilhelm Fricke: 40 Jahre »Deutschland
   Archiv«. Eine Zeitschrift im Dienste von DDR-Forschung und
   Wiedervereinigung, Deutschland Archiv 2/2008 S. 217f.

41 Thomas Barth (Hrsg.): Bertelsmann. Ein Medienimperium macht Politik, Hamburg 2006;
H. Fischer / F. Böckelmann: Bertelsmann. Hinter der Fassade des Medienimperiums, Frankfurt a. M. 2004
Karl Wilhelm Fricke würdigt im Deutschland Archiv 2/2008 S.271f. die Verdienste des Deutschland Archivs um die Wiedervereinigung ohne mit einem Wort auf das Wesen der »Wiedervereinigung« einzugehen. Er merkte in diesem Artikel an, »dass sich negative Vorurteile aus ideologischer Voreingenommenheit gegenüber dem DA bis in die Gegenwart erhalten haben«. Er belegt das in der Fußnote 27 mit meiner Arbeit »Hysterische Historiker«, die auf diesem Wege Eingang in das DA findet: »Der ehemalige Professor an der Pädagogischen Hochschule Dresden arbeitet so unprofessionell, dass er den W. Bertelsmann Verlag Bielefeld, in dem das DA erscheint, mit dem Medienkonzern Bertelsmann in Gütersloh verwechselt, um daran ebenso absurde, wie diffamierende Schlussfolgerungen zu knüpfen.«
Der Leser mag die »absurden« und »diffamierenden« Schlussfolgerungen selbst prüfen.

42 Rüdiger Liedtke: Wem gehört die Republik 2003? Die Konzerne und ihre Verflechtungen, Frankfurt a.M. 2002, S.77

43 Horst Teltschik: 329 Tage. Innenansichten der Einigung, Berlin 1991

44 Werner Weidenfeld/Janis A. Emmanouilidis/Almut Metz: Die strategischen Antworten Europas, Strategiepapier für das »X. International Bertelsmann Forum« am 22. und 23. September 2006 in Berlin

45 Antifaschismus für Regierung linksextrem, Neues Deutschland 3./4. Juni 2006

46 Detlef Joseph: Hammer, Zirkel, Hakenkreuz. Wie antifaschistisch war die DDR? Berlin 2006

47 Clemens Vollnhals: Der Totalitarismusbegriff im Wandel. Aus Politik und Zeitgeschichte 39/2006, S.24

7. Militär

1 Text auf dem Titelblatt des Spiegel 47/2006
2 Ulrich Sander: Die Macht im Hintergrund. Militär und Politik in Deutschland von Seeckt bis Struck, Berlin 2006
3 Karl Liebknecht: Militarismus und Antimilitarismus, in Gesammelte Reden und Schriften, Band I, Berlin 1958, S. 249 f.
4 Militärwesen 8/1987, S. 3 f.
   vgl. Gerhard Merkel / Wolfgang Wünsche: Die Nationale Volksarmee der DDR - Legitimation und Auftrag - Alte und neue Legenden kritisch hinterfragt. Hefte zur DDR-Geschichte, Berlin 1996, S. 54/55
5 Immanuel Kant: Zum ewigen Frieden. Ein philosophischer Entwurf, Reclams Universalbibliothek Nr. 1501, Leipzig
6 Herbert Kruse: Die vierte Front. Zur psychologischen Kriegführung der NATO, Berlin 1977
7 W. I. Lenin: Über den Kampf um den Frieden, Berlin 1951, S. 9
8 Autorenkollektiv: Sowjetische Außenpolitik und europäische Sicherheit, Berlin 1975
9 Erich Hocke/Wolfgang Scheler: Die Einheit von Sozialismus und Frieden, Berlin 1977
10 Anatoli Gribkow: Der Warschauer Pakt. Geschichte und Hintergründe des östlichen Militärbündnisses, Berlin 1995
11 Heinrich Hannover: Verschwiegene Geschichte, in: Tabus der bundesdeutschen Geschichte, Hannover 2006, S. 17
12 Der Spiegel 42/2006, S. 75
13 Carl Dirks/Karl-Heinz Janßen: Der Krieg der Generäle. Hitler als Werkzeug der Wehrmacht, München 2001
14 Leon Poliakow/Joseph Wulf: Das Dritte Reich und seine Diener, Berlin 1956, S. 335 f.
15 Braunbuch, Kriegs- und Naziverbrecher in der Bundesrepublik, Berlin 1965, S. 189 f.
16 Lorenz Knorr: Rechtsextremismus in der Bundeswehr.. Deutsches Militär von Massenmördern geprägt? Frankfurt a.M. 1998
17 Hans-Günther Thiele (Hrsg.): Die Wehrmachtsausstellung. Dokumentation einer Kontroverse, Bremen 1997; Johannes Klotz (Hrsg.): Vorbild Wehrmacht? Wehrmachtsverbrechen, Rechtsextremismus und Bundeswehr, Köln 1998; Detlef Bald / Johannes Klotz / Wolfram Wette: Mythus Wehrmacht. Nachkriegsdebatte und Traditionspflege, Berlin 2001
18 Hans-Günther Thiele: a. a. O., S. 186 f.

19 Manfred Messerschmidt: Die Wehrmachtsjustiz 1933 - 1945, Paderborn, München, Zürich, Wien 2006

20 Morden für das Vaterland, Der Spiegel 11/2008, S. 42 f.;
Martin Kutz: Deutsche Soldaten. Eine Kultur- und Mentalitätsgeschichte, Darmstadt 2006;
Ingo Stadler (Hrsg.): Ihr daheim und wir hier draußen. Ein Briefwechsel zwischen Ostfront und Heimat Juni 1941 – März 1943, Köln 2006;
Svenn Oliver Müller: Deutsche Soldaten und ihre Feinde. Nationalsozialismus an Front und Heimat-Front im Zweiten Weltkrieg, Frankfurt a. M. 2007

21 *Heinz Keßler ist nach 1990 zu siebeneinhalb Jahren Haft verurteilt worden, von denen er fünf Jahre verbüßte, antifa Juli/August 2006, S. 5*
Das hat in der BRD kein Gericht einem Kriegsverbrechergeneral zugemutet.

22 Daniel Christian: Die Gründergeneralität, junge Welt 1. März 2006

23 Ebenda

24 junge Welt 1. März 2006

25 Lorenz Knorr: Rechtsextremismus in der Bundeswehr? Frankfurt a. M. 1998

26 Karl Eduard von Schnitzler: Der rote Kanal, Hamburg 1992, S. 71

27 Vgl. Drucksache 16/2178 von Ulla Jelpke und anderen an den Bundestag, junge Welt 5./6. August 2006

28 Geoffrey P. Megargee: Hitler und die Generäle. Das Ringen um die Führung der Wehrmacht, Paderborn 2006

29 Das Weltgericht. Der Spiegel 42/2006, S. 66 f.

30 Oberst Hajor Hermannn: Supersoldiers. Die Wehrmacht im Urteil ausländischer Experten, National Zeitung 14. Juli 2006

31 Graubuch. Expansionspolitik und Neonazismus in Westdeutschland, Berlin 1967, S. 340 f.

32 Der Spiegel 44/2006, S. 68

33 Der Spiegel 42/2006, S. 69

34 Antikominternpakt, Sachwörterbuch der Geschichte, Bd. 1, Berlin 1969, S. 79 f.

35 Text in: Handbuch der Verträge 1871 - 1964, Berlin 1968, S. 598 f.

36 Vorwort zu Hans-Joachim Giese: Das unliebsame Erbe. Die Auflösung der Militärstruktur der DDR, Baden-Baden 1992, S. 10; Günther Glaser: Neues Denken und Handeln in der NVA in der Umbruchphase der DDR, Deutschland Archiv 5/2006, S. 814 f.

37 Michael Rühle: Entwicklungslinien des atlantischen Bündnisses, Aus Politik und Zeitgeschichte 43/2006, S. 4 f.

38 Jürgen Elsässer: Kriegsverbrechen. Die tödlichen Lügen der Bundesregierung und ihre Opfer im Kosovo Konflikt, Hamburg 2000;
Dieter Lutz (Hrsg.): Deutsche Soldaten weltweit? Reinbek bei Hamburg 1993

39 Michael Rühle: Entwicklungslinien des atlantischen Bündnisses, Aus Politik und Zeitgeschichte 43/2006, S. 3

40 Gerhard Schröder: Entscheidungen. Mein Leben in der Politik, Hamburg 2006, S. 229 f.

41 Karl Jaspers: Wohin treibt die Bundesrepublik? Tatsachen. Gefahren. Chancen, München 1966, S. 218

42 Wolfgang Michal: Deutschland und der nächste Krieg, Berlin 1995;
Ernst Woit / Wolfgang Scheler (Hrsg.): Kriege zur Neuordnung der Welt. Imperialismus und Krieg nach dem Ende des Kalten Krieges, Berlin 2004;
Arbeitsstelle Frieden und Abrüstung (Hrsg.): Am Hindukusch und anderswo. Die Bundeswehr: von der Wiederbewaffnung in den Krieg, Köln 2005;
Maria Mies: Krieg ohne Grenzen. Die neue Kolonisierung der Welt, Köln 2004

43 Weißbuch 2006 zur Sicherheitspolitik Deutschlands: Deutsche Interessen weltweit. Zum Weißbuch 2006, Friedensjournal Juli 2006, S. 3 f.

44 W. I. Lenin: Über die Politik der friedlichen Koexistenz. Eine Auswahl, Berlin 1977;
Anatoli Gromyko/Wladimir Lomejko: Neues Denken im Atomzeitalter, Köln 1985

45 Günter Kießling: Neutralität ist kein Verrat. Entwurf einer europäischen Friedensordnung, Erlangen, Bonn, Wien 1989;
Elmar Schmähling: Ohne Glanz und Gloria. Die Bundeswehr – Bilanz einer neurotischen Armee, Düsseldorf/Wien/New York/Moskau 1991

46 Rüdiger Wenzke: Die NVA und der Prager Frühling, Berlin 1995

47 Vasil Bilak: Wir riefen Moskau zu Hilfe. Der »Prager Frühling« aus der Sicht eines Beteiligten, Berlin 2006

48 Horst Schneider: Die Deutschen und der Krieg am Golf. Soll das Grundgesetz den Einsatz der Bundeswehr out of area erlauben? Utopie kreativ 9/1991, S. 70 f.

49 Sicherheitspolitik im 21. Jahrhundert. Informationen zur
   politischen Bildung Heft 291, Bonn Juni 2006, S. 21

50 Wehrmacht - Verbrechen - Widerstand. Vier Beiträge zum
   nationalsozialistischen Weltanschauungskrieg. Herausgegeben
   von Clemens Vollnhals, Berichte und Studien des Hannah-Arendt-
   Instituts Nr. 40, Dresden 2003

51 Kurt Frotscher/Wolfgang Krug (Hrsg.): Im Namen des Volkes.
   Grenzer vor Gericht. Schkeuditz 2000;
   Kurt Frotscher/Horst Liebig: Opfer deutscher Teilung. Beim
   Grenzschutz getötet. Schkeuditz 2005;
   Klaus Dieter Baumgarten/Peter Freitag (Hrsg.): Die Grenzen der
   DDR. Geschichte - Fakten - Hinter-Gründe, Berlin 2004

52 Heinrich Senft: Falscher Feiertag, Blätter für deutsche und
   internationale Politik 12/1999, Dezember 1999, S 1419

53 Horst Schneider: Tel Aviv und das Völkerrecht, RotFuchs 1/2007

54 Lothar Schröter (Hrsg.): Getrennt marschiert. Die beiden
   deutschen Armeen im Kalten Krieg, Schkeuditz 2007

55 Lothar Schröter/Frank Schubert (Hrsg.): Medien und Krieg –
   verhindern, dulden oder rechtfertigen? Schkeuditz 2007

56 Schwarzbuch zur Sicherheits- und Militärpolitik Deutschlands,
   Hrsg. von der Fraktion Die Linke im Bundestag, Berlin o. J. (2007)

57 Hans Bentzien: Division Brandenburg. Die Rangers von Admiral
   Canaris, Berlin 2004

58 Bundestags-Drucksache 16/5082, junge Welt 31. Mai 2007

59 zitiert nach Neues Deutschland 22./23. März 2008

60 Klaus Naumann: Generale in der Demokratie. Generations-
   geschichtliche Studien der Bundeswehrelite, Hamburg 2007;
   Maria Mies: Krieg ohne Grenzen. Die neue Kolonisierung der
   Welt, Köln 2004;
   Arbeitsstelle Frieden und Abrüstung (Hrsg.): Am Hindukusch und
   anderswo. Die Bundeswehr: von der Wiederbewaffnung in den
   Krieg, Köln 2005;
   Ulrich Sander: Die Macht im Hintergrund. Militär und Politik in
   Deutschland von Seeckt bis Struck, Köln 2004

8. Justiz

1   Kurt Tucholsky: Auf dem Nachttisch, 1930, Rezension des Buches:
    E. J. Gumbel/Berthold Jacob/Ernst Falck: ›Verräter verfallen der
    Feme‹;
    Siegerjustiz? Die politische Strafverfolgung infolge der Deutschen
    Einheit, Berlin 2003, Motto
2   Leon Poliakov/Joseph Wulf: Das Dritte Reich und seine Diener,
    Berlin 1956, S. 175 f.
3   Kurt Pätzold: Mörder in Roben, junge Welt 17./18. Februar 2007
4   Leon Poliakov … a. A. O., S. 319
5   Braunbuch. Kriegs- und Naziverbrecher in der Bundesrepublik,
    Berlin 1965, S. 109 f.;
    Günter Wieland: Das war der Volksgerichtshof. Ermittlungen,
    Fakten, Dokumente, Berlin 1989;
    Klaus-Detlev Goden-Schüttke: Der Bundesgerichtshof – Justiz in
    Deutschland, Berlin 2005;
    Helmut Ortner: Der Hinrichter. Roland Freister – Mörder im
    Dienste Hitlers, Göttingen 1995
6   Justiz und Nationalsozialismus. Katalog zur Ausstellung des
    Bundesministers der Justiz, Köln 1989, Vorwort S. 5;
    Marc von Miquel: Ahnden oder amnestieren? Westdeutsche Justiz
    und Vergangenheitspolitik in den Sechziger Jahren, Göttingen
    2004
7   Bulletin. Presse- und Informationsamt der Bundesregierung
    23/1989, 4. März 1989, S. 213
8   Dieter Schenk: Die Historie des BKA. Verbindungslinien zum NS-
    Regime
9   Otto Köhler: Selbstentnazifizierung. Das Beispiel des obersten
    Richters, in: Tabus der bundesdeutschen Geschichte a. a. O., S. 24 f
10 Falco Werkentin: Die Restauration der deutschen Polizei. Innere
    Rüstung von 1945 bis zur Notstandsgesetzgebung,
    Frankfurt a. M./New York 1984
11 Norman Paech: Nürnberg 1945–49 – alles verdrängt und
    vergessen? In: Tabus der bundesdeutschen Geschichte, S. 37
12 Buchenwald, Hrsg. Komitee der antifaschistischen
    Widerstandskämpfer, Berlin 1959
13 Nikolaus Wachsmann: Gefangen unter Hitler. Justizterror und
    Strafvollzug im NS-Staat, München 2006
14 Bautzen-Forum Nr. 1, S. 13

15 Dieter Nohlsen (Hrsg.): Wörterbuch Staat und Politik, Neuausgabe Heidelberg 1995, S. 306

16 Zitiert nach: Die verdrängte Schuld der Bundesrepublik, Essen 1997, S. 7/8

17 Lutz Lehmann: Legal und opportun, Berlin 1966, S. 34

18 Die verdrängte Schuld a. a. O., S. 8

19 Der Spiegel 45/1999, S. 72

20 Alexander von Brünneck: Politische Justiz gegen Kommunisten in der Bundesrepublik Deutschland, Frankfurt a. M. 1978;
Bernt Engelmann: Die unsichtbare Tradition, Köln 1989;
Rolf Gössner: Die vergessenen Opfer des kalten Krieges. Über den unterschiedlichen Umgang mit der deutschen Geschichte in Ost und West, Hamburg 1994;
Heinrich Hannover: Klassenherrschaft und politische Justiz, Hamburg 1978;
derselbe: Die Republik vor Gericht 1954–1974. Erinnerungen eines unbequemen Rechtsanwalts, Berlin 1998;
derselbe: Die Republik ... 1975 - 1995, Berlin 1999;
Lutz Lehmann: Legal und opportun, Berlin 1966;
Diether Posser: Anwalt im kalten Krieg. Ein Stück deutscher Geschichte in politischen Prozessen 1951 - 1968, München 1991

21 Karl Stiffel: Wann werden sie rehabilitiert? Eine Dokumentation der Initiativgruppe für die Rehabilitierung der Opfer des kalten Krieges;
Friedrich Wolff: Verlorene Prozesse 1953–1998, Baden-Baden 1999

22 Diether Posser a. a. O.

23 Ebenda, S. 109/110

24 Michael Herms: Vor 45 Jahren. Bonn verbietet die FDJ, Neues Deutschland 22./23. Juni 1996;
die Antwort Angenforts: Grund des FDJ-Verbots war die Remilitarisierung, Neues Deutschland 1. Juli 1996

25 Helmut Kramer / Wolfram Wette (Hg): Recht ist, was den Waffen nützt, Berlin 2004, S. 247 f.

26 Rolf Gössner: Politisches Strafrecht gegen Linksopposition, Neues Deutschland 3. November 1992

27 Zum Prozess gegen Agartz siehe Posser: Anwalt ... a. a. O., S. 195 f.

28 Pieter Bakker-Schut: Stammheim, Bonn 2007

29 Helmut Kohl: Ich wollte Deutschlands Einheit, Berlin 1996, S. 24 f.

30 Lutz Lehmann a. a. O., S. 122

31 Dunkler Tatbestand. Die Opfer des kalten Krieges fordern nach der Einheit Wiedergutmachung für früheres Unrecht, Der Spiegel 37/1992, S. 39/40.
Dr. Heinrich Hannover und Dr. Rolf Gössner begründeten auf einer Pressekonferenz am 22. März 2000 die Forderung an Kanzler Gerhard Schröder, das Justizunrecht des kalten Krieges wieder gut zu machen. Schröder lehnte ab. Briefwechsel beim Autor.

32 Ebenda, S. 41

33 Die verdrängte Schuld a. a. O., S. 34

34 Die Dokumente, auch den Gesetzentwurf vom 12. März 1992, *siehe in:* Die verdrängte Schuld der Bundesrepublik, Essen 1997, S. 30 f. Die Namensliste der Initiativgruppe, *ebenda*, S. 35

35 Wie sicher ist die Bundesrepublik? München 1978, S. 200 f.

36 Manfred Histor: Willy Brandts vergessene Opfer, Freiburg 1989

37 Weißbuch. Unfrieden in Deutschland, Band 1 bis Band 6

38 Thomas Leif und andere: Die politische Klasse in Deutschland. Eliten auf dem Prüfstand, Bonn/Berlin 1992; Klaus-Detlev Godau Schüttke: Der Bundesgerichtshof – Justiz in Deutschland, Berlin 2005

39 Bulletin ... 98/1997, S. 1264

40 Auswahl: Friedrich Wolff: Einigkeit und Recht. Die DDR und die deutsche Justiz, Berlin 2005; Siegerjustiz?: Die politische Strafverfolgung infolge der Deutschen Einheit, Berlin 2003; Detlef Joseph: Hammer, Zirkel, Hakenkreuz - wie antifaschistisch war die DDR? Berlin 2006; Erich Buchholz: Unrechtsstaat DDR? Rechtsstaat BRD? Ein Jurist antwortet, Berlin 2006; Kurz Pätzold: Im Rückspiegel. Nürnberg/Berlin 2006

41 Helmut Schmidt: Zur Lage der Nation, Die Zeit 41/1991, 3. Oktober 1991, S. 4

42 Uwe-Jens Heuer/Gerhard Riege: Der Rechtsstaat - eine Legende? Erfahrungen zweier Rechtswissenschaftler 1990/91 in Volkskammer und Bundestag, Baden-Baden 1992; Lothar Bisky/Uwe-Jens Heuer/Michael Schumann (Hrsg.): »Unrechtsstaat?« Politische Justiz und die Aufarbeitung der DDR-Vergangenheit, Hamburg 1994

43 Hans-Jürgen Papier (*jetzt Präsident des Bundesverfassungsgerichts*) und Johannes Möller: Die rechtsstaatliche Bewältigung von Regime-Unrecht nach 1945 und nach 1989, in: Neue Juristische Wochenschrift 1999, S. 3289 f.

44 Deutsche Einheit. Sonderedition aus den Akten des Kanzleramtes 1989/90. Dokumente zur Deutschlandpolitik, München 1998, S. 21 viele Stellen bis S. 1543

45 Außenpolitik der Bundesrepublik Deutschland. Dokumente von 1949 bis 1994, Köln 1995, S. 699 f.

46 Ralph Hartmann: Die Liquidatoren. Der Reichskommissar und das wiedergewonnene Vaterland, Berlin 1996;
Klaus Steinitz (Hrsg.): Vereinigungsbilanz, Hamburg 1995;
Martin Flug: Treuhand-Poker. Die Mechanismen des Ausverkaufs, Berlin 1992

47 Biographien »einigungsbedingter« Selbstmorde in Icarus 3-4/2006

48 Friedrich Wolff: Unsere Feindbilder, ihre Feindbilder, junge Welt 17. Juli 2006

49 Reginald Rudorf (Hg.): Krenzfälle – Die Grenzen der Justiz, Berlin 2002

50 Wolfgang Thierse: Schuld sind immer die anderen, Die Zeit, 6. September 1991

51 Wolfgang Ullmann: Königsprozess oder Nürnberger Tribunal, »Freitag«, 13. September 1991:
Eine Zusammenfassung der »Tribunal«-Diskussion bei Albrecht Schönherr: Ein Volk am Pranger? Die Deutschen auf der Suche nach einer neuen politischen Kultur, Berlin o. J.

52 Aufruf für ein »Tribunal« Mit dem Forum der Aufklärung beginnen! »taz« vom 23. 1. 1992;
Dr. C. Dümde, Statt dem »Wer war es?« gesellschaftliches Nachdenken, Neues Deutschland vom 25. 3. 1992;
Ullmann und Poppe vor der Presse: Neuer Umgang mit der DDR-Unmenschlichkeit, Neues Deutschland vom 26. 3. 1992.
Friedrich Schorlemmer hat sich im ND im Oktober 2007 von seiner »Tribunal«-Idee losgesagt.

53 Erich Buchholz: Unrechtsstaat DDR? Rechtsstaat BRD? Ein Jurist antwortet, Berlin 2006;
Reginald Rudorf (Hrsg.): Krenzfälle - Die Grenzen der Justiz, Berlin 2002;
vgl. die regierungstreue Position bei Josef Isensee:
Vergangenheitsbewältigung durch Recht, Berlin 1992

54 Peter-Michael Diestel: Birthlers Totenjagd, Icarus 3-4/2006, S. 41 f.

55 Serienkiller ohne Leichen, Der Spiegel 40/2003;
Jens Berger: Theobald Tiger und der Stasikiller, Berlin 2004

56 Helmut Kohl: Bilanzen und Perspektiven, Band 1, Bonn 1992, S. 361

57 *Das Urteil von 1952 und das Rehabilitierungsurteil von 2005 ist in meinem Besitz.*
Vgl. auch Horst Schneider: »Erinnerungsschlacht« ohne Ende, Berlin 2005, S. 23 f.

58 Das Parlament 46/2006, S. 17

59 Rede am 4. November 1989 auf dem Berliner Alexanderplatz. Buch der Werte, Stuttgart 1995, S. 339

60 zit. nach Tabus der bundesdeutschen Geschichte a. a. O., S. 48

61 Christoph Schaefgen: Zehn Jahre Aufarbeitung des Staatsunrechts in der DDR, in: Neue Justiz 2000, S. 1 f.

62 »Unsere Gerichte dürfen sich nicht zur ›Siegerjustiz‹ verleiten lassen.« Helmut Schmidt: Die Lage der Nation, Die Zeit 3. Oktober 1991, S. 4

63 Karl Wilhelm Fricke: Politik und Justiz in der DDR. Zur Geschichte der politischen Verfolgung 1945–1968, Bericht und Dokumentation, Köln 1990;
Friedrich Wolff: Verlorene Prozesse 1953–1998. Meine Verteidigungen in politischen Verfahren, Baden-Baden 1999;
Wolfgang Eisert: Die Waldheimer Prozesse. Der stalinistische Terror. Ein dunkles Kapitel der DDR-Justiz, München 1993;
Stalinistische Justiz im Parteiauftrag, Berlin 1996

64 Kurt Tucholsky: »Die Objektiven«, 1921, zit. nach: Das Blättchen 3/2007, S. 4

9. Geheimdienste

1 Udo Ulfkotte: Der Krieg im Dunkeln. Die wahre Macht der Geheimdienste, Frankfurt a. M. 2006

2 *Ergänzend:* Siegfried Suckut/Jürgen Weber (Hrsg.): Stasi-Akten zwischen Politik und Zeitgeschichte, München 2003;
Hans Joachim Schädlich (Hrsg.): Aktenkundig, Berlin 1992

3   Geheimdienste in Deutschland nach 1945. Anhörung der
    Alternativen Enquete-Kommission am 15. Dezember 1993 in
    Berlin; Hrsg. Insider-Komitee zur Aufarbeitung der Geschichte
    des MfS, S. 32 f.;
    Klaus Eichner/Gotthold Schramm (Hrsg.): Angriff und Abwehr.
    Die deutschen Geheimdienste nach 1945, Berlin 2007;
    In jüngster Zeit sind u. a. erschienen:
    Herbert Kierstein: Heiße Schlchten des kalten Krieges.
    Unbekannte Fälle und Fakten aus der Spionageabwehr, Berlin
    2007;
    Werner Großmann: Bonn im Blick. Die DDR-Aufklärung aus dem
    Blick ihres letzten Chefs, Berlin 2007;
    Georg Herbstritt: Bundesbürger im Dienst der BRD-Spionage,
    Eine analytische Studie, Göttingen 2007;
    Detlef Joseph: Hammer, Zirkel, Hakenkreuz. Wie antifaschistisch
    war die DDR?, Berlin 2006;
    Wilhelm Dietl: Deckname Dali. Ein BND-Agent packt aus,
    Frankfurt am Main 2007 ;
    Horst Busse, Hans-Herbert Nehmer und Dieter Skiba: »Anti-
    Leide«. Herrn Henry Leides Umwälzung der Geschichte der
    DDR, Schkeuditz 2007;
    Klaus Steiniger: CIA, FBI und Co.: Das Kartell der US-
    Geheimdienste, Berlin 2008;
    Robert Allertz: Die RAF und das MfS. Fakten und Fiktionen,
    Berlin 2008;
    Hans Sieberer: Als Agent hinter dem Eisernen Vorhang, Berlin
    2008;
    Klaus Eichner/Andreas Dobbert: Headquarters Germany. Die
    US-Geheimdienste in Deutschland, Berlin 2008;
    Klaus Marxen/Gerhard Werle: Strafjustiz und DDR-Unrecht,
    Bd. 6 MfS-Straftaten, Berlin/New York 2006
4   Die Gauck/Birthler-Behörde gab die »Anatomie der
    Staatssicherheit« heraus, außerdem eine Reihe »Archiv zur
    Staatssicherheit«
5   Claus Nordbruch: Der Verfassungsschutz. Organisation. Spitzel.
    Skandale, Tübingen 1999
6   Janusz Piekalkiewicz: Weltgeschichte der Spionage. Agenten –
    Systeme – Aktionen, mit einem Vorwort von Dr. Richard Meier,
    Präsident des Bundesamtes für Verfassungsschutz a. D., München
    1988, S. 11 f.

7 André Brissand: Die SD-Story; Hitlers Geheimarmee: Mord auf
  Bestellung, Paris/Zürich 1980;
  Gestapo-Berichte 1933 - 1939, Berlin 1989;
  Gestapo-Berichte 1939 - 1945, Berlin 1989;
  Julius Mader: Die graue Hand. Eine Abrechnung mit dem Bonner
  Geheimdienst, Berlin 1961

8 Henry Leide: NS-Verbrecher und Staatssicherheit. Die geheime
  Vergangenheitspolitik der DDR, Göttingen 2005

9 Erich Schmidt-Eenboom: Es gab nicht nur die Stasi. Personelle
  und operative Kontinuitäten deutscher Nachrichtendienste, in:
  Tabus ... a. a. O., S. 88 f.

10 Die braunen Wurzeln des BKA, Köln 2001

11 Mary Ellen Reese: Organisation Gehlen. Der kalte Krieg und der
  Aufbau des deutschen Geheimdienstes, Berlin 1992, S. 7;
  Julius Mader: Die graue Hand, a. a. O., S. 68 f.

12 Otto Köhler: Alarm in Gehlens Klo, junge Welt 11./12. März 2006

13 Günther Sarge: Die Stunde der Heuchler und Biedermänner (1),
  RotFuchs Juli 2006, S. 3;
  vgl. Julius Mader: Die graue Hand. Eine Abrechnung mit dem
  Bonner Geheimdienst, Berlin o. J.

14 »Der Spiegel« 13/2006, S. 32/33

15 René Heilig: US-Historiker hat im Abfall der Geschichte
  gerührt ..., Neues Deutschland 9. Juni 2006;
  Plaudereien aus Pullach, Der Spiegel 24/2006, S. 48 f.

16 Neue Zürcher Zeitung 8. Juni 2006, S. 3

17 Manfred Wekwerth: In memoriam Markus Wolf,
  junge Welt 27. November 2006;
  Markus Wolf: Spionagechef im geheimen Krieg. Erinnerungen,
  Düsseldorf und München 1997;
  »Ich bin kein Spion« - Gespräche mit Markus Wolf/Irene Junge,
  Berlin 1990;
  Porträts in Frage und Antwort: Günter Gaus im Gespräch mit
  Gottfried Forck, Markus Meckel, Heinz Warzecha, Peter-Michael
  Diestel, Markus Wolf, Manfred Stolpe, Horst Klinkmann, Barbara
  Thalheim, Klaus Gysi - Berlin 1991

18 Markus Wolf: Spionagechef a. a. O., S. 11

19 Klaus Eichner/Gotthold Schramm (Hrsg.): Kundschafter im
  Westen. Spitzenquellen der DDR-Aufklärung erinnern sich,
  Berlin 2003

20 Ebenda, S. 6

21 Henry Leide: NS-Verbrecher und Staatssicherheit. Die geheime
   Vergangenheit in der DDR, Göttingen 2005;
   vgl. Olaf Koppelt: Braunbuch DDR - Nazis in der DDR,
   Berlin 2002
22 Detlef Joseph: Nazis in der DDR, Berlin 2002;
   Dieter Skiba/Wolfgang Schmidt: Geschichtsschreibung nach Art
   des Hauses Birthler, GRH-Information 3/2006, Mai 2006;
   Detlef Joseph: Hammer, Zirkel, Hakenkreuz. Wie antifaschistisch
   war die DDR?, Berlin 2006
23 Johannes Metz: Der unbequeme Wächter, Das Parlament 39/2006
24 Walter Menzel: Möglichkeiten und Grenzen des
   Verfassungsschutzes, in: Politische Studien, Jg. 5, Heft 59, März
   1955, S. 7
25 Wolfgang Buschfort: Geheime Hüter der Verfassung, Paderborn,
   München, Wien, Zürich 2004
26 Claus Nordbruch: Der Verfassungsschutz. Organisation. Spitzel.
   Skandale, Tübingen 1999
27 Die Sicherheit. Zur Abwehrarbeit des MfS, Band 1 und Band 2,
   Berlin 2002, hier Bd. 1, S. 44 f.;
   Robert Allertz: Im Visier die DDR. Eine Chronik, Berlin 2002
28 Die Sicherheit. Zur Abwehrarbeit des MfS, Band 1 und Band 2,
   Berlin 2002;
   Erich Schmidt-Eenboom: Geheimdienst, Politik und Medien.
   Meinungsmache Undercover, Berlin 2004;
   Peter Watson: Psycho-Krieg, Frankfurt a. M. 1985
   Erich Schmidt-Eenboom: Undercover. Der BND und die
   deutschen Journalisten, Köln 1998
29 Otto Köhler: Unheimliche Publizisten, München 1995;
   Eberhard Heinrich/Klaus Ullrich: Der Krieg einer unsichtbaren
   Armee, Berlin 1985;
   Erich Schmidt-Eenboom: Geheimdienst, Politik und Medien.
   Meinungsmache Undercover, Berlin 2004
30 Der Spiegel 46/2006, S. 21
31 Sächsische Zeitung 11. Oktober 2006
32 »Trübe Suppe«, Der Spiegel 21/2006, S. 22 f.;
   Claus Nordbruch: Der Verfassungsschutz. Organisation, Skandale,
   Spitzel, Tübingen 1999
33 Deutschland Archiv 1996/5, S. 833 f.
34 Karl Wilhelm Fricke: Geschichtsrevisionismus aus MfS-
   Perspektive. Ehemalige Stasi-Kader wollen ihre Geschichte
   umdeuten, Deutschland Archiv 3/2006, S. 490 f.

35 Icarus 3 - 4/2006

36 Wolfgang Krieger: Die Bedeutung der Nachrichtendienste für die internationalen Beziehungen im kalten Krieg, in: Diplomaten und Agenten, Reinhard Doerries (Hrsg.), Heidelberg 2001, S. 189 f.

37 Hans Leyendecker: Der Fall Pullach, Süddeutsche Zeitung 14. November 2005

38 Albert Norden: So werden Kriege gemacht! Über Hintergründe und Technik der Aggression, 4. Auflage, Berlin 1968

39 Wolfgang Welsch: Ich war Staatsfeind Nr. 1; Als Fluchthelfer auf der Todesliste der Stasi, Frankfurt a. M. 2001

40 junge Welt 27. November 2006

41 Friedrich Wolff: Unsere Feindbilder, ihre Feindbilder, junge Welt 17. Juli 2006

42 Udo Grashoff: »In einem Anfall von Depression...«. Selbsttötungen in der DDR, Berlin 2006

43 Johanna Metz: Ein sozialistisches Tabu: Suizide in der DDR, Berlin 2006, Das Parlament 1-2/2007

44 Peter Pfütze: Besuchszeit. Westdiplomaten in besonderer Mission, Berlin 2006;
Gotthold Schramm (Hrsg.): Der Botschaftsflüchtling und andere Agentengeschichten. Mit einem Geleitwort von Markus Wolf und Werner Großmann, Berlin 2006;
Hannes Sieberer und Herbert Kierstein: Verheizt und vergessen. Ein US-Agent und die Spionageabwehr, Berlin 2005

45 Thomas Kunze, Staatschef a. D. Die letzten Jahre des Erich Honecker, Berlin 2001, S. 72

46 G. Sarge: Die Stunde der Heuchler und Biedermänner (2), in: RotFuchs August 2006

47 Horst Schneider: Gruselstory Checkpoint Charlie. Die Frau vom Checkpoint Charlie – leidvolle Wahrheit oder Lügengeschichte, Böklund 2007

48 Endrik Wilhelm: Rechtsbeugung in der DDR. Die Sicht der Verteidigung, Berlin 2003

49 Erich Buchholz: Unrechtsstaat DDR? Rechtsstaat BRD? Ein Jurist antwortet, Berlin 2006, S. 80 f;

50 Horst Schneider: Das Gruselkabinett des Dr. Hubertus Knabe(lari), Berlin 2005

51 Dr. Günther Sarge: Die Stunde der Heuchler und Biedermänner, in: RotFuchs Juli 2006, S. 3;

Die Rede Mompers vom 4. April 2006 in Freiheit und Recht, Juni 2006;

Wie unsachlich »Stasi-Jäger« werden, wenn und weil Mitarbeiter des Ministeriums für Staatssicherheit sich zu Wort meldeten, bewies der »Stasi-Experte« Hubertus Knabe in »Die Täter sind unter uns. Über das Schönreden der SED-Diktatur«, Berlin 2007

52 Eine ist Jürgen Schreiber: Die Schatten werden länger, Tagesspiegel 13./14. April 2006

vgl. Horst Schneider: Gruselstory Checkpoint Charlie. »Die Frau vom Checkpoint Charlie« – Leidvolle Wahrheit oder Lügengeschichte? Böklund 2008

53 Lars-Olav Beier: Endstation Hollywood, Der Spiegel 7/2007, S. 169

54 junge Welt 1. Dezember 2006

55 Friedrich Schorlemmer: Rede am 4. November 1989

Das Buch der Werte, Hrsg. von Friedrich Schorlemmer, Gütersloh 1995, S. 339

56 Klaus Eichner und Gotthold Schramm (Hrsg.): Angriff und Abwehr. Die deutschen Geheimdienste nach 1945, Berlin 2007

10. Kirche

1 Wolfgang Huber: Religionen und der Staat. Vortrag am 2. Februar 2005 in der Friedrich-Ebert-Stiftung, Bonner Dialog, Bonn 2005, S. 7

2 Jens Grandt: Ludwig Feuerbach und die Welt des Glaubens, Münster 2006;

Zur Rolle der Religionen und des religiösen Glaubens siehe Enzyklopädie der Religionen, Augsburg 1990

3 Das ferne Reich. Der Spiegel 32/2006, S. 46 f.;

Aufsatzsammlung Religion in der Gesellschaft, Aus Politik und Zeitgeschichte 6/2007

4 Heinrich August Winkler: »Erste Macht Europas«, Der Spiegel 32/2006, S. 57

5 Heinrich August Winkler: Deutschland, eine Jahrhundertfrage, der Spiegel 8/2007, S. 57

6 Der Spiegel 32/2006, S. 48
   Luthers Ansichten über die Pflichten der »weltlichen Obrigkeit« in:
   2000 Jahre Christentum. Illustrierte Kirchengeschichte in Farbe,
   Erlangen 1990, S. 383 f.

7 Walter Hanser: Das Herz in Ketten, junge Welt 3./4. Februar 2007

8 Ulrich Schwarz: Der Weg in die Kulturnation, Der Spiegel 5/2007,
   S. 46

9 Jens Grandt: Faschismus als Religion, antifa Juli/August 2006,
   S. 21
   *George W. Bush folgt Hitlers Spuren auch in dieser Hinsicht. Er berät
   sich - nach seinen eigenen Worten - mit dem Heiligen Vater und »sieht
   sich und seine Politik göttlich inspiriert - und auf der anderen Seite das
   Böse«. Der Spiegel 41/2006, S. 130*

10 Hubert Wolf: Gefährlicher Heine, harmloser Hitler?
   Neues Deutschland, 6./7. Januar 2006

11 Chronik der Deutschen, Augsburg 1996, S. 304 f.

12 Verfassungen deutscher Länder und Staaten von 1816 bis zur
   Gegenwart, Berlin 1989, S. 247

13 Dokumente: Die Kirchen in der Weimarer Republik, in: Die
   Kirchen im Dritten Reich, Hrsg. von Georg Denzler/Volker
   Fabricius, Frankfurt a. M. 1988, S. 13 f.

14 zitiert nach: Die Kirchen im Dritten Reich a. a. O., S. 17

15 zitiert nach ebenda, S. 41

16 Chronik der Deutschen, Augsburg 1996, S. 866

17 Als Christ im antifaschistischen Widerstand: Dietrich Bonhoeffer,
   RotFuchs August 2006, S. 11

18 Zitiert nach Tabus der bundesdeutschen Geschichte, Hannover
   2006, S. 194

19 Walter Feurich: Lebensbericht eines Dresdner Gemeindepfarrers,
   Berlin 1982, S. 182 f.

20 Kurt Meier: Kreuz und Hakenkreuz. Die evangelische Kirche im
   Dritten Reich, München 1992;
   Über die Stellung der Kirchen zur Judenverfolgung siehe auch
   2000 Jahre Christentum a.a.O., S. 898 f.
   Manfred Gailus/Wolfgang Krogel: Von der babylonischen
   Gefangenschaft der Kirche im Nationalen, Berlin 2006

21 Karlheinz Deschner: Mit Gott und den Faschisten, Vatikan und
   Faschismus, Stuttgart 1965;
   Peter Godman: Der Vatikan und Hitler. Die geheimen Archive,
   München 2004;
   Georg Denzler: Widerstand oder Anpassung.
   Katholische Kirche und Drittes Reich, München/Zürich 1984;
   Gerhard Besier: Der Heilige Stuhl und Hitlerdeutschland.
   Die Faszination des Totalitären, München 2004;
   Horst Hermann: Kirche, Klerus, Kapital. Hintergründe einer
   deutschen Allianz, Münster, 2. Aufl. 2003;
   Manfred Gallus und Wolfgang Krogel: Von der babylonischen
   Gefangenschaft der Kirche im Nationalen 1930 bis 2000,
   Berlin 2006
22 Chronik der Deutschen a. a. O., S. 871
23 M. M. Scheinmann: Der Vatikan im zweiten Weltkrieg, Berlin
   1954, S. 281 f.
24 Ebenda, S. 248
25 Text in: Die Kirchen im Dritten Reich a. a. O., S. 254
26 Adenauer, Briefe 1945 - 1947.
   Bearbeitet von Hans Peter Mensing, Berlin 1983, S. 172
27 Auswahl:
   Johannes Paul II. Die Schwelle der Hoffnung überschreiten,
   Hamburg 1994;
   Horst Hermann: Johannes Paul II. Beim Wort genommen,
   München 1995;
   Carl Bernstein/Marco Politi: Seine Heiligkeit Johannes Paul II.
   Macht und Menschlichkeit des Papstes, München 1998;
   David I. Karker: Die Päpste gegen die Jugend. Der Vatikan und die
   Entstehung des modernen Antisemitismus, München 2004
28 Ende der Lügen, Der Spiegel 3/2007, S. 110
29 Horst Hermann: Johannes Paul II. beim Wort genommen, eine
   kritische Antwort auf den Papst, München 1995, S. 150 f.
30 Christoph Kösters/Wolfgang Tischner (Hrsg.): Katholische
   Kirche in SBZ und DDR, Paderborn 2005
31 Peter Jochen Winters: Feindliche Umwelt, FAZ 31.. Juli 2006
32 Hubertus Knabe: 17. Juni 1953. Ein deutscher Aufstand,
   München 2003, S. 246;
   vgl. Christoph Kösters: Die katholischen Bischöfe und der 17. Juni
   1953, Vierteljahresheft für Zeitgeschichte 2/2006 (April), S. 269 f.

33 Cicero Nr. 5/2005, »Papst Benedigt XVI. Europa ist krank«,
    S. 58–65;
    Zu Ratzingers politischer Herkunft siehe Albert Schäffer: Schwarze
    Erziehungsstätte. Der Seminarist Joseph Ratzinger und die
    Hitlerjugend, FAZ 2. August 2006
34 *zit. nach* Friedrich Wolff: Unsere Feindbilder - ihre Feindbilder,
    junge Welt 17. Juli 2006
35 Udo Grashoff: Wie ein Blitzschlag in der »hochelektrisch
    geladenen Atmosphäre eines totalitären Systems«? Deutschland
    Archiv 4/2006, S. 619 f.
36 Gerhard Besier: Der SED-Staat und die Kirche. Der Weg in die
    Anpassung, München 1993;
    Gerhard Besier/Stephan Wolf: Pfarrer, Christen und Katholiken.
    Das Ministerium für Staatssicherheit der ehemaligen DDR und die
    Kirchen, Neukirchen-Vluyn 1992;
    Erhard Neubert: Geschichte der Opposition in der DDR 1949–
    1989, Bonn 1997
37 Frankfurter Rundschau 5. September 1996
38 Albrecht Schönherr: Gratwanderung. Gedenken über den
    Weg des Bundes der evangelischen Kirchen in der Deutschen
    Demokratischen Republik, Leipzig 1992
39 Albrecht Schönherr a. a. O., S. 10/11
    Eine Arbeit, die das Wirken der Kirchen differenziert darstellt, ist
    Peter Maser: Die Kirchen in der DDR, Bonn 2000
40 Ehrhart Neubert: Geschichte der Opposition a. a. O., S. 398 f.
41 Georg Denzler: Widerstand a. a. O., S. 136
42 Horst Hermann: Kirche, Klerus, Kapital. Hintergründe einer
    deutschen Allianz, Münster 2. Aufl. 2003
43 Walter Mixa: Der Einsatz kann dauern. Das Parlament
    1./8. Oktober 2007
44 Friedrich-Martin Balzer: Der Düsseldorfer Prozess und die
    Kriminalisierung der westdeutschen Friedensbewegung, in:
    Tabus ... a. a. O., S. 189 f.
45 Ebenda, S. 194
46 Heinrich Hannover: Die Republik vor Gericht 1954 - 1974, Berlin
    1998, S. 80
47 Engel und Dämonen, Der Spiegel 41/1996, S. 158 f.
48 Gerhard Besier: Der Heilige Stuhl und Hitlerdeutschland. Die
    Faszination des Totalitären, München 2004
49 Ebenda, S. 313

50 Carl Bernstein/Marco Politi: Seine Heiligkeit Johannes Paul II., München 1997, S. 535 f.
51 David I. Kertzer: Die Päpste gegen die Juden. Der Vatikan und die Entstehung des modernen Antisemitismus, München 2004
52 Hans Küng: Umstrittene Wahrheit. Erinnerungen, München 2007; Gerhard Feldbauer: Benedikt XVI. und das Bündnis der Kurie mit Reaktion und Faschismus, offensiv 1/2008
53 Kreuzritter Francos, junge Welt 29. Oktober 2007
54 Hans Heinz Holz: Hannibal ante portas, junge Welt 20./21. Oktober 2007
55 *Ein Musterbeispiel solcher unchristlicher Lobhudelei ist* Karl Wilhelm Frickes Rezension Nicht mehr »Freund im eigenen Haus«, Deutschland Archiv 1/2008, S. 164/165

11. Erinnerungspolitik

1   Rudolf Augstein im Spiegel 45/1998
2   Materialien der Enquete-Kommission »Überwindung der Folgen der SED-Diktatur im Prozess der deutschen Einheit« (13. Wahlperiode des Deutschen Bundestages). Hrsg. vom Deutschen Bundestag. Acht Bände in 14 Teilbänden, Baden-Baden/Frankfurt a. M. 1999
3   *zit. nach* Freiheit und Recht, Juni 2006, S. 14
4   Richard Schröder: Zwei Diktaturen - eine Erfahrung, Freiheit und Recht, September 2004, S. 1-2
5   Joachim Gauck: Der sozialistische Gang, Der Spiegel 25/2006, S. 38/39
6   Marianne Birthler: Gespenstischer Vorgang, Der Spiegel 27/2006, S. 41
7   Marianne Birthler: Menschen, die ehrlich zu sich selbst sind, finde ich lebendig, Berliner Zeitung 17./18. Juni 2006
8   Ebenda
9   Otto Köhler: Unheimliche Publizisten. Die verdrängte Vergangenheit der Medienmacher, München 1995, S.10
10 Joachim Gauck: Der lange Schatten der Diktatur, Gegen Vergessen - für Demokratie 28. Juni 2006
11 Ludwig Elm/Heinrich Fink/Ulrich Schneider (Hrsg.): Wie gehen Nachgeborene mit Geschichte um?, Berlin 2004, S. 31

12 Rede Hermann Schäfers in: Blätter für deutsche und
   internationale Politik 10/2006, S. 1269 f.

13 Norbert Frei: Die Erinnerungsschlacht um den 60. Jahrestag des
   Kriegsendes hat begonnen, Die Zeit 21. Oktober 2004

14 Dieter Langewiesche: »Die Nation schafft Freiheit«,
   Der Spiegel 2/2007, S. 64

15 *aus:* Geschichtsbilder. Weichenstellungen deutscher Geschichte
   nach 1945, Freiburg i. Br. 2003, S.14 f.

16 Bedeutung und Funktion des Antifaschismus. Texte zur inneren
   Sicherheit, mit einem Vorwort von Wolfgang Schäuble, Bonn
   Oktober 1990, S. 52 f.

17 Peter Arlt: Der unerledigte Realismus der DDR,
   Icarus 3-4/2006, S. 79

18 Horst Schneider: Das Hannah-Arendt-Institut im Widerstreit
   politischer Interessen, Berlin 2004, S. 71

19 Gegen Vergessen 21/1999, S. 13

20 Karl-Eduard von Schnitzler: Der rote Kanal, Hamburg 1992, S. 71

21 *Programmatisch* Bernd Eisenfeld, Ilko-Sascha Kowalczuk, Ehrhart
   Neubert: Die verdrängte Revolution. Der Platz des 17. Juni 1953 in
   der deutschen Geschichte, Bremen 2004

22 Hubertus Knabe: 17. Juni 1953. Ein deutscher Aufstand,
   München 2003

23 Heidi Roth: Der 17. Juni 1953 in Sachsen. Mit einem einleitenden
   Kapitel von Karl Wilhelm Fricke. Schriften des Hannah-Arendt-
   Instituts für Totalitarismusforschung, Band 11, Köln 1999;
   Peter Russig: Der Volksaufstand des 17. Juni 1953 in Dresden. In:
   Dresdner Geschichtsbuch Band 3, Altenburg 1997, S. 186 f.

24 Margot Honecker: Zur Bildungspolitik und Pädagogik in der
   Deutschen Demokratischen Republik, Berlin 1966, S. 687

25 Spurensicherung. Zeitzeugen zum 17. Juni 1953, Schkeuditz 1999,
   S. 55 f.

26 Karl Wilhelm Fricke: Historische Verortung des Juni-Aufstandes,
   Jahrbuch Extremismus und Demokratie, 17. Jg. Baden-Baden 2005,
   S. 315 f.

27 Horst Schneider: »Mein« 17. Juni 1953, Zeitzeichen Juni 2003,
   S. 8 f.

28 Peter Rau: Rentner, ohne Tritt, marsch! junge Welt 15. April 2003

29 *Eine Analyse der Gestaltung der Feiertage in* Horst Schneider: Der
   17. Juni 1953 in Dresden. Fakten, Fragen, Folgen, Selbstdruck,
   Dresden 2003, S. 17 f.

30 *Auch die Historische Kommission bei der PDS machte im April 2003 den Versuch.*
Text in Leipzigs Neue 16. Mai 2003

31 Empfehlungen der Expertenkommission zur Schaffung eines Geschichtsverbundes »Aufarbeitung der SED-Diktatur«,
Vgl. auch: Martin Sabrow: Die Zukunft der Aufarbeitung und die Argumente der Vergangenheit, Deutschland Archiv 5/2006, S. 902 f.

32 Karl Wilhelm Fricke: Historische Verortung des Juni-Aufstandes. Jahrbuch für Extremismus und Demokratie 2006, S. 315 f.
Hier muss auf eine Polemik verzichtet werden.

33 Udo Ulfkotte: So lügen Journalisten, München 2002.
Er wählte als Motto ein Zitat von Elisabeth Noelle-Neumann: »Was Sie heute in den Köpfen der Menschen finden, ist oft gar nicht mehr die Realität, sondern eine von Medien konstruierte, hergestellte Wirklichkeit.« Weiß das auch Gauck?

34 *Die Abschaffung der Birthler-Behörde forderte sogar Arnold Vaatz in der Sächsischen Zeitung vom 16. Mai 2006.*

35 Martin Sabrow: Die Zukunft der Aufarbeitung und die Argumente der Vergangenheit, Deutschland Archiv 5/2006, S. 902 f.;
Hubertus Knabe: Das Aufarbeitungskombinat,
Die Welt 8. Mai 2006;
Mathias Döpfner: Die DDR light, Die Welt 20. Juni 2006;
Constanz von Bullion: Neumann steht zur Birthler-Behörde, Süddeutsche Zeitung 16. Mai 2006;
Ralf Georg Reuth: Aufklärung im Stasi-Knast, Welt am Sonntag 11. Juni 2006;
Horst Möller: Trabi, Stasi, Kinderkrippen, Direktor Münchner Institut für Zeitgeschichte, Rheinischer Merkur 22. Juni 2006;
Rainer Blasius: Die Rentner der Stasi-Verfolger verhöhnen Opfer und wollen das MfS rehabilitieren, FAZ 16. Mai 2006;
Susanne Kailik: DDR-Diktatur. Abgeordnete fordern Konzept der Aufarbeitung, Das Parlament 3. Juli 2006;
Evelyn Finger: Die DDR und kein Ende, Die Zeit 8. Juni 2006;
Ines Geipel: Kleine, ganz miese DDR. Das Expertenpapier zur Aufarbeitung der DDR-Diktatur markiert keinen Paradigmenwechsel, Die Welt 9. Juni 2006

36 Martin Sabrow: Ein Geschichtskombinat?
Neues Deutschland 20./21. Mai 2006

37 *Das gilt in besonderem Maße für die Gründung der DDR, den 17. Juni 1953 und den 13. August 1961.*

38 Rolf Surmann: Gedenkpolitischer Paradigmenwechsel, Blätter für deutsche und internationale Politik 10/2006, S. 1161 f.

39 Orte des Erinnerns. Gedenkzeichen, Gedenkstätten und Museen zur Diktatur in SBZ und DDR. Hrsg. von Annette Kaminsky, bearbeitet von Ruth Gleinig, im Auftrag der Stiftung zur Aufarbeitung der SED-Diktatur und der Bundeszentrale für politische Bildung, Leipzig 2004, S. 7. *Im einzelnen wird in dem Band die zwiespältige Natur der forcierten und asymmetrischen bundesdeutschen Geschichtspolitik deutlich.*
vgl. Deutscher Bundestag. 14. Wahlperiode, Drucksache 14/1569 vom 27. Juli 1999: Unterrichtung durch die Bundesregierung: Konzeption der künftigen Gedenkstättenförderung des Bundes und Bericht der Bundesregierung über die Beteiligung des Bundes an Gedenkstätten in der Bundesrepublik Deutschland

40 Alexander von Plato: Sowjetische Speziallager in Deutschland 1945 bis 1950, Band 1, Berlin 1998

41 XV. Bautzen-Forum der Friedrich-Ebert-Stiftung Büro Leipzig, Dokumentation, S. 94 f.

42 James Bacque: Verschwiegene Schuld. Die alliierte Besatzungspolitik in Deutschland nach 1945, Pour le Merite - Verlag für Militärgeschichte, Selent 2002

43 James Bacque: Der geplante Tod. Deutsche Kriegsgefangene in amerikanischen und französischen Lagern 1945 - 1946, Gütersloh 1989

44 Walter Momper: Die entmachteten Feinde der Demokratie leugnen ihre Verbrechen, Freiheit und Recht, Juni 2006, S. 6 f. *Die Drohung mit der Justiz ist natürlich eine Ermutigung zum »sachlichen Streit«, den Horst Köhler will. Nach der Rede Walter Mompers gab es einen Briefwechsel zwischen mir und ihm, der in meinem Besitz ist.*

45 Horst Schneider: Das Gruselkabinett des Dr. Knabe(lari), Berlin 2005

46 Peter Pfütze: Besuchszeit. Westdiplomaten in besonderer Mission, Berlin 2006

47 Hannes Sieberer/Herbert Kierstein: Verheizt und vergessen. Ein US-Agent und die Spionageabwehr, Berlin 2005

48 Das Parlament 26/2006, S. 17

49 *Die GRH gab am 2. Dezember 2006 einen Entwurf »Zehn Thesen gegen Geschichtsklitterung« heraus, die das reaktionäre Anliegen des »Gesamtkonzepts« beleuchtet. Inzwischen gibt es eine Neufassung.*

50 Horst Schneider: »Erinnerungsschlacht« ohne Ende. Anmerkungen zum Streit um die aktuelle deutsche Gedenkstättenpolitik, Berlin 2007
51 Joachim Gauck: Erinnerung als Last und Gewinn, Gegen Vergessen ... 28. 6. 2006, S. 6 f.
52 junge Welt 29. Januar 2007
53 Horst Schneider: Das Gruselkabinett des Dr. Hubertus Knabe(lari), Berlin 2005, S. 109 f.
54 Sächsische Zeitung 5. Dezember 2006
55 Ulrich Arnswald/Ulrich Bongertmann/Ulrich Mählert: DDR-Geschichte im Unterricht. Metropol Verlag, Berlin 2006
56 Ebenda, S. 148
57 Horst Schneider: Anmerkungen zur Erinnerungsschlacht, in: offensiv 2/2008, S. 9f
58 Susanne Miller/Malte Ristau (Hrsg.): Erben deutscher Geschichte. DDR–BRD, Reinbek 1988, S. 17

12. Fazit

1 Michael Braun: Wem gehört die Geschichte? Das Parlament 4. Dezember 2006
2 Norbert Frei: Vergangenheitspolitik. Die Anfänge der Bundesrepublik und die NS-Vergangenheit, München 1996, S. 13 f.
3 Manfred Wilke: Erinnerung an den Kommunismus nach seinem Sturz, Deutschland Archiv 2/2004, S. 269 f.
4 zit. nach Günter Judick: Sozialismus in einem Land, junge Welt 2./3. Dezember 2006
5 Umbrüche: Die Jahre 1989/1990 im Osten Deutschlands. Ein Lesebuch, Dresden 2005, S. 9
6 Helmut Schmidt: Zur Lage der Nation, Die Zeit 3. Oktober 1991, S. 4

Literaturverzeichnis für den »Diktaturenvergleich« (Auswahl)

ADENAUER, KONRAD: *Erinnerungen Bd. I bis VIII*, Augsburg 1965f.

ALLERTZ, ROBERT: *Im Visier die DDR. Eine Chronik*, Berlin 2006

ALLERTZ, ROBERT: *Sänger und Souffleur. Biermann, Havemann und die DDR*, Berlin 2006

ARBEITSSTELLE FRIEDEN UND ABRÜSTUNG (HRSG.): *Am Hindukusch und anderswo. Die Bundeswehr: von der Wiederbewaffnung in den Krieg*, Köln 2005

ARETZ, JÜRGEN (HRSG.): *Geschichtsbilder : Weichenstellungen deutscher Geschichte nach 1945*, hrsg. im Auftrag der Konrad-Adenauer-Stiftung, Freiburg/Basel/Wien 2003

ARNSWALD, ULRICH/BONGERTMANN, ULRICH/MÄHLERT, ULRICH : *DDR-Geschichte im Unterricht*, Berlin 2006

Außenpolitik der Bundesrepublik Deutschland. Dokumente von 1949 bis 1994, Köln 1995

BACKES, UWE: *Rechtsextremistische Ideologien in Geschichte und Gegenwart*, Köln/Weimar 2003

BACKES, UWE: *Politische Extreme. Eine Wort- und Begriffsgeschichte von der Antike bis zur Gegenwart*, Göttingen 2006

BACKES, UWE/JESSE, ECKHARD (HRSG): *Gefährdungen der Freiheit. Extremistische Ideologien im Vergleich*, Göttingen 2006

BACQUE, JAMES: *Der geplante Tod. Deutsche Kriegsgefangene in amerikanischen und französischen Lagern 1945–1946*, Gütersloh 1989

BACQUE, JAMES: *Verschwiegene Schuld. Die alliierte Besatzungspolitik in Deutschland nach 1945*, Selent 2002

BÄHR, JOHANNES: *Der Goldhandel der Dresdner Bank im zweiten Weltkrieg*, Leipzig 1999

BAKKER SCHUT, PIETER H.: *Stammheim. Der Prozeß gegen die Rote Armee Fraktion*, 2. Aufl., Bonn 2007

BALD, DETLEF/KLOTZ, JOHANNES/WETTE, WOLFRAM: *Mythus Wehrmacht. Nachkriegsdebatte und Traditionspflege*, Berlin 2001

BARTH, THOMAS (HRSG.): *Ein Medienimperium macht Politik*, Hamburg 2006

Bedeutung und Funktion des Antifaschismus. Texte zur inneren Sicherheit, mit einem Vorwort von Wolfgang Schäuble, Bonn Oktober 1990

BENTZIEN, HANS: *Division Brandenburg. Die Rangers von Admiral Canaris*, Berlin 2004

BENZ, WOLFGANG/SPIREK, PETER-ROLF : *Geschichtsmythen. Legenden über den Nationalsozialismus*, Berlin 2003

BERGER, JENS: *Theobald Tiger und der Stasikiller*, Berlin 2004

BERNSTEIN, CARL/POLITI, MARCO: *Seine Heiligkeit Johannes Paul II. Macht und Menschlichkeit des Papstes*, München 1998

BERTHOLD, LOTHAR/DIEHL, ERNST (HRSG.): *Revolutionäre deutsche Parteiprogramme*, Berlin 1964

BESIER, GERHARD: *Der SED-Staat und die Kirche. Der Weg in die Anpassung*, München 1993

BESIER, GERHARD: *Der Heilige Stuhl und Hitlerdeutschland. Die Faszination des Totalitären*, München 2004

BESIER, GERHARD: *Das Europa der Diktaturen. Eine neue Geschichte des 20. Jahrhunderts*, München 2006

BESIER, GERHARD/WOLF, STEPHAN: *Pfarrer, Christen und Katholiken. Das Ministerium für Staatssicherheit der ehemaligen DDR und die Kirchen*, Neukirchen-Vluyn 1992

BIERMANN, WERNER/KLÖNNE, ARNO: *Agenda Bertelsmann. Ein Konzern stiftet Politik*, Köln 2007

BILAK, VASIL: *Wir riefen Moskau zu Hilfe. Der »Prager Frühling« aus der Sicht eines Beteiligten*, Berlin 2006

BILLSTEIN, REINHOLD: *Neubeginn ohne Neuordnung. Dokumente und Materialien zur politischen Weichenstellung in den Westzonen nach 1945*, Köln 1984

BLESSING, KLAUS/DAMM, ECKART/WERNER, MATTHIAS: *Die Schulden des Westens. Wie der Osten ausgeplündert wird*, Berlin 2006

BOCK, SIEGFRIED U.A. (HRSG.): *DDR-Außenpolitik im Rückspiegel. Diplomaten im Gespräch*, München 2004

BOCK, SIEGFRIED/MUTH, INGRID/SCHWIESEN, HERMANN: *Alternative deutsche Außenpolitik – DDR-Außenpolitik im Rückspiegel (II)*, Berlin 2006

BOLLINGER, STEFAN/VON DER HEYDEN, ULRICH (HRSG.): *Deutsche Einheit und Elitenwechsel in Ostdeutschland*, Berlin 2002

BRACHER, DIETRICH: *Die deutsche Diktatur. Entstehung, Struktur und Folgen des Nationalsozialismus*, Köln 1993

BRAMKE, WERNER: *Die Krise der Demokratie*, Leipzig 2006

BRANDT, WILLY: *Koexistenz – Zwang zum Wagnis*, Stuttgart 1963

BRANDT, WILLY: *Erinnerungen*, Berlin/Frankfurt a.M. 1990

BRANDT, WILLY: *Zur Sache: Deutschland, Dresdner Reden*, Dresden 1992

Braunbuch. Kriegs - und Naziverbrecher in der Bundesrepublik und in Westberlin, Berlin 1965

BRISSAND, ANDRE: *Die SD-Story. Hitlers Geheimarmee*,
Paris/Zürich 1980

BRODER, HENRYK M.: *Hurra, wir kapitulieren!*, Berlin 2006

BRÜNNECK, ALEXANDER VON: *Politische Justiz gegen Kommunisten in der
Bundesrepublik Deutschland*, Frankfurt a.M. 1978

BRUNS, TISSY: *Republik der Wichtigtuer. Ein Bericht aus Berlin*, Freiburg i.
Br./Basel/Wien 2007

BUCHHOLZ, ERICH: *Unrechtsstaat DDR? Rechtsstaat BRD? Ein Jurist
antwortet*, Berlin 2006

BUCHHOLZ, ERICH: *Rechtsbetrachtungen von LINKS. Gesammelte Aufsätze
und Schriften nach 1990*, Berlin 2007

BÜRKLIN, WILHELM/REBENSTORF, HILDE: *Eliten in Deutschland.
Rekrutierung und Integration*, Opladen 1997

BURRICHTER, CLEMENS/NAKATH, DETLEF/STEPHAN, GERD-RÜDIGER
(HRSG.): *Deutsche Geschichte von 1945 bis 2000. Gesellschaft – Staat –
Politik. Ein Handbuch*, Berlin 2006

BUSCHFORT, WOLFGANG: *Geheime Hüter der Verfassung*, Paderborn/
München/Wien/Zürich 2004

BUSSE, HORST/NEHMER, HANS-HERBERT/SKIBA, DIETER: *»Anti-
Leide«. Herrn Henry Leides Umwälzung der Geschichte der DDR*,
Schkeuditz 2007

CARLEBACH, EMIL: *Hitler war kein Betriebsunfall. Hinter den Kulissen der
Weimarer Republik. Die vorprogrammierte Diktatur*, 6. Auflage, Bonn
1994

Chronik der Deutschen, Augsburg 1986

CZICHON, EBERHARD: *Deutsche Bank – Macht – Politik. Faschismus, Krieg
und Bundesrepublik*, Köln 2001

DEPPE, FRANK: *Politisches Denken im 20. Jahrhundert*, Hamburg 2007;
Politisches Denken zwischen den Weltkriegen, Hamburg 2007; *Politisches
Denken im Kalten Krieg*, Hamburg 2007

DESCHNER, KARLHEINZ: *Mit Gott und den Faschisten. Vatikan und
Faschismus*, Stuttgart 1965

DEUERLEIN, ERNST: *Deutschland nach dem zweiten Weltkrieg 1945–1955*,
Konstanz 1964

*Deutsche Einheit. Sonderedition des Kanzleramtes 1989/90. Dokumente zur
Deutschlandpolitik*, München 1998

DIETL, WILHELM: *Deckname Dali. Ein BND-Agent packt aus*,
Frankfurt/M. 2007

DIRKS, CARL/JANSSEN, KARL-HEINZ: *Der Krieg der Generäle. Hitler als
Werkzeug der Wehrmacht*, München 2001

DÖSCHER, HANS-JÜRGEN: SEILSCHAFTEN. *Die verdrängte Vergangenheit des Auswärtigen Amtes*, Berlin 2005

Dokumente der deutschen Politik und Geschichte von 1848 bis zur Gegenwart, VI. Band. Deutschland nach dem Zusammenbruch, Berlin und München o.J. (Erscheinungsjahr VI. Band: 1951)

DORLACH, SVEN: *Der Fall Gauck*, Berlin 1996

DÜX, HEINZ: *Die Beschützer der willigen Vollstrecker. Persönliche Innenansichten der bundesdeutschen Justiz*, Bonn 2004

EICHHOLTZ, DIETRICH (HRSG.): *Faschismus-Forschung: Positionen, Probleme, Polemik*, Berlin 1980

EICHNER, KLAUS/SCHRAMM, GOTTHOLD (HRSG.): Kundschafter im Westen. Spitzenquellen der DDR-Aufklärung erinnern sich , Berlin 2003

EICHNER, KLAUS/LANGROCK, ERNST: *Der Drahtzieher. Vernon Walters – Ein Geheimdienstgeneral des Kalten Krieges*, Berlin 2005

EICHNER, KLAUS/SCHRAMM, GOTTHOLD (HRSG.): *Angriff und Abwehr – Die deutschen Geheimdienste nach 1945*, Berlin 2007

Einführung in das Studium der Geschichte, Berlin 1979

EISENFELD, BERND/KOWALCZUK, ILKO-SASCHA/NEUBERT, EHRHART: *Die verdrängte Revolution. Der Platz des 17. Juni in der deutschen Geschichte*, Bremen 2004

ELM, LUDWIG: *Das verordnete Feindbild. Neue deutsche Geschichtsideologie und »antitotalitärer Konsens«*, Köln 2001

ELM, LUDWIG: *Der deutsche Konservatismus nach Auschwitz*, Köln 2006

ELM, LUDWIG: *Geschichtsvergessene Staatsgründer, in : Tabus der bundesdeutschen Geschichte*, Hannover 2006

ELM, LUDWIG/FINK, HEINRICH/SCHNEIDER, ULRICH (HRSG.): *Wie gehen Nachgeborene mit Geschichte um?*, Berlin 2004

ELSÄSSER, JÜRGEN: *Kriegsverbrechen. Die tödlichen Lügen der Bundesregierung und ihre Opfer im Kosovo-Konflikt*, Hamburg 2000

ENGELMANN, BERNT: *Die unsichtbare Tradition*, Köln 1989

EVANS, RICHARD: *Rituale der Vergeltung : Die Todesstrafe in der deutschen Geschichte 1532 - 1987*, Berlin 2001

FEST, JOACHIM: *Hitler. Eine Biographie*, Frankfurt a.M./Berlin/Wien 1973

FISCHER, ERICH (HRSG): *Verfassungen deutscher Länder und Staaten : von 1816 bis zur Gegenwart*, Berlin 1989

FISCHER, FRITZ: *Griff nach der Weltmacht. Die Kriegszielpolitik des kaiserlichen Deutschland*, Düsseldorf 1964

FISCHER, FRITZ: *Hitler war kein Betriebsunfall*, München 1992

FISCHLER, HERSCH/BÖCKELMANN, FRANK: *Bertelsmann. Hinter der Fassade des Medienimperiums*, Frankfurt a.M. 2004

FLUG, MARTIN: *Treuhand-Poker. Die Mechanismen des Ausverkaufs*, Berlin 1992

FRACKOWIAK, JOHANNES: *Verfassungsdiskussion in Sachsen nach 1918 und 1945*, Köln 2005

FREI, NORBERT: *Vergangenheitspolitik. Die Anfänge der Bundesrepublik und die NS-Vergangenheit*, München 1999

FREI, NORBERT (HRSG.): *Geschichte vor Gericht. Historiker, Richter und die Suche nach Gerechtigkeit*, München 2000

FREI, NORBERT (HRSG.): *Karrieren im Zwielicht. Hitlers Eliten nach 1945*, Frankfurt a.M./New York 2001

FREI, NORBERT/SCHMITZ, JOHANNES: *Journalismus im Dritten Reich*, 3. Aufl., München 1999

FRICKE, KARL-WILHELM: *Politik und Justiz in der DDR. Zur Geschichte der politischen Verfolgung 1945–1968*, Köln 1990

FÜLBERTH, GEORG: *Finis Germaniae. Deutsche Geschichte seit 1945*, Köln 2006

GAUCK, JOACHIM: *Der sozialistische Gang*, in: *Der Spiegel* 25/2006

GEBHARD, RICHARD (HRSG.): *Rosen auf den Weg gestreut*, Köln 2006

GEILUS, MANFRED/KROGEL, WOLFGANG: *Von der babylonischen Gefangenschaft der Kirche im Nationalen. Regionalstudien zu Protestantismus, Nationalsozialismus und Nachkriegsgeschichte 1930 bis 2000*, Berlin 2006

Geschichte der deutschen Arbeiterbewegung, Band 6, Berlin 1966

GEYER, HEINZ: *Zeitzeichen. 40 Jahre in Spionageabwehr und Aufklärung*, Berlin 2007

GIESE, HANS-JOACHIM: *Das unliebsame Erbe. Die Auflösung der Militärstruktur der DDR*, Baden-Baden 1992

GODMAN, PETER: *Der Vatikan und Hitler. Die geheimen Archive*, München 2004

GÖSSNER, ROLF: *Die vergessenen Opfer des kalten Krieges. Über den unterschiedlichen Umgang mit der deutschen Geschichte in Ost und West*, Hamburg 1994

GÖSSNER, ROLF: *Menschenrechte in Zeiten des Terrors. Kollateralschäden an der »Heimatfront«*, Hamburg 2007

GRASHOFF, UDO: *»In einem Anfall von Depression...« Selbsttötungen in der DDR*, Berlin 2006

Graubuch. Expansionspolitik und Neonazismus in Westdeutschland. Hintergründe, Ziele, Methoden, Berlin 1967

GRIBKOW, ANATOLI: *Der Warschauer Pakt. Geschichte und Hintergründe des östlichen Militärbündnisses*, Berlin 1995

GRIMMER, REINHARD (HRSG.): *Die Sicherheit. Zur Abwehrarbeit des MfS, Band 1 und 2*, Berlin 2002

GROSSMANN, WERNER:*Bonn im Blick. Die DDR-Aufklärung aus der Sicht ihres letzten Chefs*, Berlin 2007

HACHTMANN, RÜDIGER: *Wissenschaftsmanagement im »Dritten Reich«*, Göttingen 2006

HAFFNER, SEBASTIAN: *Von Bismarck zu Hitler: Ein Rückblick*, München 1989

HAFFNER, SEBASTIAN: *Der Verrat 1918/1919 – als Deutschland wurde, wie es ist*, Berlin 1990

HALLGARTEN, GEORGE W. F. / RADKAU, JOACHIM: *Deutsche Industrie und Politik von Bismarck bis in die Gegenwart*, Frankfurt a.M. 1986

HANNOVER, HEINRICH: *Die Republik vor Gericht 1954–1974, Erinnerungen eins unbequemen Rechtsanwalts*, Berlin 1998

HANNOVER, HEINRICH: *Die Republik vor Gericht 1975–1995*, Berlin 1999

HARTMANN, RALPH: *Die Liquidatoren. Der Reichskommissar und das wiedergewonnene Vaterland*, Berlin 1996

HARTMANN, RALPH: *Die DDR unterm Lügenberg*, Hannover 2007

HAUSTEIN, PETRA / KAMINSKY, ANNE / KNIGGE, VOLKHARD / RITSCHER, BODO (HRSG.): *Instrumentalisierung, Verdrängung, Aufarbeitung. Die sowjetischen Speziallager in der gesellschaftlichen Wahrnehmung. 1945 bis heute*, Göttingen 2006

HECHT, ARNO: *Die Wissenschaftselite Ostdeutschlands. Feindliche Übernahme oder Integration*, Leipzig 2002

HEINRICH, EBERHARD/ULLRICH, KLAUS: *Der Krieg einer unsichtbaren Armee*, Berlin 1985

HENKE, DIETMAR (HRSG.): *Die Dresdner Bank im Dritten Reich*, München 2006

HERBSTRITT, GEORG: *Bundesbürger im Dienst der DDR-Spionage. Eine analytische Studie*, Göttingen 2007

HERRMANN, HORST: *Kirche, Klerus, Kapital: Hintergründe einer deutschen Allianz*, Münster 2. Aufl. 2003

HEUER, UWE-JENS / RIEGE, GERHARD: Der Rechtsstaat - eine Legende? Erfahrungen zweier Rechtswissenschaftler 1990/91 in Volkskammer und Bundestag, Baden-Baden 1992

HEUER, UWE-JENS: *Marxismus und Glauben*, Hamburg 2006

HERZOG, ROMAN: *Wahrheit und Klarheit. Reden zur deutschen Geschichte*, Hamburg 1995

HEYDEMANN, GÜNTHER/OBERREUTHER, HEINRICH (HRSG.): *Diktaturen in Deutschland – Vergleichsaspekte : Strukturen, Institutionen und Verhaltensweisen*, Bonn 2003

HEYDEMANN, GÜNTHER/JESSE, ECKHARD (HRSG.): *15 Jahre deutsche Einheit*, Berlin 2006

HISTOR, MANFRED: *Willy Brandts vergessene Opfer*, Freiburg 1989

HOCKE, ERICH/SCHELER, WOLFGANG : *Die Einheit von Sozialismus und Frieden*, Berlin 1977

HUBER, WOLFGANG: *Die Religionen und der Staat*, Bonn 2005

HÜBNER, PETER (HRSG.): *Eliten im Sozialismus, Beiträge zu einer Sozialgeschichte der DDR*, Köln/Weimar/Wien 1999

HÜFNER, KLAUS: *Die Reform der Vereinten Nationen, Die Weltorganisation zwischen Krise und Erneuerung*, Opladen 1994

INSIDER-KOMITEE ZUR AUFARBEITUNG DER GESCHICHTE DES MfS (HRSG.): *Geheimdienste in Deutschland nach 1945: Anhörung der Alternativen Enquete-Kommission am 15. Dezember 1993 in Berlin*, Berlin 1994

ISENSEE, JOSEF (HRSG.): *Vergangenheitsbewältigung durch Recht*, Berlin 1992

JAHNTZ, BERNHARD/KÄHNE, VOLKER: *Der Volksgerichtshof. Darstellung der Ermittlungen der Staatsanwaltschaft bei dem Landgericht Berlin gegen ehemalige Richter und Staatsanwälte am Volksgerichtshof*, Berlin 1986/1987

JASPERS, KARL: *Wohin treibt die Bundesrepublik? Tatsachen, Gefahren, Chancen*, München 1966

Jahrbuch für Extremismus und Demokratie, 14. Jg. 2002

JESSE, ECKHARD (HRSG.): *Totalitarismus im 20. Jahrhundert. Eine Bilanz der internationalen Forschung*, 2. Auflage, Bonn 1999

JOSEPH, DETLEF: *Nazis in der DDR*, Berlin 2002

JOSEPH, DETLEF: *Hammer, Zirkel, Hakenkreuz. Wie antifaschistisch war die DDR?* Berlin 2006

JUNGBLUTH, RÜDIGER: *Die Quandts. Ihr leiser Aufstieg zur mächtigsten Wirtschaftsdynastie Deutschlands*, Frankfurt a.M. 2002

Justiz und Nationalsozialismus. Katalog des Bundesministers für Justiz, Köln 1999

KANT, IMMANUEL: *Zum ewigen Frieden*, Reclams Universalbibliothek Nr. 1501, LeipzigKLEIN, PETER (HRSG): *Geschichte der Außenpolitik der Deutschen Demokratischen Republik: Abriss*, Berlin 1968

KIERSTEIN, HERBERT (HRSG.): *Heiße Schlachten im Kalten Krieg. Unbekannte Fälle und Fakten aus der Spionageabwehr der DDR*, Berlin 2007

KIESSLING, GÜNTER: *Neutralität ist kein Verrat. Entwurf einer europäischen Friedensordnung*, Erlangen/Bonn/Wien 1989

KLESSMANN, CHRISTOPH/LAUTZAS, PETER (HRSG.): *Teilung und Integration. Die doppelte deutsche Nachkriegsgeschichte*, Bonn 2005

KLESSMANN, CHRISTOPH/MISSELWITZ, HANS/WICHERT, GÜNTER (HRSG.): *Deutsche Vergangenheiten – eine gemeinsame Herausforderung. Der schwierige Umgang mit der deutschen Nachkriegsgeschichte*, Berlin 1999

KNABE, HUBERTUS: *Die unterwanderte Republik. Stasi im Westen*, Berlin 1999

KNABE, HUBERTUS: *Der diskrete Charme der DDR, Stasi und Westmedien*, Berlin 2001

KNABE, HUBERTUS: *17. Juni 1953. Ein deutscher Aufstand*, München 2003

KNABE, HUBERTUS: *Tag der Befreiung? Das Kriegsende in Ostdeutschland*, Berlin 2005

KNABE, HUBERTUS: *Die Täter sind unter uns. Über das Schönreden der SED-Diktatur*, Berlin 2007

KNORR, LORENZ: *Rechtsextremismus in der Bundeswehr. Deutsches Militär von Massenmördern geprägt?*, Frankfurt a.M. 1998

KNORR, LORENZ: *Kontinuitäten des Rechtsextremismus*, Frankfurt a.M. 2002

KOHL, HELMUT: *Bilanzen und Perspektiven Bd.1*, Bonn 1992

KOHL, HELMUT: *Ich wollte Deutschlands Einheit*, Berlin 1996

KÖHLER, OTTO: *Unheimliche Publizisten*, München 1995

KÖHLER, OTTO: *Rudolf Augstein – ein Leben für Deutschland*, München 2002

KOOP, VOLKER, *Besetzt. Amerikanische Besatzungspolitik in Deutschland*, Berlin 2006

KOOP, VOLKER, *Besetzt. Britische Besatzungspolitik in Deutschland*, Berlin 2007

KÖRNER, KLAUS: *»Die rote Gefahr«. Antikommunistische Propaganda in der Bundesrepublik 1950–2000*, Hamburg 2003

KOPPER, CHRISTOPHER: *Bankiers unterm Hakenkreuz*, München/Wien 2005

KRENZ, EGON: *Herbst '89*, Berlin 1999

KROH, FERDINAND: *Wendemanöver - die geheimen Wege zur Wiedervereinigung*, München/Wien 2005

KRUSE, HERBERT: *Die vierte Front. Zur psychologischen Kriegführung der NATO*, Berlin 1977

KÜHNL, REINHARD: *Die NPD. Struktur, Programm und Ideologie einer neofaschistischen Partei*, München 1967

KÜHNL, REINHARD: *Faschismustheorien. Ein Leitfaden (Texte zur Faschismusdiskussion Bd.2)*, Reinbek bei Hamburg 1981

KÜHNL, REINHARD/SPOO, ECKHARD: *Was aus Deutschland werden sollte. Konzepte des Widerstands, des Exils und der Alliierten*, Heilbronn 1995

KÜNG, HANS: *Umstrittene Wahrheit. Erinnerungen*, München 2007

KÜHNL, REINHARD: *Der deutsche Faschismus in Quellen und Dokumenten*, Köln 2000

KUNZE THOMAS: *Staatschef a.D., Die letzten Jahre des Erich Honecker*, Berlin 2001

LEHMANN, LUTZ: *Legal und opportun*, Berlin 1966

LENIN, W.I.: *Über den Kampf um den Frieden*, Berlin 1951

LIBERO, LORETANA DE: *Tradition im Zeichen der Transformation. Zum Traditionsverständnis der Bundeswehr im 21. Jahrhundert*, Paderborn 2006

LIEBKNECHT, KARL: *Gesammelte Reden und Schriften*, Berlin 1958

LEIDE, HENRY: *NS-Verbrecher und Staatssicherheit. Die geheime Vergangenheitspolitik der DDR*, Göttingen 2005

LEIF, THOMAS U.A.: *Die politische Klasse in Deutschland. Eliten auf dem Prüfstand*, Bonn/Berlin 1992

LIEBER, HANS JOACHIM: *Politische Theorien von der Antike bis zur Gegenwart* , Bonn 1993

LIEDTKE, RÜDIGER: *Wem gehört die Republik 2003? Die Konzerne und ihre Verflechtungen. Namen, Zahlen, Fakten.* Frankfurt a.M. 2002

LONGERICH, PETER: *»Davon haben wir nichts gewusst!«, Die Deutschen und die Judenverfolgung*, München 2006

LOSURDO, DOMENICO: *Kampf um die Geschichte. Der historische Revisionismus und seine Mythen ; Nolte, Furet und die anderen*, Köln 2007

LOZEK, GERHARD: *Die antikommunistische »Totalitarismus«-Doktrin, in: Unbewältigte Vergangenheit*, Berlin 1977

MADER, JULIUS: *Die graue Hand. Eine Abrechnung mit dem Bonner Geheimdienst*, Berlin 1960

MADER, JULIUS: *Hitlers Spionagegenerale sagen aus*, 3. Auflage, Berlin 1971

MASER, PETER: *Die Kirchen in der DDR*, Bonn 2000

Materialien der Enquete- Kommission » Aufarbeitung...«, Bd.9, Baden-Baden 1995

MEGARGEE, GEOFFREY P.: *Hitler und die Generäle. Das Ringen um die Führung der Wehrmacht*, Paderborn 2006

MEIER, KURT: *Kreuz und Hakenkreuz. Die evangelische Kirche im Dritten Reich*, München 1992

MERKEL, ANGELA: *Die DDR im Geschichtsbewusstsein der Deutschen*, Sankt Augustin 2003

MERTENS, LOTHAR (HRSG.): *Lexikon der DDR-Historiker. Biographien und Bibliographien zu den Gesellschaftswissenschaftlern aus der Deutschen Demokratischen Republik*, München 2006

MERTENS, LOTHAR: *Priester der Klio oder Hofchronisten der Partei? Kollektivbiographische Analysen zur DDR-Historikerschaft*, Göttingen 2006

MESSERSCHMIDT, MANFRED: *Die Wehrmachtsjustiz 1933–1945*, Paderborn/München/Zürich/Wien 2006

MICHAL, WOLFGANG: *Deutschland und der nächste Krieg*, Berlin 1995

MIES, MARIA: *Krieg ohne Grenzen. Die neue Kolonisierung der Welt*, Köln 2004

MILLER, SUSANNE/RISTAU, MALTE: *Erben deutscher Geschichte. DDR–BRD*, Reinbek 1988

MILLER, SUSANNE/POTTHOFF, HEINRICH: *Kleine Geschichte der SPD*, 7. Auflage, Bonn 1991

MIQUEL, MARC VON: *Ahnden oder Amnestieren? Westdeutsche Justiz und Vergangenheitspolitik*, Göttingen 2004

MITCHERLICH, ALEXANDER UND MARGARETE: *Die Unfähigkeit zu trauern. Grundlagen kollektiven Vertrauens*, Leipzig 1990

MOMMSEN, HANS: *Haupttendenzen nach 1945 und in der Ära des kalten Krieges*, München 1974

MUELLER, MICHAEL U.A.: Der Fall Barschel. Ein tödliches Doppelspiel, Berlin 2007

MÜLLER, SVEN OLIVER: *Deutsche Soldaten und ihre Feinde. Nationalismus an Front und Heimatfront im Zweiten Weltkrieg*, Frankfurt a.M. 2007

MÜLLER-ENBERGS, HELMUT: „Rosenholz". Eine Quellenkritik, Berlin 2007

NEUBERT, ERHART: *Geschichte der Opposition in der DDR 1949–1989*, Bonn 1997

NAUMANN, KLAUS: *Generale in der Demokratie. Generationsgeschichtliche Studien zur Bundeswehrelite*, Hamburg 2007

NIEMETZ, DANIEL: *Das feldgraue Erbe. Die Wehrmachteinflüsse im Militär der SBZ/DDR*, Berlin 2006

NOHLSEN, DIETER (HRSG.): *Wörterbuch Staat und Politik*, Heidelberg 1995

NOLTE, ERNST: *Die drei Versionen der Totalitarismustheorie, in: Totalitarismustheorien nach dem Ende des Kommunismus*, (Hrsg.: Siegel, Achim), Köln/Weimar 1998

NORDBRUCH, CLAUS: *Der Verfassungsschutz. Organisation, Skandale, Spitzel*, Tübingen 1999

PARTEI DES DEMOKRATISCHEN SOZIALISMUS (HRSG.): *KPD-Verbot oder mit Kommunisten leben. Das KPD-Verbotsurteil des Bundesverfassungsgerichts vom 17. August 1956 nach 40 Jahren im Spiegel der Kritik*, Bonn 1996

PÄTZOLD, KURT/WEISSBECKER, MANFRED: *Adolf Hitler. Eine politische Biographie*, Leipzig 1999

PÄTZOLD, KURT: *Der Führer ging, die Kopflanger blieben. Ein historisches Finale und aktuelle Kontroversen*, Köln 2005

PETZOLD, JOACHIM: *Die Demagogie des Hitlerfaschismus. Die politische Funktion der Naziideologie auf dem Wege zur faschistischen Diktatur*, Berlin 1982

PFÜTZE, PETER: B*esuchszeit. Westdiplomaten in besonderer Mission*, Berlin 2006

PIECK, WILHELM/DIMITROFF, GEORGI/TOGLIATTO, PALMIRO: *Die Offensive des Faschismus und die Aufgaben der Kommunisten im Kampf für die Volksfront gegen Krieg und Faschismus*, Berlin 1960

PIEKALKIEWICZ, JANUSZ: *Weltgeschichte der Spionage. Agenten–Systeme– Aktionen*, München 1988

POLIAKOW, LEON/WULF, JOSEPH: *Das Dritte Reich und seine Diener*, Berlin 1956

POSSER, DIETHER: *Anwalt im kalten Krieg. Ein Stück deutscher Geschichte in politischen Prozessen 1951–1968*, München 1991

RASCHKA, JOHANNES: *Justizpolitik im SED-Staat. Anpassung und Wandel des Strafrechts während der Amtszeit Honeckers*, Köln/Weimar 2000

REFFKEN, HENDRIK: *Politische Parteien und ihre Beteiligungen an Medienunternehmen. Eine Untersuchung aus verfassungsrechtlicher Sicht*, Baden-Baden 2007

REESE, MARY ELLEN: *Organisation Gehlen. Der kalte Krieg und der Aufbau des deutschen Geheimdienstes*. Berlin 1992

RICHERT, ERNST: *Macht ohne Mandat*, Köln/Opladen 1958

RICHTER, MICHAEL/SCHMEITZNER, MIKE: *»Einer von beiden muss so bald als möglich entfernt werden«. der Tod des sächsischen Ministerpräsidenten Rudolf Friedrichs ...*, Leipzig 1999

ROTH, HEIDI: *Der 17.Juni in Sachsen. Schriften des Hannah-Arendt-Instituts für Totalitarismusforschung, Band 11*, Köln 1999

ROTH, JÜRGEN: *Der Deutschland-Clan : das skrupellose Netzwerk aus Politikern, Top-Managern und Justiz*, Frankfurt a.M. 2006

ROTH, KARL-HEINZ: *Geschichtsrevisionismus. Die Wiedergeburt der Totalitarismustheorie*, Hamburg 1999

RUGE, WOLFGANG: *Stalinismus. Eine Sackgasse im Labyrinth der Geschichte*, Berlin 1991

SABROW, MARTIN: *Historisierung der Zweistaatlichkeit, in: Aus Politik und Zeitgeschichte 3/2007*

Sachwörterbuch der Geschichte Bd. I und II, Berlin 1969

SANDER, ULRICH: *Die Macht im Hintergrund. Militär und Politik in Deutschland von Seeckt bis Struck*, Köln 2004

SCHÄDLICH, HANS JOACHIM (HRSG.): *Aktenkundig*, Berlin 1992

SCHEER, UDO: *Jürgen Fuchs. Ein literarischer Weg in die Opposition*, Berlin 2007

SCHENK, DIETER: *Die braunen Wurzeln des BKA*, Frankfurt a.M. 2003

SCHEINMANN, M.M.: *Der Vatikan im zweiten Weltkrieg*, Berlin 1954

SCHIVELBUSCH, WOLFGANG: *Entfernte Verwandtschaft – Faschismus, Nationalsozialismus, New Deal 1933–1939*, München 2005

SCHLINK, BERNHARD: *Vergangenheitsschuld. Beiträge zu einem deutschen Thema*, Zürich 2007

SCHMEITZNER, MIKE / DONTH, STEFAN: *Die Partei der Diktaturdurchsetzung in Sachsen 1945–1952*, Köln/Weimar/Wien 2002

SCHMELZER, JANIS: *IG-Farben. Vom »Rat der Götter«: Aufstieg und Fall*, Stuttgart 2006

SCHMIDT-EENBOOM, ERICH: *Es gab nicht nur die Stasi*, in: Tabus der bundesdeutschen Geschichte (Hrsg.: Spoo, Eckart), Hannover 2006

SCHMIDT-EENBOOM, ERICH: *Undercover. Der BND und die deutschen Journalisten*, Köln 1998

SCHMIDT-EENBOOM, ERICH: *Geheimdienst. Politik und Medien. Meinungsmache und Undercover*, Berlin 2004

SCHNEIDER, HORST: *»Landesvater« Biedenkopf. Über seine Ansichten, Absichten und Politik*, Schkeuditz 1993

SCHNEIDER, HORST: *Bautzens »Gelbes Elend«. Lager, Legenden, Lehren*, Berlin 1999

SCHNEIDER, HORST: *Todesurteile am Münchner Platz. Fakten, Folgen und Fragen zum Dresdner Landgericht*, Berlin 1997

SCHNEIDER, HORST: *Was des Volkes Hände schaffen, soll des Volkes Eigen sein*, Schkeuditz 2006

SCHNEIDER, HORST: *Lügenbarone in Sachsen?* in: Fischer, Gerhard (Hrsg.): Gegen den Zeitgeist, Schkeuditz o.J. (1999)

SCHNEIDER, HORST: *Der Krieg ist kein Gesetz der Natur und der Friede ist kein Geschenk*, Stuttgart 1999

SCHNEIDER, HORST: *Das Hannah-Arendt-Institut im Widerstreit politischer Interessen*, Berlin 2004

SCHNEIDER, HORST: *»Erinnerungsschlacht« ohne Ende, Anmerkungen zum Streit um die aktuelle deutsche Gedenkstättenpolitik*, Berlin 2005

SCHNEIDER, HORST: *Das Gruselkabinett des Dr. Hubertus Knabe(lari)*, Berlin 2005

SCHNITZLER, KARL EDUARD VON: *Der rote Kanal*, Hamburg 1992

SCHÖNHERR, ALBRECHT: *Gratwanderung. Gedanken über den Weg des Bundes der evangelischen Kirchen in der Deutschen Demokratischen Republik*, Leipzig 1992

SCHRAMM, GOTTHOLD (HRSG.): *Der Botschaftsflüchtling und andere Geschichten, mit einem Geleitwort von Markus Wolf und Werner Großmann*, Berlin 2006

SCHRÖDER, GERHARD: *Entscheidungen. Mein Leben in der Politik*, Hamburg 2006

SCHROEDER, KLAUS: *Die veränderte Republik. Deutschland nach der Wiedervereinigung*, München 2006

SCHRÖTER, LOTHAR/SCHUBERT, FRANK (HRSG.): *Medien und Krieg – verhindern, dulden oder rechtfertigen?*, Schkeuditz 2006

SCHRÖTER, LOTHAR (HRSG.): *Getrennt marschiert. Die beiden deutschen Staaten im kalten Krieg*, Schkeuditz 2007

SCHÜTTKE, KLAUS-DIETER: *Der Bundesgerichtshof – Justiz in Deutschland*, Berlin 2005

SIEBERER, HANNES/KIERSTEIN, HERBERT: *Verheizt und vergessen: ein US-Agent und die DDR-Spionageabwehr*, Berlin 2005

SIEGEL, ACHIM (HRSG): *Totalitarismustheorien nach dem Ende des Kommunismus*, Schriften des Hannah-Arendt-Instituts für Totalitarismusforschung Bd.7, Köln/Weimar 1998

Siegerjustiz? Die politische Strafverfolgung infolge der Deutschen Einheit, Berlin 2003

SKIBA, DIETER/SCHMIDT, WOLFGANG: *Geschichtsschreibung nach Art des Hauses Birthler*, Informationen 3/2006 der Gesellschaft zur rechtlichen und humanitären Unterstützung e.V. (GRH), Mai 2006

SPOO, ECKART (HRSG.): *Tabus der bundesdeutschen Geschichte*, Hannover 2006

Spurensicherung. Zeitzeugen zum 17. Juni 1953, Schkeuditz 1999

STEINITZ, KLAUS (HRSG.): *Vereinigungsbilanz*, Hamburg 1995

STERN, FRITZ RICHARD: *Fünf Deutschland und ein Leben. Erinnerungen*, München 2007

STOECKER, HELMUTH (HRSG): *Handbuch der Verträge 1871-1964*, Berlin 1967

STRAUSS, FRANZ JOSEF: *Entwurf für Europa*, Stuttgart 1966

STRAUSS, FRANZ JOSEF: *Herausforderung und Antwort. Ein Programm für Europa*, Stuttgart 1968

STRAUSS, FRANZ JOSEF: *Die Erinnerungen*, Berlin 1989

Taler, Conrad: *Der braune Faden. Zur verdrängten Geschichte der BRD*, Köln 2005

Taler, Conrad: *Zweierlei Maß. Oder: Juristen sind zu allem fähig*, Köln 2002

Taylor, Telford: *Die Nürnberger Prozesse. Hintergründe, Analysen und Erkenntnisse aus heutiger Sicht*, München 1994

Teller, Hans: *Der kalte Krieg gegen die DDR*, Berlin 1979

Teltschik, Horst: *329 Tage. Innenansichten der Einigung*, Berlin 1991

Tooze, J. Adam: *Ökonomie der Zerstörung. Die Geschichte der Wirtschaft im Nationalsozialismus*, München 2007

Über den Umgang mit der DDR-Vergangenheit, Information 4/2005 der Gesellschaft zur rechtlichen und humanitären Unterstützung e.V. (GRH), Mai 2005

Ulfkotte, Udo: *Der Krieg im Dunkeln. Die wahre Macht der Geheimdienste*, Frankfurt a.M. 2006

Unfrieden in Deutschland. Unrecht im Rechtsstaat, Weißbuch 5, Berlin 1995

Vollnhals, Clemes (Hrsg.): *Wehrmacht – Verbrechen – Widerstand: Vier Beiträge zum nationalsozialistischen Weltanschauungskrieg*, Dresden 2003

Wachs, Philipp-Christian: *Der Fall Theodor Oberländer: (1905–1998) ; ein Lehrstück deutscher Geschichte*, Frankfurt a.M./New York 2000

Wachsmann, Nikolaus: *Gefangen unter Hitler: Justizterror und Strafvollzug im NS-Staat*, München 2006

Wagner, Armin/Uhl, Matthias: *BND contra Sowjetarmee. Westdeutsche Militärspionage in der DDR*, Berlin 2007

Watson, Peter: *Psycho-Krieg*, Frankfurt a.M. 1985

Weber, Hermann: *Der Stalinismus in der KPD und SED – Wurzeln, Wirkungen, Folgen*, in: Materialien der Konferenz der Historischen Kommission beim Parteivorstand der PDS am 17./18. November 1990, Berlin 1991

Weidenfeld, Werner/Korte, Karl Rudolf: *Handwörterbuch der deutschen Einheit*, Frankfurt a.M. 1992

Weiner, Tim: *CIA. Die ganze Geschichte*, Frankfur a.M. 2008

Weißbuch 2006 zur Sicherheitspolitik Deutschlands, Ministerium für Verteidigung, Berlin 2006

Weizsäcker, Richard von: *Die deutsche Geschichte geht weiter*, Berlin 1983

Weizsäcker, Richard von: *Brücken der Verständigung*, Berlin 1990

Welsch, Wolfgang: *Ich war Staatsfeind Nr. 1: Als Fluchthelfer auf der Todesliste der Stasi*, Frankfurt a.M. 2001

WENDT, BERNDT-JÜRGEN: *Deutschland 1933-1945: Das »Dritte Reich«;*
Handbuch der Geschichte, Hannover 1995

WENZEL, SIEGFRIED: *Was war die DDR wert?,* 2. Auflage, Berlin 2000

WENZEL, SIEGFRIED: *Von wegen Beitritt! Offene Worte zur deutschen
Einheit; Fakten und Zitate,* Berlin 2007

WENZKE, RÜDIGER: *Die NVA und der Prager Frühling,*
Berlin 1995

WERKENTIN, FALCO: *Die Restauration der deutschen Polizei: Innere Rüstung
von 1945 bis zur Notstandsgesetzgebung,* Frankfurt a.M./New York 1984

WERLE, GERHARD/WANDRES, THOMAS: *Auschwitz vor Gericht. Völkermord
und bundesdeutsche Strafjustiz ; mit einer Dokumentation des Auschwitz-
Urteils,* München 1995

WETTE, WOLFRAM (HRSG.): *Filbinger – eine deutsche Karriere,* Springe
2006

WETTE, WOLFRAM (HRSG.): Das letzte Tabu. NS-Militärjustiz und
»Kriegsverrat«, Berlin 2007

WIELAND, GÜNTHER: *Das war der Volksgerichtshof . Ermittlungen, Fakten,
Dokumente,* Berlin 1989

WILHELM, ENDRIK: *Rechtsbeugung in der DDR. Die Sicht der Verteidigung,*
Berlin 2003

WINDERLICH, DIETER: *Wa(h)re Geschichten zum Strafvollzug,*
Informationen 6/2006 der Gesellschaft zur rechtlichen und
humanitären Unterstützung e.V. (GRH), Dezember 2006

WIPPERMANN, WOLFGANG: *Totalitarismustheorien,*
Darmstadt 1997

WOIT, ERNST/SCHELER, WOLFGANG: *Kriege zur Neuordnung zur Welt.
Imperialismus und Krieg nach dem Ende des kalten Krieges,* Berlin 2004

WOLF, MARKUS: *Spionagechef im geheimen Krieg. Erinnerungen,*
Düsseldorf/München 1997

WOLFF, FRIEDRICH: *Verlorene Prozesse 1953–1998,*
Baden-Baden 1998

WOLFF, FRIEDRICH: *Einigkeit und Recht. Die DDR und die deutsche Justiz,*
Berlin 2005

WOLFRUM, EDGAR: *Geschichtspolitik in der Bundesrepublik Deutschland: Der
Weg zur bundesrepublikanischen Erinnerung 1948–1990,* Darmstadt 1999

ZAZWORKA, GERHARD: *Psychologische Kriegführung. Eine Darlegung ihrer
Organisation, ihrer Mittel und Methoden,* 2.Aufl., Berlin 1962

ZELIKOW, PHILIP/RICE, CONDOLEEZZA: *Sternstunde der Diplomatie. Die
deutsche Einheit und das Ende der Spaltung Europas,* Berlin 1997

Namensverzeichnis

Inhalt

© 2007,2008
Verlag Wiljo Heinen, Berlin
Alle Rechte vorbehalten.

Verlagsanschrift:
Verlag Wiljo Heinen
Franz-Mehring-Platz 1
10243 Berlin

www.verlag-wh.de

Bildnachweise:
Umschlag-Titel: De Schilderkonst – Jan Vermeer (eine Schauspielerin
steht einem Maler in der Rolle der Muse Klio Modell), Schild an der A115
zwischen Drewitz und Dreilinden – Wiljo Heinen; Umschlag-Rückseite:
Wahlplakat der CDU aus dem Jahre 1953, Wahlplakat der NPD aus dem
Jahre 1972, Titelbild des Spiegel Ausgabe 10/07 ; S. 27: junge Welt vom
31.3.07 ; S. 64: AIZ vom Okt. 1932 ; S. 95: Graubuch ; S. 97: Graubuch ;
S. 117: AIZ vom April 1934 ; S. 137 oben: unbekannt ; S. 137 unten:
Deutsches Historisches Museum ; S. 150: Titelbild des Spiegel, Ausgabe
47/06 ; S. 157: junge Welt vom 4.4.07 ; S. 201: Sächsische Zeitung vom
6./7.10.2007 ; S. 211: AIZ vom Jan. 1934 ; S. 218: Deutsches Historisches
Museum ; S. 240: BILD Bundesausgabe vom 29.3.07 ; S. 242: BILD-Online
vom 13.8.07

Umschlag und Typographie: Wiljo Heinen
Gesetzt aus der Janson Text.
Druck und Weiterverarbeitung: AJS Spaustuvé, Litauen
Printed in the EU.

Zweite, erweiterte und durchgesehene, Auflage
ISBN 978-3-939828-15-0

Bibliografische Information der Deutschen Nationalbibliothek
Die Deutsche Nationalbibliothek verzeichnet diese Publikation in der Deutschen
Nationalbibliografie; detaillierte bibliografische Daten sind im Internet
über http://dnb.d-nb.de abrufbar.

Horst Schneider
Gruselstory Checkpoint Charlie
»Die Frau vom Checkpoint Charlie« –
Leidvolle Wahrheit oder Lügengeschichte?

rotes taschenbuch • band 4
174 S. • 9,6x14,9 cm • 5,– €
ISBN 978-3-939828-22-8

Selbst der FOCUS musste im Juli 2008 eingestehen, dass in den Büchern und dem Film zur **»Frau vom Checkpoint Charlie«** einiges *»recht verklärt beschrieben«* und teilweise *»die Wahrheitsfindung schwierig«* ist.

Horst Schneider ging der Geschichte der Jutta Gallus (heute Fleck) nach, lange bevor das Nachrichtenmagazin beschloss, am Thron der von BILD zur »mutigsten Mutter Dresdens« gekrönten zu kratzen.

Christian Gallus , der geschiedene Ehemann, gab Horst Schneider umfassend Auskunft.

Das Buch deckt damalige und heutige Hintergründe und Hintermänner auf, benennt falsche Darstellungen, klärt auf.

Verbirgt sich hinter den Romanen von Ines Veith und der Story der Jutta Gallus eine Propaganda-Schlacht des Kalten Krieges, in der Kinder als »Waffe« missbraucht wurden?

Erhältlich im guten Buchhandel oder direkt vom Verlag.
*Internet-Laden: **www.gutes-lesen.de***